진실과
정의에 대한
성찰

검사의 검찰일기

진실과
정의에 대한
성찰

진혜원 지음

한길사

민주주의와 그 적들을 대하는 자세

• 감사의 글

"어디로 향하든 꿈을 좇자"(Follow Your Dreams Wherever They May Lead)는 여전히 인종 차별이 노골적인 미국에서, 흑인으로서는 최초로 데뷔 싱글 5곡을 연속해서 빌보드 차트 1위에 올려놓은 그룹 잭슨파이브 출신 가수이자, 세계 최고의 판매고를 기록한 「Thriller」 앨범의 공동 프로듀서인 20세기 최고의 엔터테이너 마이클 잭슨의 좌우명이다. 이 좌우명에 가장 적합한 극 중 인물은 아무래도 돈키호테라고 해야 할 것 같다. 돈키호테는 비쩍 마르고 볼품없으며, 현대적 질병으로는 정신착란과 과대망상에 시달리는 처지이지만 가상의 거악을 무찔러 마음대로 설정한 가상의 숙녀를 안전한 환경에서 보호하고자 하는 꿈을 꾸는 사람이다.

흔히들, 역사는 반복된다고들 한다. 그래서, 개인이 아무리 노력해봤자 세상이 달라지지 않는다고도 한다.

그런 관점에서, 역사란 정치 체제의 변경에도 불구하고 소수의 엘리트들이 나머지를 착취하여 자원을 독점하는 체계라는 본질에서 벗어나지 않는다는 통찰을 이론적으로 정립한 빌프레도 파레토 같은 학자도 있다. 그렇지만 올리버 크롬웰, 막시밀리안 로베스피에르, 장 폴 마라, 아브라함 링컨, 전봉준, 존 메이나드 케인즈, 프랭클린 루스벨트, 마하트마 간디, 체 게바라, 김대중, 노무현, 넬슨 만델라와 같이 모든 사람의 정치적·경제적 평등에 대한 확고한 신념과 지치지 않는 실행력을 가진 위대한 리더들과 그러한 리더들을 선택한 수많은 시민들에 의해 조금 더 포용적이고, 덜 폭력적인 방향으로 나아간다고 믿는다. 물론, 역사가 직선은 아니고, 민주주의도 자유선거와 군부독재 또는 투표조작과 준군사정부적 독재의 진행과 퇴행을 반복하는 지난한 절차일 수 있다.

이 책은, 민주주의의 실현은 시민 하나하나가 '자기책임 원칙'에 기반하여, 남에게 판단과 운명을 의존하는 대신 스스로 분석하고 결정할 때에만 가능하다는 저자의 평소 소신을 다채로운 방향으로 제시하기 위해 시작한 저서다.

사람을 정의하는 방법에는 전공 과목별로 다양한 방법이 있다고 한다. 식품영양학에서는 "당신은 최근 한 달간 당신이 먹은 음식이다"라고 정의하고, 뇌 과학에서는 "당신은 지금까지 당신이 읽고, 보고, 만지고, 느낀 것이다"라고 정의하며, 소화기내과학에서는 "당신은 최근 한 달간 당신이 먹은 음식에서 그간 배설한 것을 제외한 나머지다"라고 정의한다.

개인적으로는, 뇌 과학적 정의를 선호하는 편인데, 지금까지 짧지 않은 세월을 살면서 형성된 소신과 가치관 거의 전부가 그간 경험한 현실, 읽어온 책에서 얻은 지식과 감동으로부터 비롯되기 때문이다. 그중 가장 많은 영향을 받은 책들은 역시 『문명화과정』『슬픈 열대』『문화의 수수께끼』 등 문화인류학 저서들과 『예루살렘의 아이히만』『공화국의 위기』『부정변증법』과 같이 민주주의 사회에서 국가나 시민들이 일탈하는 원인에 관한 통찰이 담긴 사회정치학 서적들과 『종교생활의 원초적 형태』『종교의 본질에 대하여』 등과 같이 종교현상에 대한 분석적 저서들이라고 할 수 있다. 너무나 놀랍게도, 이 책들은 모두 한 출판사에서 출간되었고, 그 이유 하나만으로도 나는 이 출판사를 가장 좋아하게 됐으며, 파주와 가까운 곳에서 살던 시절에는 거의 매주 이 출판사가 운영하는 레스토랑 겸 서점에서 휴식을 취하곤 했다.

그래서 대한민국의 일개 정부 조직 중 하나에 불과한 검찰청 소속 공무원들이 민주주의 원칙에 따라 당선된 대통령의 공무원 임명권을 침해하려고 표창장 사태를 일으켜 선동할 때 느낀 반감에 대한 표시로 시작한 페이스북 활동을 글로 엮어보자는 한길사 김언호 대표님의 연락을 받고는 마치 베를린 필하모닉 오케스트라의 지휘자로부터 협연을 제안받은 독주자가 된 듯한 느낌이 들었다. 이 지면을 빌려 부족한 통찰에 기반한 글에 격려 말씀과 응원의 메시지를 주신 김언호 대표님과 저자의 까다로운 요구를 몇 차원 더 높은 품격으로 승화시켜 주신 백은숙 주간님 등 편집부 관계자 여러분들께 깊고도 깊은 감사의 말씀을 올린다.

또 한편, 지치지 않는 공인의식과 통찰로 많은 웃음과 희망을 전해준 딴지일보 시리즈와 전 국민을 정치 고관여층으로 입문시킨 나꼼수의 창시자 김어준 요정님, 수사 위협에도 굴하지 않고 BBK의 진실을 밝혔는데도 오히려 불이익을 입은 나꼼수 멤버 정봉주 의원님, 멋진 편집 기술과 지혜와 재치로 기독교 찐보수의 정신을 알려준 김용민 피디님, 불의에 짱돌을 던지는 것을 두려워하지 않은 주진우 기자님, 그리고 '검찰청에서 조사받는 법'이라는, 지극히 타당한 글을 발표했다는 이유로 불이익을 받은 뒤 '확신의 함정' '디케의 눈' 등 인문학과 법학과 현실을 접목한 멋진 책들을 출간한 금태섭 변호사님, 전혀 안 웃긴데도 늘 잊지 않고 이런 모양의 계란 노른자(😄)를 눌러주시는 소중한 페친님들과 팔로워님들, 알람 울려놓고 새 글에서 트집 잡을 것 없는지 찾아보다가 저자의 매력에 푹 빠져 헤어나오지 못한 채 결국 얼떨결에 저자를 홍보해주게 된 많은 기자님들께도 함께 감사 말씀을 올린다.

또, 검찰청 소속 공무원들의 권한 남용과 조직적 민주주의 원칙 침해 행위가 반복되지 않도록 헌신적으로 노력하던 중 결국 비참하게 제거당한 조국·추미애 두 분 장관님이 안 계셨다면 이 책의 바탕이 된 페이스북 활동 자체를 개시하지 않았을 것이라는 점에서도, 두 분 장관님의 희생과 노고에 더 말할 나위 없이 깊이 감사드리지 않을 수 없다.

마지막으로, 어떤 현실이 다가오든 언제나 웃음과 낙관과 긍정으로 반응할 수 있도록 지적·정신적·물리적·물질적 안전망을 제공해주는 가족들에게 단전에서부터 우러나오는 감사의 인사를 올리고 싶다.

2022. 8. 15.

광복절 새벽 구기동 서재에서

진혜원

서론

이 책은 각종 주제에 대해 미디어에 알려지거나 판결이 확정된 내용과 다른 방향으로 생각하는 에세이의 모음이다.

동서고금을 막론하고 자기 편을 동원해 일단 판결을 확정시키고, 다른 의견을 '음모론'으로 몰아 탄압하는 조직과 기구가 꽤 많다.

우리나라도 그렇다.

이 책은 음모론으로 경시되는 의견을 양지로 끌어올리기 위해 시작됐다.

'양모론(陽謀論) 모음집'이라고 할 수 있다.

양모의 결론에 이르기까지는 동서고금의 지혜와 예술과 인문학과 비교법적 지식을 활용하려고 한다.

우리는 오랫동안 '국론'이라는 개념에 시달려왔다.

'국론분열'은 죄악이며, 국론과 다른 생각을 하는 것은 좌파스러운 행위라 용납될 수 없다는 구도가 일제강점기 이후 거의 문화로 자리잡혀왔다고 할 수 있다.

물론, 한국, 중국, 일본의 학생들이 서양의 학생들보다 좀더 집단주의 사고를 하는 경향이 있다는 여러 실험과 관찰 결과가 있기는 하다.*

그러나, 스스로 집단주의적 사고를 하거나 주변의 의견에 내 의견을 자발적으로 맞추는 것과, 남다른 의견을 응징하거나 강제로 배척하는 것은 서로 다른 행태다.**

이 책은 미디어가 조장 또는 선동하거나 기타 재판 등을 통해 널리 퍼진 의견이 언제나 진실은 아니며, 늘 스스로 자료를 찾고 분석하고 검증하는 훈련을 하는 것이 필요하다는 소신에 따라 시작하게 됐다.

아울러, 생활의 모든 측면이 곧 정치이며, 시민 하나하나가 귀찮아야 민주주의라는 신념 및 '법대로주의'를 항상 경계해야 한다는 서술이 에세이 저변에 지속적으로 펼쳐질 것이라는 사실도 미리 짚고 넘어가고자 한다.

원래 '법치주의'는 국가기관이 업무를 할 때 법을 준수하라는 원칙이고, '법'이라는 이름으로 시민을 탄압하는 것을 방지하기 위해 여러 차례의 혁명 끝에 만들어진 원칙이기 때문이다.

---

* 리처드 니스벳, 최인철 옮김, 『생각의 지도』, 김영사, 2004, 81쪽 이하.
** "Choosing Punishment"(Miriam H. Bear, *Boston University Law Review* Vol. 92, pp.586-594).

누군가가 '국론' 또는 '단 하나의 의견'을 고집할 경우, 그것은 전체주의와 독재 그리고 파시즘의 신호다.

구성원 각자가 스스로 판단하고 의견을 공표할 수 있는 분위기가 형성되는 것이 중요하다.

아울러, 살면서 명언 두 개 정도는 남겨야 하지 않겠냐는 내면의 목소리도 있다.

"정치는 생활이고, 귀찮아야 민주주의다."*

---

* 저자는 2018년경 직장 내 예술에 대한 강의를 통해 "예술은 본성의 반영"(Art is the reflection of one's nature)라는 명언을 남긴 일도 있다. 진정한 명언이라고 할 수 있다.

검사의 검찰일기

진실과
정의에 대한
성찰

1. '장검의 밤'과 표창장*

'장검의 밤'이라는 사태가 있다. 영어로는 'Night of the Long Knives'라고 하며 우리말로는 '긴 칼의 밤', 독일어로는 'Nacht der langen Messer'라고 한다. 1934년 6월 30일, 독일의 온천 도시 바트 비세(Bad Wiessee)시에 있는 한셀바우어 호텔에서 벌어진 암살극을 지칭하는 사태다.

1934년은 유럽 역사에서 매우 중요한 시기인데, 그 무렵 독일 내에서 공산당을 소탕하고 국가 권력을 완전히 장악한 히틀러가 2년 뒤 스페인 내전 성공으로 제2차 세계대전을 일으키기로 한 동력을 제공한 해이기 때문이다.

---

* 이 책에서 '표창장 사태'는 조국 전 법무부장관의 배우자가 딸의 의학 전문대학원 입시를 위해 자신이 재직 중인 대학교 총장 명의로 봉사 활동 표창장을 함부로 작성해서 입시에 제출했다는 검찰의 주장에 대해 법원이 먼저 기소된 표창장은 무죄 판결, 나중에 기소된 표창장은 징역형의 유죄 판결을 확정하고, 대학원이 유죄 판결을 빌미로 입학을 취소한 일련의 사건을 의미한다.

국가 내 권력 장악의 중요한 분수령이 바로 '장검의 밤' 사태라고 할 수 있다는 의미다. 히틀러는 1933년 1월 독일 내 소수당이었던 나치당 당수 자격으로 바이마르공화국 대통령 힌덴부르크에 의해 수상으로 임명되었다.

우리나라는 미국과 유사하게 대통령제 국가여서 대통령이 외교와 국내 정책 모두를 총괄하고 국회는 정책 집행에 관여하지 못하는 시스템인데, 영국에서 유래한 내각책임제는 주로 외교의전을 담당하는 왕 또는 대통령을 두고 국내 정책은 의회가 직접 입법도 하고 총리를 두어 정책 집행도 하는 제도이다.

당시 바이마르공화국은 내각책임제를 채택했으므로 대통령이 주로 외교와 의전을 전담하고 국내 정치는 의회에서 전담했다. 히틀러는 총리로 선출된 직후 누군가가 국회의사당에 불을 지른 것을 기화로 조기 총선을 실시했는데, 여기서 자신이 속한 나치당이 44%를 득표했다.

히틀러는 며칠 뒤 국회의사당 방화와 같은 테러를 예방하기 위해 반드시 필요하다면서 아무런 전제조건 없이 자신이 국가의 모든 일을 결정하도록 하는 '수권법'을 가결시켰다. 7월에는 연립정부를 공동으로 구성하던 공산당에게 국회의사당 방화 책임을 뒤집어씌우는 선전 활동을 벌여 공산당과 기타 다른 정당들을 불법단체로 규정하고, 나치당을 제외한 모든 정당의 활동을 금지했다.

독일은 이런 과정을 거쳐 합법적으로 나치당 일당 독재국가가 됐다. 그런데 이 과정이 선전과 선동만으로 평화롭게 진행된 것은 결코 아니었다. 오히려 이러한 과정은 히틀러의 오랜 정치적 동지이자 우리말로 '돌격대'라고 번역되는 폭력 조직의 수장 에른스트 룀 등이 시민들을 상대로 공공연히 테러를 벌이던 단체를 다수 동원해 폭력적으로 단행했다.

찰리 채플린이 유대인 이발사 역할과 독재자 역할을 모두 했던 영화 「위대한 독재자」에도 돌격대원들이 어떠한 폭력으로 시민들을 위협해서 권리를 포기하게 만드는지 잘 묘사되어 있고, 로베르토 베니니가 주연과 제작을 맡아 아카데미 외국어영화상을 수상한 영화 「인생은 아름다워」에도 돌격대원들이 시민들에게 가한 폭력의 실상이 잘 나타난다.

돌격대는 유니폼으로 갈색 셔츠를 입었으므로 '갈색 셔츠단'이라고도 불렸으나, 독일어로 '슈투르맙타일룽'(Sturmabteilung)이라고 하기에 통상 줄여서 'SA'라고 칭하고, 영어로는 '스톰 트러퍼스'(Storm Truppers)라고 한다.

원래, 국가는 국내에서 발생하는 범죄에 대처하려 공식 조직인 경찰을 두고, 외국의 침략에 대처하려 공식 조직인 군대를 두는 것이 원칙이다. 경찰이나 군대는 제한적 상황에서 다른 사람을 붙잡거나 제지하거나 폭행하거나 살해할 권한이 부여된 조직이다. 그런데 경찰이나 군대가 아니면서 다른 사람들에게 물리

적으로 힘을 행사하는 집단들이 있는데, 통상 이러한 집단을 '준
군사조직'(paramilitary)이라고 한다.

공산당과 다른 정당이 모두 사라진 1933년 말, 독일에는 준군
사조직으로 돌격대 외에 친위대, 비밀경찰, 경호대가 있었다. 친
위대는 독일어로는 '슈츠슈타펠'(Schutzstaffel)로 통상 'SS'로 표
시하고, 영어로는 '프로텍티브 에셜론'(Protective echelon)이라고
한다. 비밀경찰은 주로 암살 임무를 맡은 조직으로 영어로는 '시
크릿 스테이트 폴리스'(Secret State Police)로 번역되고, 독일어로
는 '게하이메 슈타츠폴리차이'(Geheime Staatspolizei)라고 쓰므로
줄여서 '게슈타포'(Gestapo)라고 한다.

당시 준군사조직의 끝은 게슈타포가 아니었다. 친위대 중에
서도 히틀러를 근접 경호하는 임무를 맡은 경호대가 옥상옥
처럼 따로 더 있었다. 이들은 독일어로 '지헤르하이츠딘스트'
(Sicherheitsdienst)라고 하므로 줄여서 'SD'라고 한다. 통상 영어
로는 '시큐리티 서비스'(Security Service)로 번역한다.

독일이 나치당의 일당 독재국가가 되자 1934년 초부터 나치당
내 준군사조직인 돌격대, 친위대, 경호대, 비밀경찰 안에서 누가
더 많은 권력을 가져야 하느냐를 두고 암투가 시작됐다.

대원 수가 200만 명이 넘는 돌격대의 대장은 에른스트 룀이었
고, 친위대와 경호대는 하이드리히 라인하르트가 담당했으며, 헤
르만 괴링은 독일공화국의 한 주인 프러시아의 수상으로 임명된

상태에서 별도의 주 경찰과 군대를 관리했고, 비밀경찰은 하인리히 힘러가 책임자였다. 공화국에는 정식 군사조직인 국방부도 별도로 존재했다.

권력 투쟁은 1934년 2월 돌격대 지도자 에른스트 룀이 공화국 대통령 파울 폰 힌덴부르크더러 자신에게 국방부장관 직위를 내주기를 요청하면서 돌격대와 군대를 합병하는 것이 좋겠다고 건의한 데서 시작됐다.

히틀러는 조직원이 200만 명이 넘는 돌격대가 군대와 합병하면 자신을 제거할 수도 있다고 의심했다. 그래서 작전 개시일을 1934년 6월 30일로 정하고, 열흘 전인 6월 20일경부터 룀이 프랑스로부터 정치자금을 받았다는 가짜 증거를 만들어두고 6월 30일 오전 11시에 룀과 바트 비세시에서 면담하기로 약속했다.

룀과 측근들은 6월 29일 저녁 면담 장소인 바트 비세시에 있는 한셀바우어 호텔에 투숙한 뒤 다음 날 면담을 위해 일찍 잠자리에 들었다.

히틀러와 친위대, 비밀경찰 간부들은 면담일인 6월 30일 오전 6시에 호텔에 들이닥쳐 룀과 그 일행을 체포한 후 대부분은 현장에서 죽이고, 룀은 다음 날 살해했다. 돌격대 간부 중 에드문트 하인즈는 젊은 남자 병사와 동침하다 체포됐는데, 당시 유럽에서는 동성애를 범죄로 간주했으므로 남자들끼리 동침하는 장면을 찍은 사진은 두고두고 돌격대 분쇄의 정당성을 홍보하는 자료로 사용됐다.

베를린으로 돌아온 히틀러는 선전부장관 파울 괴벨스를 통해 룀이 프랑스로부터 공작 자금을 받아 내란을 획책했기 때문에 체포해서 처형했다고 발표했다.

이와 같이 히틀러가 1934년 6월 30일에 일으킨 일련의 사태를 '장검의 밤'이라고 부른다.

히틀러는 한 달 뒤 내각 회의를 열어 '장검의 밤' 사태가 적법했다고 추인했다. 이렇게 해서 당시 독일에서는 '장검의 밤' 사태가 누구도 반박할 수 없는 적법한 예방적 조치로 '선포'됐다. 그 누구도 반대 의견을 말할 수 없었다.

우리 헌법 교과서에 '결단주의자'로 소개된 유명한 법학자 겸 정치철학자 카를 슈미트는 한 발 더 나아가 '예방적 긴급조치'라는 용어를 만들어 '장검의 밤' 사태에 관한 히틀러와 괴벨스의 선전 내용이 진실이라는 전제하에 정교한 법 이론을 제공하기도 했다. 그 공로로 슈미트는 히틀러가 창설한 '제3제국 최고 법학자'라는 칭호를 받았다.*

이제부터 본격적으로 표창장 사태를 들여다보겠다.

'표창장 사태'에는 여러 맥락이 있다. 정치적 관점과 법률적 관점으로 나눌 수 있고, 정치적 관점도 대권 경쟁 관점과 공정성

* Jacob ALs Thomsen, "Carl Schmitt-The Hobbesian of the 20th century?", MARS/Social Thought & Research, 1997, Vol. 2D, No. 1-2.

관점으로 나눌 만큼 시각이 다양하다. 법률적 관점 또한 무죄추정 원칙의 외부적 침해 문제, 증거의 신빙성 문제, 사립학교의 자율성 문제 등 다양한 측면에서 바라볼 수 있다.

특히, 정치 영역에서는 옳고 그름이나 진실보다는 힘을 행사하고 외부에 어떻게 선전하느냐가 가장 우선시되는 것이 현실이라는 사실을 이해하는 것이 매우 중요하다.

독한 사람들에게 법과 도덕은 정치의 도구일 뿐이다. 법과 도덕이 정치의 도구일 뿐이라는 의견은 어떻게 보면 극단적일 수도 있지만, 현실적으로 현대 정치에서 도덕을 강조하는 견해가 국내에 거의 처음으로 소개된 것이 마이클 샌델의 저서 『정의란 무엇인가』*라는 사실만 보아도 정치에서 도덕은 행위의 대의명분을 내세우는 도구로 활용된 역사가 더 길다. 그래서 표창장 사건을 바라볼 때 정치적 관점을 가장 먼저 고려할 필요가 있다.

'정치'의 정의는 매우 다양하지만 이 장에서는 동물의 세계에서도 확인되듯이** 자원을 배분하는 힘을 취득하는 과정과 결과 전체를 의미한다고 정리해두고자 한다. 한국적 현실에서 '자원'이란 공직자를 임면하고 예산을 배분할 수 있는 권한을 의미한다. '배분'에는 자기나 자기 가족 또는 친지가 가져가는 것도 포

---

* 마이클 샌델, 김명철 옮김, 『정의란 무엇인가』, 김영사, 2010.
** 프란스 드발, 장대익 외 옮김, 『침팬지 폴리틱스』, 바다출판사, 2004, 107쪽 이하.

함된다.

먼저, 정치적 관점에서 표창장 사태를 조망한다. 검찰이 동일한 표창장인데도 세 번 기소했다는 사실을 명심하고 시작하자.[*]

조국 전 장관은 2010년 오마이뉴스 대표인 오연호 기자와 문답 형식의 저서 『진보집권플랜』을 내면서 자신의 정계 입문에 대한 시민들의 기대를 잘 알고 있으나 당시로서는 참여할 의사가 없다는 뜻을 내비친 일이 있다.[**] 독립 언론인 김어준은 『닥치고 정치』라는 정치입문서에서, 조국이라는 강남좌파가 대통령 후보로 등장하려면 위험에 대한 인식이 있어야 한다고 평가하기도 했다.[***]

조국 전 장관의 법무부장관 임명을 위한 청문회 당일인 2019년 9월 6일에는 특이한 상황이 있었다.[****] 한 국회의원이 '부인이 기소되면 사퇴할 거냐'는 취지로 질문했는데,[*****] 실제로 검찰은 당일 심야에 부인을 기소한 것이다.[******]

---

[*] 「첫 단추 잘못 끼운 검찰… '표창장 위조' 두 번 기소 '몽니'」(『한겨레』, 2012. 12. 19).

[**] 오연호·조국, 『진보집권플랜』, 오마이북, 2010, 11쪽.

[***] 김어준, 『닥치고 정치』, 푸른숲, 2011, 14쪽.

[****] 「자유한국당 장제원 의원이 "부인 정경심 동양대 교수가 검찰에 기소되면 장관직을 수행할 수 있겠느냐"고 따져 물었다」(『프레시안』, 2019. 9. 6).

[*****] 「검찰, 조국 부인 기소에… "최소한의 방어권 기회 안 줘" 비판 목소리」(『한겨레』, 2019. 9. 7).

[******] 서울중앙지방법원 2019고단5722(2019. 9. 9. 2019고합 783으로 재

검찰이 기소 예정 사실을 미리 특정 국회의원에게 알려주지 않았다면 국회의원이 알 수 없는 정보가 국회의원에게 전달된 것이고, 공소제기 전까지도 피의사실을 유출해서는 안 되는 검찰의 불법행위가 있었음을 암시하는 일련의 절차인데, 미디어 종사자들이 아무도 문제 삼지 않은 것을 보면, 그 자체가 기소하겠다고 은근히 겁박할 때 사퇴하겠다고 했으면 기소하지 않았을 개연성을 알려주는 신호라고 해석할 수 있다.*

왜 사퇴하지 않으면 기소하겠다는 신호를 보내고 사퇴하지 않겠다고 하자 심야에 기소했을까? 조국 전 장관에 대한 청문회와 배우자 기소일인 2019년 9월 6일을 전후한 미디어의 보도 중 조국 전 장관의 대통령 후보 지지율에 대한 보도가 관심을 끈다.** 당시 조국 전 장관 지지율은 이낙연 전 총리와 황교안 전 총리에 이어 3위였다.

2년 뒤 탐사취재 전문 언론사인 『열린공감TV』가 그 무렵 상황에 대해, 이낙연 전 총리가 표창장 명의인인 최성해 전 동양대 총장에게 고맙다고 말한 사실이 있다는 취지로 보도한 내용도

배당).

* 「'조국 부인 기소' 후폭풍… "검찰 과도한 정치개입" 비판 높아」(『한겨레』, 2019. 9. 8).

** 「조국 전 장관 차기 대권 지지율 3위로 껑충, 1위는 이낙연, 2위는 황교안」(『중앙일보』, 2019. 9. 13).

주목할 만하다.*

또한, 쟁점이 된 표창장 당사자 최성해 전 동양대 총장이 조국 전 장관이 민정수석 시절 양복을 제공하려다가 거절당한 일이 있다는 보도와** 20대 대통령 당선자의 배우자가 한 언론사 기자와 대화 중 "가만히 있었으면 구속하지 않으려고 했었다"고 한 보도***도 눈길을 끈다.

종합해서 추론하면, 조국 전 장관은 원래 선거직 공직에 출마한다는 의미의 정계 진출을 의도하지 않았지만, 김어준 등 군중심리를 잘 통찰하는 독립 언론인이나 정계의 굵직한 자리를 노리는 정치인들 시각에서는 대권 주자로서 잠재성과 파괴력이 두드러진 인물이 법무부장관 직무를 성공적으로 수행하면 장래 경쟁자로 뛰어오를 수 있어 조기에 경계해야 할 대상이었을 것으로 가설을 세워볼 수 있다.

그러면 룀이 히틀러와 면담하는 줄 알고 약속 장소로 가서 무방비 상태로 자다가 새벽에 살해당한 뒤 반란자금 수령 공작에 따라 내란 수괴로 몰렸듯이, 조국 전 장관이 위험을 감지하기도

---

* "이○○이는 조국을 친 사람이야, 나한테 고맙다고 한 사람이야"(『열린공감TV』, 2021. 6. 23).

** 「최성해 양복 두고 조국 "뇌물이라 거절"」(『파이낸셜뉴스』, 2020. 11. 24).

*** 「김명○, '조국 가만있었으면 구속 안 하려 했다' 말해」(『YTN』, 2022. 1. 17).

전에 미리 범죄 혐의를 씌워 제거하는 것이 효과적인 방법 아니었을까?

다음은 몇몇 보도에서 표창장 사태의 원인과 결과를 정치적 관점에서 추측한 결과다. 추측에 앞서 우리나라에서 '위조'라는 개념에 대한 간략한 설명이 필요하겠다. 우리나라에서 '위조'는 기본적으로 문서 명의자 허락 없이 작성된 문서를 의미한다. 명의자의 허락이 없다는 것은 명의자 몰래 문서를 만들었다는 것이다. 그래서 명의자는 통상 자기 명의 문서가 위조됐다는 사실을 전혀 모른다.

반대로 해석하면, 문서 명의자가 자기 명의의 문서가 있다는 사실을 알았을 경우 그것은 자기가 작성해줬거나 작성하라고 허락했다는 사실을 의미할 개연성이 매우 높다는 것이다. 게다가 통상 문서 명의자가 자기 몰래 문서가 작성됐다는 사실을 알면 그 즉시 이의를 제기하거나 고소하는 조치를 하게 된다.

문서가 작성되었다는 날짜로부터 10년 가까이 흘렀는데도 아무런 이의가 없거나 고소가 없었다면 그 문서를 자기가 작성해서 줬거나 작성하라고 허락했을 개연성이 더욱 높아진다는 의미다.

'표창장 사태'는 명의자인 대학 총장이 문서가 작성됐다는 시기부터 10년 가까이 지난 뒤, 표창장을 받았다는 학생의 아버지가 장관에 취임하려고 할 때야 '대학 총장 명의의 표창장이 위조됐다'는 친(親) 구태 미디어들의 보도를 시발점으로 시작됐다. 우리나라에서 친 구태 집단은 '수사기관의 정보 흘리기-미디어 보도-어용 시민단체의 고발-수사기관의 수사 착수-재판을 통한 구금'을 공식적으로 활용하는 체제다.

이 책에서 '친 구태'는 일단 일본 제국주의 기간이 대한민국 국민의 자유와 권리를 억압하거나 물자를 강제로 수탈하는 체제였다는 사실을 인정하지 않는 대신, 그 기간이 '미개했던 조선'을 현대적 국가로 탈바꿈시킨 시기였다고 보고, 한민족은 일본민족보다 아래 계급에 속한다는 내적 확신을 가진 집단이라고 정의한다.

조국 전 장관의 배우자는 경북에 있는 4년제 대학 동양대학교의 교수였는데, 그 학교 총장은 총장이 될 학력 요건을 갖추었는지와 관련해 교육부로부터 많은 의심을 받고 있었다.*

그 무렵 조국 전 장관은 청와대 민정수석으로 근무했는데, 배우자가 근무하는 학교의 총장에게서 양복을 해주겠다는 제안을 받았지만 뇌물로 간주될 우려가 커서 거절한 것으로 알려졌다.**

총장은 자신이 어려운 처지에 있는데, 남도 아니고 자기가 운영하는 학교 재단이 고용한 교수의 배우자가 선물을 거절하자

---

* 「최성해 동양대 총장 단국대 '수료' 아닌 '제적'」(『MBN』, 2019. 9. 29).
** 「최성해 양복 두고 조국 "뇌물이라 거절"」(『파이낸셜뉴스』, 2020. 11. 24).

자존심도 상하고 배신감도 느꼈을 것으로 짐작할 수 있다.

보통 사립학교 교수 채용은 그야말로 재량 사항이고, 교수직 지원자들은 매우 많기 때문에 자신이 교수를 채용하는 것이야말로 엄청난 은혜를 베푼 것으로 믿었을 것이다. 게다가 막상 자기가 어려운 처지에 은근히 선물하려고 했는데 거절당하자 민망한 나머지 보복하려는 마음이 들었을 수 있다.

때마침 조국 전 장관이 민정수석을 그만두고 검찰을 개혁하겠다고 주장하면서 법무부장관에 취임하려는 시기가 왔다. 그러자 난데없이 자녀의 표창장이 위조됐다고 암시하는 보도가 나오기 시작했다.* 당사자도 자기 명의의 표창장이 존재한다는 사실을 모르는데, 매체들은 어떻게 알았을까?

널리 알려진 명문대가 아니거나 그다지 유명하지 않은 특정 사립대학 총장 명의 문서가 총장 몰래 작성됐다는 것이 진실이라면 그것을 10년 가까이 지난 뒤 누가 어떻게 알고 보도를 개시할 수 있을지부터 의심해보는 것이 맞다.

가장 가능성이 높은 것은 한 가지라고 추리할 수 있다. 자기가 작성해줬거나 허락했기 때문에 자기 명의의 문서가 입시에 제출되었다는 사실을 오래전부터 알고 있었던 것이다. 그런데 나중에 양복을 안 받으면서 자기가 어려운 처지에 있을 때 외면하

---

* 「조국 후보자의 딸은 물론 아들도 대학입시를 위한 정교한 스펙관리가 눈에 띕니다」(『채널A』, 2019. 8. 22).

는 것을 보고 복수하기로 마음먹은 것이 아닐까 하는 가설을 세워볼 수 있다. 이 경우, 성공적으로 복수하려면 법정에서 표창장이 자기 몰래 작성됐다고 말하더라도 수사기관에서 자기를 위증죄로 입건하지 않는다는 보장이 있어야 한다. 더 나아가 표창장 사태에 협력하는 조건으로 보답을 받게 되면 금상첨화라 할 수 있다.

당선자의 배우자가 "조국이 가만히 있었으면 (배우자를) 구속하지 않으려고 했다"라고 말한 녹취파일 관련 보도는 그 대학 총장이 자신의 사적 복수를 위해 수사기관에 협력했고, 수사기관은 조국 전 장관이 취임하여 검찰의 수사개시 권한을 삭제할까봐 선제공격에 나섰을 개연성을 매우 강하게 높여준다. 아울러, 앞서 언급한 2021년 6월 23일자 『열린공감TV』 보도는 이 작전을 사전에 인지하거나 협력한 사람의 범위를 암시했다고 볼 수 있다. 또한, 새 대통령이 취임한 직후 동양대학교가 정부로부터 매년 30억 원 이상 3년간 최소 90억 원의 지원금을 받게 됐다는 보도* 또한 표창장 사태의 정치적 의미를 잘 보여준다.

친 구태 매체는 표창장이 마치 국가 입시제도의 근간을 뒤흔드는 거대한 불공정 문제이고, 그 아버지인 조국 전 장관은 위선자인 것처럼 선동해왔다. 특히, 친 구태 매체는 국론분열을 죄악

---

* 「동양대, 교육부 '일반재정지원대학' 추가 선정, 2024년까지 3년간 매년 30억 원의 정부 지원 받게 돼」(『대구MBC』, 2022. 5. 18).

시하도록 선동하기 때문에 확정판결과 다른 추론이나 의견은 응징하려는 폭력적 경향이 있지만, 표창장 사태를 '공정의 탈을 쓴 정치투쟁'의 관점에서 바라보지 않을 수 없다는 다음 반론에는 합리적으로 대응하지 못한다.

그것은 바로 대통령 당선인 배우자의 경력증명서,* 재직증명서**나 석사학위*** 및 박사학위 논문****과 관련된 문제, 당선인의 친한 지인인 전직 여성 국회의원 아들의 미국 경시대회 논문 문제*****도 범죄이므로 기소해야 한다는 의견을 내는 친 구태 매체들이 전혀 없다는 사실에서 잘 나타난다.

특히, 아내가 기소되면 사퇴할 거냐고 물었던 국회의원은 연예인인 자기 아들이 음주운전 등 범죄로 구속·기소됐는데도 열심히 공직 활동을 하고 있고, 이에 대해서도 친 구태 매체들은 대

* 당선자의 배우자가 큐레이터로 근무한 경력이 있다는 증명서가 위조되었는지에 관한 문제.
** 당선자의 배우자가 게임산업협회 이사로 재직한 경력이 있다는 증명서가 위조되었는지에 관한 문제.
*** 당선자의 배우자가 숙명여대 대학원 졸업 논문(석사)으로 제출한 파울 클레 관련 논문이 로즈메리 램버트의 『20세기 미술사』라는 서적을 거의 그대로 복사했는지에 관한 문제.
**** 당선자의 배우자가 제출한 국민대 박사학위 논문이 '회원 유지'(member retention)를 member Yuji라고 번역하는 등 박사논문으로서 수준이 미달되는지에 관한 문제.
***** 'A Research on the Feasibility of Cardiac Output Estimation using Photoplethysmogram and Ballistodiagram'이라는 제목의 실험을 고등학생이 직접 수행하고, 논문도 직접 작성했는지, 경시대회 수상 요건은 갖췄는지에 관한 문제.

부분 침묵하고 있다는 사실도 중요한 단서가 된다.

무엇보다도 정치적 측면에서는 검찰이 동일한 표창장에 대해 세 번 공소를 제기했고, 특히 조국 전 장관 인사청문회 당일 심야에 기소한 표창장은 무죄 판결이 확정됐으나* 거의 보도되지 않았다는 사실이 가장 중요하다.

왜 동일한 표창장을 놓고 청문회 당일 심야에 기소했을까? 왜 그 사건은 무죄 판결이 확정됐을까? 왜 기소 후 수십 곳을 대대적으로 압수수색하고, 그 사실이 매체에 보도되도록 했을까?

결국, 표창장이나 경력증명서나 경시대회 논문이나 공정성이나 진실이 문제가 아니라는 의미다. 누군가에게는 단지 유력한 대통령 후보자나 그 일가를 파렴치한 사람으로 몰아 제거하면 목적이 달성되기 때문이었을 것으로 추리해볼 수 있다.

결국 '표창장 사태'는 조국 전 장관이 법무부장관 취임을 준비하려고 민정수석에서 사퇴한 2019년 7월 말부터 불과 약 한 달 사이에 전광석화와 같이 진행된 사태여서 당사자들이 무방비 상태에서 비극적 사고를 당한 '장검의 밤'을 연상하게 된다.

돌격대를 확장하려던 룀은 조작된 수뢰 혐의로 살해당해 마땅하지만, 암살을 주도한 히틀러와 힘러, 라인하르트의 살인은 단죄되지 않는 것이 정치의 영역이다.

* 서울중앙지방법원 2019고합738, 서울중앙지방법원 2021노 14

대통령 후보군으로 인기가 높아가던 조국 전 장관의 가족에게 발생한 표창장 사태는 극악무도한 범죄여서 단죄당해 마땅하지만 경력증명서, 재직증명서, 논문 표절, 논문의 영어 번역 수준은 단순히 돋보이고 싶은 인간의 욕망을 자연스럽게 표출한 것이므로 범죄수사 영역에 들어가서는 안 되는 것이 정치 영역이라고 할 수 있다.

아울러, "표창장 작성을 허락한 바 없다"고 증언한 사람이 설립한 대학교가 그간 친 구태 매체들이, '혈세'라고 토를 달기를 주저하지 않았던 정부 지원금을 100억 원가량씩 받게 된다는 발표는 그 어떤 중앙 매체도 보도하지 않아야 된다는 것이 정치 영역에서 활용되는 공정성의 실상이다.

입시가 공정해야 한다면 취업이나 학위 취득도 공정해야 하지만, 정치 영역에서 공정성은 경쟁자를 제거하려는 구호에 불과할 수 있다는 것을 늘 명심해야 한다는 사실을 알려주는 사건이 '표창장 사태'라고 할 수 있다.

다음 장에서는 표창장 사태를 법률적 관점에서 바라본다.

2. O.J. 심슨과 표창장

미식축구 선수 출신인 O. J. 심슨은 「총알 탄 사나이」 등의 코미디 영화에 출연하는 배우 겸 미식축구 해설가로 활약한 유명 인사였다. 심슨은 재혼한 아내 니콜 브라운과 이혼했는데, 니콜은 이혼한 지 약 1년 반 뒤 자기 집 현관 앞 계단에서 선글라스를 가져다주러 온 레스토랑 종업원 론 골드만과 함께 처참하게 난자당한 시체로 발견되었다.

유력한 용의자로 지목된 심슨은 경찰이 추적을 시작하자 도주했는데, 그 장면과 체포되는 장면이 헬기를 동원한 방송사 카메라에 포착되어 전 세계로 생중계되었다.

미국은 헌법에 배심제가 규정되어 있어서 기소 여부와 유무죄 여부를 배심원이 결정하게 되어 있다.* 여기서 '기소'는 형사재판에 회부하는 것을 말한다. 또 미국 헌법에는 배심원에게 용의

---

* US Federal Constitution Amendment V, VI.

자나 피고인이 유죄라는 편견이 없어야 한다는 원칙도 있어* 피의자 변호사들이 배심원을 선정할 때 해당 사건에 대해 사전 지식이 있거나 유죄라는 편견이 있는 사람을 철저히 배제하는 절차를 매우 중요하게 거친다.**

O. J. 심슨 사건에서는 기소 여부를 결정할 배심원이 거의 모두 심슨이 도주하다 체포되는 장면을 생중계 또는 뉴스로 접했으므로 편견 없는 배심원을 구성하기가 불가능했다. 그래서 기소에 필요한 일련의 증거가 있는지를 법관이 결정했고, 기소하기에 증거가 충분하다는 판단에 따라 O. J. 심슨을 전 부인 니콜 브라운과 식당 종업원을 살해한 혐의로 재판에 회부했다.

그렇지만 재판에서는 반드시 배심원이 유죄인지 무죄인지 평결해야 하므로 심슨의 변호인들은 유죄의 예단이 없는 배심원인지를 판단하려고 배심원 후보자들에게 강도 높은 질문을 했다. 그럼에도 배심원으로 선정된 사람 중 하나가 배심원 선정 과정에서 받은 질문에 거짓말을 한 사실이 드러나 재판 중간에 배심원에서 배제되기도 했다.

목격자가 없는 데다 심슨이 알리바이를 주장했으므로 심슨이 도주한 사실로 추론되는 죄책감이라는 심적 상태와 물적 증거

---

* US Federal Constitution Amendment VI.
** 'Jury selection: More important now than ever', Browne Greene, Advocate January 2010.

위주로 재판이 진행되었고, 재판 과정은 거의 모두 전 세계에 생중계되었다.

심슨에게 불리한 증거로는 니콜 집에서 발견된 피 묻은 장갑 한 짝과 심슨 집에서 발견된 피 묻은 나머지 장갑 한 짝, 니콜과 골드만의 사체 근처와 심슨의 자동차와 집에서 발견된 심슨의 혈액 DNA, 심슨의 머리카락, 현장에서 발견된 신발 흔적과 심슨의 집에서 발견된 니콜의 혈액 DNA가 있었다.

LA 검찰은 혈액 DNA와 머리카락으로 증거가 충분하다고 판단해 자신만만하게 재판을 시작했다. 심슨 측 변호사들은 혈액과 머리카락, 신발 흔적과 장갑을 모두 수사를 개시한 LA 경찰에서 만들고 '심었다'고 주장했다. 실제로 재판 과정에서 LA 경찰과 검찰이 심슨 것이라고 주장한 피 묻은 장갑이 심슨 손에 잘 들어가지 않는 장면이 전 세계에 생중계되자 재판은 반환점을 돌았다. 범행에 사용되었다는 장갑이 심슨 손에 맞지 않는데 어떻게 심슨이 범인일까 하는 의문이 제기된 것이다. 아울러, 경찰은 심슨을 체포한 후 혈액 대조에 이용하려고 심슨의 혈액을 별도로 채취했는데, 이 혈액에는 장기 보존에 필요한 방부제의 일종인 'EDTA'라는 약물을 섞어두었다.

그런데 현장에서 발견되었다는 심슨의 혈액에 보통 사람들에게 들어 있는 것보다 많은 EDTA가 포함되어 있다는 사실이 밝혀졌다. 그러자 변호인들은 경찰관들이 심슨을 체포한 후에 채

취한 혈액을 현장 여기저기에 '심어두고' 마치 증거인 것처럼 내세우고 있다는 반론을 펼쳤다.

특히, 심슨의 집에서 장갑을 발견했다는 경찰관 펄먼은 장갑 발견 경위를 묻는 증인신문에서 "나는 흑인을 '깜둥이'(nigger)라고 부른 일이 없습니다"라고 증언했는데 약 열흘 뒤 열린 재판에서 경찰관 펄먼이 친구와 나눈 대화의 녹음파일을 심슨의 변호인들이 법정에서 공개하면서 펄먼뿐만 아니라 LA 경찰이 제시한 증거 전체의 진실성이 의심을 받게 되었다.

펄먼이 지인들과 나눈 대화 가운데 일부는 다음과 같다.

"나는 깜둥이들을 잡아넣기 위해서라면 무슨 일이든 다 할 거야. 깜둥이들을 가만두지 않겠어. 깜둥이들을 가만두지 않겠다고! 깜둥이들을 가만두지 않으려면 윌셔 지역을 지원하면 돼. 거긴 잡아넣을 깜둥이들이 널렸어. 온통 깜둥이들만 있다고."

결국, 검찰이 자신만만하게 내세웠던 가장 중요한 증거들이 법정에서 심도 있게 반박되자 배심원들은 니콜과 골드만 살인 사건의 범인은 심슨이 아니라고 평결했다.

그렇지만 심슨은 2년 뒤인 1996년 니콜과 골드만의 유족들이 제기한 민사소송에서 니콜과 골드만을 살해한 불법행위 책임이 있으므로 400억 원가량을 배상해야 한다는 평결을 받았다. 민사사건의 재판장은 형사사건의 재판장과 다른 사람이었는데, 그는 법정에서 인종차별을 암시하는 증거나 현장에서 채취했다는 혈액 샘플이 조작되었음을 암시하는 증거는 제시하지 못하게 제한했기 때문이다.

O. J. 심슨의 형사사건과 민사사건은 '표창장 사태'를 법률적 관점에서 바라보는 데 필요한 많은 질문거리를 제공한다.

먼저, 증거 측면을 살펴보자.

증거에는 인적 증거인 증인과 물적 증거인 흉기, 혈흔, 전자파일 등이 있다.

인적 증거인 증인부터 점검해보자.

사람은 직업이나 경력을 불문하고 누구나 거짓말을 할 가능성이 있다는 전제에서 출발해야 한다.

O. J. 심슨 사건에서 피 묻은 장갑 한 짝을 심슨 집에서 발견했다는 경찰관 펄먼은 자신이 흑인들에 대한 인종차별주의자가 아니라고 단언하면서 흑인을 비하하는 용어를 사용한 일이 없다고 증언했다. 하지만 그가 흑인들을 잡아넣으려면 수단과 방법을 가리지 않고 증거도 조작할 수 있다고 주변 친구들에게 자랑하고 다닌 사실이 재판 과정에서 드러났다. 이에 더해 펄먼이 심슨의 집에서 찾아냈다는 장갑 한 짝이 심슨 손에 잘 들어가지 않는 장면이 전 세계에 생중계되면서 심슨이 범인이 아닐 것이라는 심증이 강해졌다.

'표창장 사건'에서 가장 중요한 증인은 표창장의 명의인이다. 표창장을 작성해준 적도 없고 허락한 적도 없다는 대학 총장의 말은 믿을 수 있을까?

우리나라는 증인이 한 말의 신빙성을 검토하는 방법에 관한 규정이 없어 오직 상식에 맡기고 있다.

미국의 주 대부분에서 채택하는 연방 증거법상 형사사건에서는 증인이 믿을 만한 사람인지 판단할 자료를 증거로 활용할 수 있는데, 특정한 행동을 반복하는 사람은 재판이 제기된 사건에서도 그러한 행동을 반복할 개연성이 높다는 행동법칙 때문에 명문화된 규정이다.*

어떤 문서가 위조되었다는 사건에서, 위조를 주장하는 증인의 말을 믿을 수 있는지를 판단하는 대표적 자료는 그 사람이 과거에 거짓 언행을 한 사실이 있는지 확인하는 것인데, 과거의 행동양식이 현재 쟁점이 되는 재판 과정에서도 반복될 것이라는 증거법칙을 모두스 오페란디(modus operandi)라고 부른다.

대학 총장은 자신이 대학 학부를 졸업한 적이 없고, 대학원 학위도 정상적으로 취득한 일이 없는데도 허위 이력을 제출해 총장으로 승인되었다는 혐의로 교육부로부터 조사와 임명 취소 처분을 받았다. 이러한 사실을 모두스 오페란디 법칙에 따라 살펴

* US Federal Rules of Evidence 404(b)(2), 609(a)(2).

보면, 이 총장이 특정 사건에서 거짓 자료를 활용하거나 거짓말을 할 개연성이 높으므로 진술을 100% 신뢰해서는 안 된다는 것을 의미한다.

그렇다면 자기 명의의 표창장을 작성해주거나, 작성하도록 허락하거나, 지시한 일이 없다는 증언이 사실인지 거짓인지 어떻게 알 수 있을지 추론해보자.

다른 사람 모르게 그 사람 명의로 문서를 위조하는 사람은 문서 명의인이나 명의인을 아는 사람들에게 자기가 문서를 위조했다는 사실을 절대로 알리지 않는다. 통상 표창장을 제출받은 대학이나 대학원이 그 표창장을 발급한 대학교에 '표창장을 작성해줬는지'를 확인해야만 문서 명의인이 표창장의 존재를 알게 된다. 그렇다면 확인한 시기는 대학이나 대학원 입시 무렵일 테고, 표창장이 제출된 시기인 7년에서 10년 전쯤 이 사실을 알았을 테니, 그때 고소든 고발이든 조치를 했을 것이다. 이 사건은 그 시기에 시작된 것이 아니다 보니 당연하게도 그 무렵 고소와 고발이 없었다. 표창장이 정말 대학 총장 몰래 작성되었다면 대학 총장도 영원히 몰랐을 것이다.

그런데 조국 전 민정수석이 검찰을 개혁하겠다는 사명을 띠고 법무부장관에 임명되려 할 때 갑자기 기적적으로, 공소시효 만료 직전에 전지전능한 신이라도 나타나 대학 직원들과 총장 본인, 수사기관 그리고 언론사 기자에게 총장 명의의 표창장이 존재한다는 사실을 알려준 것일까?

그게 아니라고 보는 것이 합리적이다. 7년 전에 조국 전 장관 가족과 사이가 좋았을 때 발급을 허락했으니 이미 표창장이 발급되었다는 사실을 알았는데, 상황이 바뀌니 태도도 바뀌었고, 그에 따라 누군가를 시켜 언론사에 제보하고 수사가 착수되도록 도와준 것으로 봐야 앞뒤가 맞는다.

O. J. 심슨 사건에서 경찰관 펄먼은 평소 흑인들을 극심하게 증오했는데도 흑인을 '깜둥이'라고 한 일이 없다고 증언했다가 지인과 대화한 내용이 공개되면서 거짓말한 것이 탄로났다. 대학 총장은 나중에 지인과 대화하면서 특정인이 자신에게 조국 전 장관을 쳐줘서 고맙다는 말을 했다고 한 것으로 보도된 사람이었다.

사람은 누구나 상황에 따라 거짓말을 할 수 있다. 그래서 진술이나 인적 증거만 신뢰해서는 안 된다는 규정이 새로 만들어지기도 했다.[*]

다음으로 물적 증거를 점검해보자.

물적 증거는 오염되지 않는 것이 가장 중요하다. 운동선수들을 도핑 테스트할 때 다른 사람 소변을 운동선수 소변인 것처럼 검사하게 하는 수법이 있다. 또 경쟁자를 제거하려고 약물을 복

---

[*] 검사와 사법경찰관의 상호협력과 일반적 수사준칙에 관한 규정 제3조 제3항 제1호, 제3호.

용한 사람의 샘플을 운동선수의 샘플과 바꿔 검사하게 하는 수법도 있다. 그래서 물적 증거는 수집 과정을 의문 없이 철저히 점검하는 것이 중요하다.

O. J. 심슨 사건에서, 심슨 집에서 발견된 피 묻은 장갑은 심슨 손에 잘 들어가지 않았고, 장갑을 발견했다는 경찰관은 인종차별주의자로 드러나 실제로 장갑을 심슨 집에 '심어놓았을 수 있다'는 의심을 받았다. 또한 니콜 집에서 발견된 심슨의 혈액은 범행 당시 나온 것이 아니라 경찰이 심슨에게서 채취한 혈액을 몰래 현장에 '심어놓은' 것이라는 의심을 받았다.

표창장 사건이, 누군가를 제거하는 데에 이용할 목적으로 동원한 사건일 수 있다고 의심하는 게 중요하다는 것이 첫 번째 장의 결론이었다. 수사를 별개의 목적으로 동원하는 경우, 에른스트 룀이 프랑스로부터 공작 자금을 받았다는 증거를 심어 넣는 것처럼 증거를 심어 넣고자 하는 욕구가 발휘되었는지를 철저히 검증해야 한다.

특히, 표창장 사건은 동일한 표창장이 여러 번 기소되었을 뿐 아니라 먼저 기소된 사건은 증거가 없는 상태에서 기소되었기 때문에 결국 무죄 판결이 확정되기 때문에 더욱 중요하다.

그러나, 검찰측은 표창장이라는 문서를 조국 전 장관의 배우자인 정경심 교수가 직접 자기 집에 있는 컴퓨터로 작성했다고 주장했고, 정경심 교수 측에서는 표창장은 총장 허락하에 학교

직원이 발급해서 자신에게 주었다고 반박했으며, 검찰은 정경심 교수가 집에서 사용하다가 다시 대학교 강사실에 가져다놓은 컴퓨터에서 나온 자료라면서 표창장 파일을 제출했는데, 법원은 검찰이 컴퓨터를 확보하는 과정에서 그것을 '심었는지', 아니면 실제로 그 컴퓨터를 확보하기 전부터 있던 파일에서 나왔는지 상세히 판단할 필요가 없다고 해석되는 견해를 보임으로써 증거의 출처 관련 검증 의무를 게을리 해도 된다는, 매우 불행한 선례를 남겼다.[*]

검찰은 2019년 9월 6일 대대적인 언론보도와 함께 표창장 사건을 기소했지만 증거가 없었기 때문에 3개월 뒤에는 같은 표창

---

[*] 정보저장매체를 임의제출한 피압수자에 더하여 임의제출자 아닌 피의자에게도 참여권이 보장되어야 하는 '피의자의 소유·관리에 속하는 정보저장매체'란 피의자가 압수·수색 당시 또는 이와 시간적으로 근접한 시기까지 해당 정보저장매체를 현실적으로 지배·관리하면서 그 정보저장매체 내 전자정보 전반에 관한 전속적인 관리처분권을 보유·행사하고, 달리 이를 자신의 의사에 따라 제3자에게 양도하거나 포기하지 아니한 경우로서, 피의자를 그 정보저장매체에 저장된 전자정보에 대하여 실질적인 피압수자로 평가할 수 있는 경우를 말하는 것이다. 이에 해당하는지 여부는 민사법상 권리의 귀속에 따른 법률적·사후적 판단이 아니라 압수·수색 당시 외형적·객관적으로 인식 가능한 사실상의 상태를 기준으로 판단하여야 한다. 이러한 정보저장매체의 외형적·객관적 지배·관리 등 상태와 별도로 단지 피의자나 그 밖의 제3자가 과거 그 정보저장매체의 이용 내지 개별 전자정보의 생성·이용 등에 관여한 사실이 있다거나 그 과정에서 생성된 전자정보에 의해 식별되는 정보 주체에 해당한다는 사정만으로 그들을 실질적으로 압수·수색을 받는 당사자로 취급하여야 하는 것은 아니다(대법원 2021도11170).

장으로 다시 기소해야 했으니 자신들이 입수한 PC에서 표창장 위조의 흔적이 나와야만 한다는 심리적 압박을 받았을 것이다. 그렇다면 압박을 받은 사람들이 파일을 만들어 심었을 가능성을 충분히 의심하고 심리했어야 하는데 그럴 필요가 없다는 법칙이 새로 나온 것이다.

원칙적으로, 누가 작성했는지 확인이 안 되면 증거로 사용할 수 없고,* 증거를 추출하기까지 과정을 제출자나 제출자의 변호인이 감시하지 못해서 추출 과정의 적법성이 명확하지 않을 때도 증거로 사용할 수 없으며,** 제출자가 피고인이 아닐 때는 피고인이나 피고인의 변호인이 감시하는 방법으로 추출 과정의 적법성이 명확히 밝혀져야만 증거로 할 수 있고,*** 심어 넣은 것은 아

---

* 컴퓨터 디스켓에 들어 있는 문건이 증거로 사용되는 경우 그 컴퓨터 디스켓은 그 기재의 매체가 다를 뿐 실질에 있어서는 피고인 또는 피고인 아닌 자의 진술을 기재한 서류와 크게 다를 바 없고, 압수 후의 보관 및 출력과정에 조작의 가능성이 있으며, 기본적으로 반대신문의 기회가 보장되지 않는 점 등에 비추어 그 기재내용의 진실성에 관하여는 작성자의 진술에 의하여 그 성립의 진정함이 증명된 때에 한하여 이를 증거로 사용할 수 있다(대법원 99도2317).

** 압수의 대상이 되는 전자정보와 그렇지 않은 전자정보가 혼재된 정보저장매체나 복제본을 임의제출받은 수사기관이 정보저장매체 등을 수사기관 사무실 등으로 옮겨 탐색·복제·출력하는 일련의 과정에서, 피압수자 측에 참여의 기회를 보장하는 등의 적절한 조치를 취하지 않은 경우, 압수·수색은 원칙적으로 위법하다(대법원 2021도11170).

*** 피해자 등 제3자가 피의자의 소유·관리에 속하는 정보저장매체를 영장에 의하지 않고 임의제출한 경우, 피의자에게 참여권을 보장하고 압수한 전자정보 목록을 교부하는 등 피의자의 절차적 권리를 보장하기 위한 적절한 조치가 이루어져야 한다(대법원 2016도348 전원합의체

예 증거능력이 없는 것이 그 직전까지의 룰이었다.*

그런데 표창장 사건에서는 표창장 파일이 나왔다는 PC를 수사기관이 대학교 교직원으로부터 제출받아 가져가서 증거를 추출하는 과정에서 피고인인 정경심 교수나 그 변호인이 전혀 참여할 수 없었는데도 그 직전까지 확립된 증거법칙이 적용되지 않았고, 예외적인 법칙이 새로 만들어졌다.**

결국, 두 번째와 세 번째로 기소된 표창장 사건은 증거로 제출된 파일을 수사기관에서 심었는지를 검토할 필요가 없으므로 증거능력이 있다는 새로운 법리로 PC에서 추출되었다는 파일의 증거능력을 인정했다.

수사기관에서 하는 행위의 염결성에 대한 요구는 용의자나 피고인이 전자자료를 오래전부터 관리했는지에 따라 달라질 문제가 아니므로 표창장 사건에 관한 대법원의 새로운 법리는 매우

판결).

 * 형사소송법 제308조의 2(위법수집증거의 배제) 적법한 절차에 따르지 아니하고 수집한 증거는 증거로 할 수 없다.
** 임의제출자 아닌 피의자에게도 참여권이 보장되어야 하는 '피의자의 소유·관리에 속하는 정보저장매체'란, 피의자가 압수·수색 당시 또는 이와 시간적으로 근접한 시기까지 해당 정보저장매체를 현실적으로 지배·관리하면서 그 정보저장매체 내 전자정보 전반에 관한 전속적인 관리처분권을 보유·행사하고, 달리 이를 자신의 의사에 따라 제3자에게 양도하거나 포기하지 아니한 경우로써, 피의자를 그 정보저장매체에 저장된 전자정보에 대하여 실질적인 피압수자로 평가할 수 있는 경우를 말하는 것이다(대법원 2021도11170).

불행한 선례다.

다음으로는 무죄추정 원칙을 살펴본다.

미국은 배심원에게 용의자나 피고인이 유죄라는 심증이 있는지를 변호인들이 매우 심도 있게 검증하고, 유죄의 심증을 가진 배심원을 재판에서 배제하는 다양한 방법을 사용하는데, 이는 예단 없는 배심재판을 받을 권리가 헌법에 규정되어 있기 때문이다.

O. J. 심슨 사건에서도 기소 배심의 편견으로 배심원단이 해산되었고, 재판 배심원 중 한 명은 예단했을 거라는 의심을 주는 질문에 거짓으로 대답한 사실이 드러나 배심원단에서 배제되었다.

우리나라는 1980년 5월 광주 집단 살인을 통해 대통령으로 취임한 전두환 정부의 마지막 무렵인 1987년 6월 시민항쟁으로 헌법이 개정되면서 '무죄추정의 원칙'이 사상 최초로 헌법 원칙으로 명문화되었다.* 피고인의 무죄가 추정되므로 그보다 전 단계인 용의자나 피의자에 대해서는 더욱 강하게 무죄가 추정된다.**

그러나 우리나라는 공인의 경우 '알 권리'라는 이유로 거의 제한 없는 보도가 허용되고*** 배심원 제도가 없어 보도를 접한 법관

---

* 헌법 제27조(형사피고인의 무죄추정 등) ④ 형사피고인은 유죄의 판결이 확정될 때까지는 무죄로 추정된다.
** 이재상, 『형사소송법』, 박영사, 2012, 227쪽.
*** 대법원 1998. 7. 14. 선고 96다17257 판결 등.

들이 유죄의 심증을 가진 상태에서 사건 심리를 진행할 우려가 높다.

불행히, 우리나라는 법관이 유죄의 심증을 가지고 재판을 시작한다 해도 그 사유만으로는 법관을 재판에서 배제하기 어렵게 되어 있다.* 수사기관이 수사를 별개 목적을 달성하려고 이용할 경우, 다수 매체에 서로 다른 정보를 제공하여 몇십만 건이 보도되도록 하기만 하면, 보도를 접한 법관에게는 유죄의 심증이 발생하게 되고, 그 심증은 쉽게 지워지지 않는다.**

그래서 수사기관이 언론보도 흘리기로 무죄추정 원칙을 침해하는 것을 방지하기 위해 피의사실공표를 금지하고, 위반하면 처벌하는 규정이 있지만*** 정치적 목적의 수사에서는 수사기관 스스로 피의사실을 언론사에 알려준 사람을 입건하지 않는 면죄부 관행이 확립된 매우 불편한 상태다.**** 이러한 심리 현상을 증명이라도 하듯, 나중에 기소된 표창장은 다른 죄와 병합하여 징역 4년 확정이라는 결과를 가져왔다. 물론, 이런 일은 표창장 사태

* 형사소송법 제18조 제1항 제2호.
** 조지 레이코프, 유나영 옮김, 『코끼리는 생각하지 마』, 와이즈베리, 2015, 11쪽.
*** 형법 제126조(피의사실공표) 검찰, 경찰 그밖에 범죄수사에 관한 직무를 수행하는 자 또는 이를 감독하거나 보조하는 자가 그 직무를 수행하면서 알게 된 피의사실을 공소제기 전에 공표(公表)한 경우에는 3년 이하의 징역 또는 5년 이하의 자격정지에 처한다.
**** 한상훈, 「피의사실공표죄의 문제점과 개선방안: 사전적·절차적 예방의 모색」, 한국형사정책학회, 2021, 250쪽.

에만 국한된 것은 아니다.

우리나라 역사는 여운형, 김구, 박정희 등 드문 경우를 제외하고는 정적들에 대해 암살보다는 사법기관을 동원해 사회적으로 매장하는 방법을 많이 활용해왔다. 그중에는 사형선고를 받았던 김대중 전 대통령도 포함된다.*

가장 엄격하게 법을 준수해야 하는 기관이 스스로 정치적 목적을 이루려고 법을 위반할 때 시민들이 의지할 수 있는 것은 시민들 자신이다. 누군가, 특히 친 구태 매체들이 하나의 방향으로 선동하려고 할 때 항상 의심하고 연대하며, 정보를 나누고 검토하는 것이 필요하다.

마지막으로, 형사재판의 효력이 어디까지인지 점검해본다.

누군가에게 어떤 유죄 판결이 있더라도 시민이나 조직이나 단체나 민사사건·행정사건 담당자들은 스스로 정보를 종합하여 자신의 재량 범위에서 판단해야 한다는 것이 민주주의 원칙이다. 시민 개개인이 의사결정의 주인이 된다는 것이 민주주의의 의미이기 때문이다.

형사사건, 민사사건, 행정사건과 같은 용어는 평생 한 번도 소송을 겪어보지 못하는 평범한 시민들이 이해하기 쉽지 않은 개념일 수 있다.

* 김대중, 『김대중 옥중서신』, 한울, 2000; 한승헌, 『권력과 필화』, 문학동네, 2013.

형사사건은 벌금이나 징역 등 누군가가 법률에 규정된 죄를 저질렀다는 이유로 형사처벌을 받는 사건을 의미하고, 민사사건은 누가 누군가에게 잘못했으니 원상으로 회복해야 하거나 금전적 배상을 해야 한다는 사건이 주된 내용이며, 행정사건은 국가가 세금을 많이 부과했기 때문에 취소해야 한다거나 하는 사건을 뜻한다.

형사사건 재판의 결과는 그 사건의 하급심 재판에서만 효력이 있을 뿐 일반 시민이나 조직, 단체 및 정당은 물론 민사사건이나 행정사건에는 아무런 효력이 없다는 것이 법률 규정이기도 하다.*

대학원은 위원회에 표창장 명의인을 직접 부르거나 증인으로 출석시켜 갖가지 질문을 해서 그가 거짓을 말하는지, 진실을 말하는지 스스로 확인할 수 있으며, 확정된 형사재판에서와 달리 결정할 권한도 있다.

그런데도 친 구태 매체와 단체, 개인들은 표창장을 제출받은 대학원이 입학을 취소해야 한다고 목소리를 높였는데, 이는 시민들과 사회 각 기관, 주체의 자율성을 무시하는 파시즘적 시도라고 평가할 수 있다. 그럼에도 표창장을 제출받은 대학원은 실제로 형사사건 판결을 이유로 입학을 취소하는 처분을 했다. 그

---

* 법원조직법 제8조(상급심 재판의 기속력) 상급법원 재판에서의 판단은 해당 사건에 관하여 하급심(下級審)을 기속(羈束)한다.

것 또한 매우 불행한 선례라고 생각한다.

많은 사람이 표창장으로 대학원 입학이 취소되어야 박근혜 전 대통령의 조카 격인 정유라의 대학 입학이 취소된 것과 같아지지 않느냐고 질문한다. 하지만 정유라 씨의 경우 입학원서 제출 마감일인 2014년 9월 15일 이후인 2014년 9월 20일에 취득한 서류를 입시 마감 이후 제출한 일이 형사사건이 아닌 교육부 감사에서 드러난 사례이고, 정유라가 입학할 당시 이모격인 박근혜 전 대통령은 대통령으로서 국가의 모든 권력기관의 수장이었다. 반면, 표창장이 작성되었다는 시기에 조국 전 장관 내외는 모두 대학교수로, 공직자가 아닌 사인(私人)이었으므로 근본적으로 본질이 다른 사안이다.

누군가가 하나의 의견만을 강요할 때 늘 판단의 자율권을 주장하고, 스스로 자료를 찾아 판단하는 것이 중요하다. 민주주의도 '귀찮아야' 지켜진다.

3. 성범죄 주장과 진실 판단 방법: 마이클 잭슨

테세우스는 그리스 신화에 등장하는 인물 중 매력으로 따지자면 다섯 손가락 안에 드는 영웅호걸이다. 아테네의 왕으로 알려진 영웅답게 연애와 결혼도 많이 했는데, 첫 번째 배우자인 아마존 여왕 히폴리타와의 사이에서 히폴리토스라는 훈훈한 아들을 뒀다.

히폴리타와 헤어진 후 테세우스는 파이드라는 어리고 아름다운 여성과 결혼했지만, 파이드라는 남편보다 자기 또래인 히폴리토스의 아름다운 외모에 더 관심이 많았다.

어느 날 남편이 지방 순시를 떠나 집을 비운 틈에 파이드라는 하녀를 시켜 히폴리토스에게 자기 침실로 와달라는 은밀한 메시지를 보냈다.

히폴리토스는 경악하면서, "어떻게 아버지가 집을 비운 틈에 양아들과 간통을 생각할 수 있냐, 아버지가 돌아오시면 바로 일러바치겠다"고 호통을 치면서 나이 든 노파를 되돌려보냈다.

짝사랑 고백에 실패했을 뿐만 아니라 남편이 돌아오면 자신의 행실을 나무라면서 쫓아낼 것이 분명해지자 파이드라는 자살하기로 마음먹었다.

그런데, 그냥 자살한 것이 아니라 자신의 사랑을 거절한 히폴리토스를 모함하는 가짜 유서를 써놓고 세상을 떠나기로 한 것이 문제였다.

파이드라는 "당신 아들이 내 침실로 침입해서 나를 겁탈했어요, 나는 너무나 부끄러워 더 이상 살아갈 수가 없어요"라고 메모를 남긴 뒤 스스로 목을 매달았다.

지방 시찰을 마치고 돌아온 테세우스는 아내의 시체와 메모를 발견하고 포세이돈 신에게 아들을 처리해달라고 기도했다.

아들은 아버지의 오해가 괴로운 나머지 바닷가에서 전차를 몰다가 그만 바위에 부딪쳐 사망했다*

분석 심리학의 창시자인 칼 구스타프 융은 신화가 사람들이 집단적으로 지니는 의식과 심리를 해석하는 가장 원초적인 자료라고 봤다.**

융의 견해에 의하면, 그리스 비극 「히폴리토스」에 등장하는 파이드라, 히폴리토스, 테세우스의 이야기는 이후에도 공통적으로

---

* 에우리피데스, 「힙폴뤼토스」, 『에우리피데스 비극 전집』 1, 숲, 2009, 87쪽 이하.
** 칼 구스타프 융, 『인간과 상징』, 열린책들, 2009.

반복되는 인류 공통의 공포감 세 가지를 나타내는 작품이라고 할 수 있다.

우선, 비극의 발단이 된 파이드라의 경우, 젊은 여성이 먼저 훈훈한 젊은 남성에게 고백했다가 거절당했는데, 그 사실이 널리 알려질 경우 차라리 저세상으로 사라지는 것이 낫다는 선택을 할 정도로, 정숙하지 못한 여성이라는 사실이 알려지는 것은 사회적으로 매우 큰 타격이라는 공포감을 준다는 사실을 알 수 있다.

심지어는, 전 세계에서 가장 빨리 유튜브 조회수 7억 회를 돌파한 뮤직비디오 「강남스타일」에서도 '정숙해 보이는 여자'가 좋다는 가사가 등장할 정도다.

이 두 사례는, 적어도 여성은 정숙해 보이는 것이 중요하다는 사실이 사회적으로 통용되는 현실이라는 의미라고 할 수 있다.

다음으로, 아내가 있는 남자인 테세우스의 경우, 오쟁이를 진 상황에 대한 분노가 자신의 장남의 사망을 기원할 정도로 크다는 것을 나타낸다. '오쟁이지다'는 파트너 있는 남자가, 자기 파트너가 다른 남자와 자기 몰래 성적 접촉을 하게 되는 상황을 의미하는 국어 동사다.

끝으로, 히폴리토스의 경우, 억울하게 죽은 나머지 환생해서 잘 사는 것으로 이야기가 덧붙여지기도 하는데,* 성범죄에 대한 주장에 있어, 누군가가 주장한다고 해서 다 진실은 아닐 수 있는데도, 일방적으로 범죄자로 몰리는 것에 대한 원형적 공포를 나타낸다고 볼 수 있다.

관객들이야 파이드라가 히폴리토스에게 고백했다가 거절당한 뒤 거짓 유서를 쓰고 자살했다는 사실을 직접 객석에서 봐서 알지만 아버지인 테세우스가 임금이자 재판관인 상황에서 용의자가 된 히폴리토스는 파이드라의 유언이 거짓말이라는 사실을 아버지에게 어떻게 설명해야 할까.

현재 전 세계적으로 우리나라를 포함해서 많은 국가들이 '법정에서 피고인이 증인을 대면해서 따져 물어볼 수 없는 말'은 증거로 할 수 없다는 법칙을 원칙으로 채택하고 있다.

법률 용어를 사용해서 좀더 상세하게 설명하자면, 법정에서 질문을 통해 진위를 검증할 수 없는 언어화된 증거를 '전해들은 이야기'(전문)라고 하고, 전문은 증거능력이 없다는 증거법칙을 '전문법칙'(Rule against hearsay evidence)이라고 한다.

전문법칙이 전 세계적인 원칙으로 자리 잡은 것은 미국 헌법에 '형사사건 피고인의, 증인을 대면할 권리'가 명문화되어 있고,* 그에 따라서 전해들은 얘기를 증거로 할 수 있는 예외적인

---

* 오비디우스, 천병희 옮김, 『변신 이야기』, 숲, 2017, 668쪽 이하.
* US Constitution Amendment V "in all criminal prosecutions, the accused shall enjoy the righ to be confronted with the witnesses against him."

경우를 별도로 엄격하게 규정해두었는데, 미국이 1·2차 세계대전에 참전해서 모두 승리한 뒤 경제적으로도 번영을 이룸으로써 미국의 경제·문화·법률적 기준이 전 세계 많은 국가에 전파되었기 때문이다.

한편, 전문법칙에는 예외가 상당히 많은데, 그 의미는, 법정에서 증인신문으로 증언 내용의 진실성을 따져묻거나 증언하는 태도를 살펴서 진실한지 여부를 검증할 수 없더라도 일정한 경우에는 증거능력을 인정한다는 것이다.

여기서 잠깐 설명이 필요한 사항이 하나 더 있는데, 증거능력과 증명력의 차이다.

증거능력은 증거로 사용할 수 있는지에 대한 문제이고, 증명력은 증거로 사용할 수 있는 것이라고 하더라도 진실하다고 믿을 수 있는가에 대한 문제이다.

즉, 진실하다고 믿을 수 있어 보이더라도 증거능력이 없으면 아예 증거로 할 수 없고, 증거능력이 있더라도 진실하다고 믿을 수 있는지는 검증의 대상이 된다는 의미다.

전문법칙의 예외 중 미국 연방 증거법에서는 '사망 직전 진술'이라고, 사망하기 직전에 한 진술은 증거로 쓸 수 있다는 규정이 있고,* 우리나라 형사소송법에도 유사한 규정이 있다.** 사람이 죽

---

* US Federal Rules of Evidence 804(b)(2)
** 형사소송법 제314조.

기 직전에는 보통 진실을 말할 것이라는 통상적 기대에 근거한 규정이다.

파이드라는 죽어가면서 유언으로 자신이 히폴리토스에게 강간당했다는 거짓말을 남겼고, 미국 연방 증거법과 우리나라 전문법칙에 따르면 그 말은 증거능력이 있지만, 우리는 이미 작품 소개에서 파이드라의 유언이 진실은 아니라는 것을 알았다.

그렇다면 재판장인 테세우스는 파이드라 사건을 어떻게 해결해야 할까?

현대적 재판이라면 파이드라의 유언은 죽기 직전에 남긴 말이기 때문에 증거능력이 있고, 그 의미는 테세우스가 히폴리토스를 심판할 때 유언을 읽어볼 수 있다는 뜻이다.

유언을 읽은 테세우스는 그 내용을 보고 히폴리토스가 파이드라를 강간했다는 의심을 가지게 될 것이다.

히폴리토스는 파이드라를 강간하지 않았기 때문에 파이드라의 유언이 거짓말이라고 주장하겠지만, 파이드라가 사망했기 때문에 파이드라에게 직접 따져물을 수가 없다.

다행히, 히폴리토스 사건에서는 심부름을 한 하녀라는 목격자가 있다.

그렇다면, 하녀는 "사모님 파이드라가 히폴리토스에게 추파를 던졌지만 거절당한 것"이라고 진실을 말할까?

다른 문학 작품을 한 번 더 살펴보고 깊이 생각해보도록 하자.

일본 근대 문학의 창시자인 아쿠타가와 류노스케는 단편집 『라쇼몽』 중 「덤불 속」이라는 작품을 썼는데, 이 작품에는 살인, 강간 사건과 관련된, 죽은 남편, 아내, 행인의 증언이 등장한다.*

작품은 재판 과정에서 세 사람이 하나의 사건을 두고 서로 다른 이야기를 하는 내용으로 구성되어 있다.

아내는, 남편과 같이 숲속을 가는데 어떤 행인이 갑자기 뛰어나와 자신을 겁탈했고, 남편은 방관했기 때문에 자기가 비겁한 남편을 죽였다고 증언하고, 행인은 숲속을 가는데 여자와 남자가 걸어가길래 여자를 겁탈하기 위해 남편을 죽여 덤불 속에 버렸지만 여자가 중간에 도망갔다고 말하고, 남편의 영혼은 행인이 자기 아내를 유혹해서 성관계를 한 후 자기에게 정조를 잃은 아내를 죽일지 말지 결정하라고 했지만, 자기는 아내를 죽이기 어려워 차라리 자기가 죽자고 생각한 뒤 자살했다고 증언한다.

재판정에서의 증언도 이렇게 주관적 입장에 따라 다르게 변할 수 있다.

사망 직전의 진술이 믿을 만하다는 증거법칙이 있어도, 심지어 사망한 사람도 거짓말을 할 수 있다는 것이 류노스케가 문학적으로 펼쳐낸 사람의 심리다.

그래서, 항상 누군가가 누가 범죄를 저질렀거나 저지르지 않

---

* 아쿠타가와 류노스케, 김영식 옮김, 「덤불 속」, 『라쇼몽』, 문예출판사, 86쪽 이하.

있다는 내용을 주장한다고 해서 그 말을 믿어야 한다는 법칙은 존재하지 않는다.

특히, 매체를 통해 선동하는 경우, 더욱더 살펴야 한다.

이런 관점에서, 마이클 잭슨에 대해 제기된 두 개의 아동성추행 수사, 재판 사건을 살펴보자.

마이클 잭슨은 1958년 인디애나주의 개리시에서 탄광 노동자인 아버지 조 잭슨과 어머니 캐서린 잭슨이 낳은 9남매 중 일곱째 아이로 태어났다. 빌보드 싱글차트 1위곡을 10곡 발표해서 여성 솔로 가수로는 머라이어 캐리, 리아나, 마돈나에 이어 사상 4번째로 히트곡이 많은 재닛 잭슨이 막내 여동생이다.

마이클은 다섯 살 때부터 활동한 가족 그룹 잭슨파이브 활동으로 열두 살 무렵에는 빌보드 싱글차트 1위곡이 4곡이나 됐고, 솔로로 발표한 「Ben」이라는 곡으로 따로 싱글차트 1위를 하기도 했다. 그래서 열다섯 살이 되기도 전에 빌보드 싱글차트 1위곡이 5곡이나 되는 슈퍼스타가 되어 있었다.

그래서 마이클은 성인이 되면서 자기 커리어를 매우 신중하게 선택했는데, 처음 발표한 솔로 앨범 「Off the Wall」을 통해 싱글차트 1위곡을 두 곡 더 배출했고, 1982년에는 전 세계 역사상 최대 판매고를 올린 것으로 알려진 앨범 「Thriller」를 발표했으며, 이 앨범으로 1983년 그래미상 시상식에서 8개의 상을 수상해서 기네스북 신기록으로 등재되기도 했다.

2년 뒤에는 「We are the World」를 작사·작곡해서 400만 장이 넘는 판매고를 올렸고, 그래미상도 추가로 더 수상했다.

그리고, 또 2년 뒤인 1987년에는 세 번째 솔로 앨범인 「Bad」를 발표하고, 한 앨범에서 싱글차트 1위곡을 5개 배출한 기록으로 또다시 기네스북에 등재되었고, 「Bad」 앨범 발표와 동시에 시작해서 1년간 계속된 'Bad' 투어를 통해 웸블리 구장 7회 공연이 모두 매진되는 기록으로 또다시 기네스북에 오르는 등 1988년도 전 세계 연예인 중 가장 높은 수익을 올리기도 했다.

이렇게 마이클은 집이 너무 가난해서 다섯 살 때부터 가족들의 생계를 위해 노래 부르고 춤을 추는 일을 하다가 어린 시절에 놀이터 한번 가보지 못한 채 어른이 됐다.

잃어버린 어린 시절을 보상받기 위해 마이클이 부모와 함께 살던 집에서 나와 처음으로 독립한 곳은 LA 인근의 시골 목장지였는데, 여의도의 약 6배 면적인 328만 평 규모의 땅에 대관람차가 갖춰진 거대한 놀이동산과 동물원, 극장을 함께 만들어두었고, 집의 이름을 동화 『피터팬』의 주인공이 사는 상상의 섬인 '네버랜드'라고 지었다.

마이클은 수시로 캘리포니아주 내의 어린이 병원에 입원해 있는 아이들을 집으로 초대하여 즐거운 시간을 보낼 수 있도록 배려하기도 했다.

한편, 마이클은 1988년에 재키 오나시스가 설립한 더블데이

출판사에서 『문워크』라는 제목의 자서전을 출간했는데, 어른들 대신 아이들과 시간을 보내는 것을 좋아하는 이유에 대해 "어른들은 항상 자신을 이용하려고 하고 배신하지만 어린아이들과 동물은 그렇지 않기 때문"이라고 밝혔다.*

마이클의 어머니인 캐서린 잭슨도 『내 아들 마이클 잭슨』이라는 저서에서 가족들이 어려운 상황에서도 세계적인 음악 패밀리로 재탄생하게 된 과정을 소개하면서 마이클이 유난히 어린이들과 아이들을 좋아하고, 또래들과는 잘 어울리지 못한다고 썼다.**

그렇게 어린아이들을 진심으로 위해주고 도와주던 마이클에게 불행이 시작된 것은 1993년 모나코에서 개최된 월드 뮤직 어워드 시상식 무렵이었다.

월드 뮤직 어워드는 모나코 왕실이 주최하면서, 그래미나 아메리칸 뮤직 어워드와 달리, 유럽과 아시아 차트도 반영해서 공연 위주로 진행되는 행사다.

마이클은 그 무렵 조디 챈들러라는 이름의, 자신의 팬이라고 하면서 접근한 열세 살 어린이의 불행한 과거에 대해 듣게 됐다.

조디의 아빠 에반은 치과의사인데, 엄마와 사이가 좋지 않아서 이혼한 상태였고, 조디와 조디의 여동생은 엄마 아빠가 싸우

---

* 마이클 잭슨, 김상택 옮김, 『문워크』, 예본, 1988, 286 · 294쪽.
** 캐서린 잭슨, 허진 옮김, 『내 아들 마이클 잭슨』, 서울음반, 1989, 204쪽.

는 모습을 보면서 심하게 정신적 충격을 받았다고 털어놓았기 때문에, 어린 시절 아버지로부터 매를 맞아 가면서 노래를 불렀던 자신의 과거를 떠올린 마이클은 조디를 가엾게 여겨 모나코 시상식에 참석하러 가면서 조디와 조디의 여동생, 조디의 엄마도 함께 데려가 모나코 구경을 시켜주었다.

마이클이 조디의 가족들과 함께 시상식장으로 가는 장면은 전 세계 뉴스 프로그램과 연예 프로그램에 모두 중계됐기 때문에 조디의 아빠 에반 챈들러는 자기 가족들이 자기만 빼고 마이클과 세계 여행을 다닌 사실을 알게 됐다.

몇 달 후 마이클이 운영하는 프로덕션 사무실에 조디의 아빠라는 사람이 전화를 하기 시작했는데, 자기 가족들을 망친 대가로 돈을 요구하는 내용이었고, 마이클은 사설 탐정을 고용해서 강력하게 조치하도록 지시하고는 다시 'Dangerous' 월드 투어를 위해 멕시코로 향했다.

에반 챈들러는 마이클에게 돈을 요구하다가 거절당하자 아들 조디가 치과 치료를 위해 자기 병원에 방문한 날 아들에게 환각 효과가 있는 마취제를 주입해서 아들에게 암시적인 질문을 한 뒤 아들을 데리고 신경정신과 병원을 방문해서, 아들로 하여금 마이클이 자신의 성기를 만졌다고 말하도록 했다.

현재는 우리나라도 그렇지만 캘리포니아주는 아동 성추행에 대한 진술을 들은 부모나 병원 운영자들은 그 사실을 즉시 경찰에 신고하도록 되어 있다.

그래서 LA경찰은 조디로부터 자신이 당했다는 피해 내용과 그 당시 마이클의 신체 상태가 어땠는지에 대해 상세한 진술을 받아두었다.

그리고, 그 무렵 갑자기 거의 모든 매체에서 마이클에 대해 아동 성추행으로 수사를 시작한다는 보도가 개시됐다.

마이클 측에서는 에반의 아빠가 자신과 조디 엄마 사이의 관계를 오해해서 돈을 요구하다가 거절당하자 돈을 뜯어내기 위해서 모함하는 것이라고 발표했다.

그 뒤 마이클은 투어를 중단한 뒤 미국으로 귀국해서 수사에 협조했는데, 1993년 12월 20일 LA경찰과 산타바바라 검사가 마이클의 집인 네버랜드에서 마이클에 대해 신체수색영장을 발부받아 나체 전체에 대해 사진을 촬영했고, 사진의 조작을 방지하기 위해 마이클 측에서도 동일하게 사진을 촬영했다.

신체 사진 촬영 결과는 조디의 주장과 완전히 달랐는데, 조디는 마이클이 포경수술을 받은 상태라고 주장했던 반면, 신체 촬영 결과 마이클의 성기에서는 수술이나 재건 흔적이 확인되지 않았다.

캘리포니아주는 공소를 제기하는 것도 원칙적으로 배심원이 결정하고, 기소 배심은 대배심(Grand Jury)이라고 부른다.

당시 조디 챈들러의 주장에 따라 시작된 수사에서 증거는 조디의 진술과 마이클의 신체 촬영 사진 두 가지였는데, 조디의 진술이 마이클의 신체촬영 결과와 맞지 않았기 때문에 대배심은 몇 달 뒤 마이클에 대해 불기소 결정을 했다.

즉, 마이클에 대한 첫 번째 성추행 범죄 관련 혐의 사건은 증거 부족으로 기소조차 되지 못하고 끝났다는 의미다.

수사기관이 주도하는 강제적인 절차인 형사사건과 달리, 민사 사건은 서로 대등한 당사자들끼리 하는 소송이다.

당시 에반 챈들러는 조디 아빠의 자격으로 마이클에 대해 민사소송도 제기해두고 있었는데, 개인적으로는 매우 큰 실착이라고 생각하지만, 마이클이 민사소송에서는 합의금을 주고 조정으로 종결했다.

당시 마이클이 걱정한 것은, 마이클의 나이가 겨우 서른다섯 살이어서 장래 커리어가 남아 있는데, 에반 챈들러가 마이클이 수사 과정에서 촬영된 나체 사진에 대한 권리를 민사소송에서 확보하여 언론사에 팔아넘기는 등으로 자신의 경력에 손상을 입힐지 모른다는 우려였다.

그러나, 돈을 주고 합의하는 것이 몰래 사진 유포를 막을 수 있는 방법도 아니고, 다른 사람들에게도 마이클이 성범죄자라고 우기기만 하면 돈을 받아낼 수 있다는 잘못된 신호를 주기도 하는, 매우 잘못된 결정이었다고 생각한다.

결국, 이렇게 받은 합의금의 관리권을 둘러싸고 나중에 조디와 아빠 에반 사이에 다툼이 벌어져서 조디는 아빠를 상대로 접근금지 명령을 받아냈고, 아빠 에반은 마이클이 사망한 것으로 알려진 2009년 11월경 마이클을 모함한 인간이라는 평가를 견디지 못했는지 우울증으로 시달리다가 권총 자살로 생을 마감했다.

마이클에 대한 첫 번째 사건으로부터 끌어낼 수 있는 중요한 교훈은 다음과 같다.

언론보도를 통해 누군가가 선동을 조장할 때, 그것이 진실이 아닐 가능성을 항상 점검해야 한다는 것이다.

다행히, 이 사건은 LA경찰이 초동수사 당시 조디로부터 마이클의 신체에 대해 조디가 안다는 내용에 대해 상세한 진술을 받아 기록으로 남겨두었고, 마이클이 자신의 신체 촬영에 적극적으로 응해서 조디의 주장이 사실과 다르다는 점이 드러날 수 있었다.

또, 단 한 명 존재하는 검찰총장이 지시하기만 하면 어떤 범죄에 대해서도 기소 또는 불기소로 결정할 수 있는 우리나라와 다르게, 미국은 각 지역별로 대배심원단이 모두 함께 증거를 살펴보고 공소제기에 필요한 증거가 있는지 여부를 결정하는 형식의 사법민주화가 정착되어 있다는 점이다.

우리나라는 친 구태 집단과 한편이기만 하면 거의 어떤 범죄를 저질러도 불기소되는 성향이 있다.

대배심 제도는 시민의 눈높이에서 공소제기 여부를 결정하기 때문에 한 사람에게 기소 권력이 집중되는 우리나라와 달리 권력 분산과 사법민주화 측면에서 매우 높이 평가할 수 있는 제도이고, 합의제로 결정하기 때문에 불기소 결정을 할 가능성이 높아지지만 고소나 고발을 통한 범죄수사가 다른 목적을 위해 남용될 가능성을 그만큼 줄여주는 장점도 있다.

마이클이 아동성추행 혐의로 기소까지 되어 재판을 받게 된, 별개의 사건은 장을 바꿔서 살펴보기로 하겠다.

4. 2차 가해 프레임은 왜 문제일까

조디 포스터에게 첫 아카데미 여우주연상을 안겨준 작품은 「The accused」이다. 우리나라에서는 「피고인」이라는 제목으로 소개됐다.

「피고인」은 술집 종업원으로 일하던 여자 주인공 사라가 어느 날 마약과 술에 취한 상태에서 바에서 춤을 추다가 갑자기 흥분한 남자 손님 3명으로부터 집단 강간당한 뒤 벌어지는 수사와 재판 과정에 관한 이야기다.

사라에 대한 집단 강간 사건은 여자 검사인 머피에게 배정되는데, 사라는 피해를 입을 당시 술과 마약에 취해 있었기 때문에 누가 범인이고, 누가 옆에서 구경하면서 범인들을 방조하거나 교사했는지 기억하지 못했다.

여기서, 우리나라와 비슷하기도 하지만 다르기도 한 미국의 제도가 하나 등장한다. '유죄협상제도'라고, 범죄로 지목된 사실관계를 인정하거나, 유죄를 인정하거나 아니면 형량을 인정하는 대신, 예상되는 배심 재판보다 처벌을 가볍게 받도록 검사와 계약하는 제도이다.

사라가 가해자들과 상황을 기억하지 못하기 때문에 배심 재판을 받게 되면 범인들이 모두 무죄 평결을 받게 될 것을 걱정한 검사는 용의자들과 유죄협상을 해서 체포된 용의자들을 상해 혐의로 기소했는데, 이 경우 죄가 가볍기 때문에 쉽게 석방될 수 있었다.

검사 머피의 결정에 분노한 사라는 검사에게 강력하게 항의했고, 검사 머피는 사라가 느끼는 좌절에 공감하면서 전략을 다시 세우고, 종결된 사건이니 손을 떼라는 검사장의 만류에도 불구하고, 현장에서 강간범들에게 환호를 보낸 사람들을 찾아내 교사와 방조범으로 기소한다.

사라는 재판정에서 자신이 술과 마약에 취해 야한 옷을 입고 춤을 춘 사실에 대해 질문을 받아야 했지만 방조범들을 무겁게 처벌해야 강간범들도 가석방되지 않을 수 있다는 검사 머피의 전략을 따르기로 하고 용기를 내서 배심원과 피고인들과 방청객들을 대면한다.

비록 사라에 대한 증인신문 절차는 현장에서 환호한 사람들이 누구인지 기억하지 못한다는 것을 명백히 드러내는 과정이었지만, 그런 사라의 모습을 안타깝게 생각한 강간범의 지인 겸 목격자가 나서서 자신이 목격한 장면을 증언하기로 하면서 재판은 반전을 맞이하고, 강간범들을 환호한 세 사람이 모두 강간 교사와 방조로 유죄 평결을 받게 된다.*

「피고인」은 매우 많은 질문을 제기하는 영화이다.

아래에서는 마이클 잭슨이 2005년에 재판을 받은 내용을 먼저 소개하고, 성범죄 피해를 주장하는 사람에 대해서 고소를 제기하기 전까지 과거의 행적에 대해 따져묻는 것이 과연 부당한지에 대해 법률적 측면에서 검토해보기로 한다.

마이클 잭슨에 대한 첫 번째 아동학대 사건으로부터 10년 뒤에 제기된 두 번째 아동학대 사건의 재판 결과와 여론이, 성범죄 피해를 주장하는 아동의 과거 행적이 드러남에 따라 달라졌기 때문이다.

마이클은 1993년 조디 챈들러로부터 비롯된 아동성범죄 사건에서 불기소 평결을 받았다.

이후에도 마이클은 소아암을 앓는 어린이들을 집으로 초대해서 놀이동산과 동물원을 이용하도록 해주는 등 어린이들에 대한 배려와 보살핌을 지속했다.

그러다가 BBC 방송국 재직 당시 다이애나 황태자비를 인터뷰하기도 한 마틴 바쉬르라는 언론인이 마이클에게 접근해 인터뷰를 하고 2003년 초순 인터뷰 내용을 기형적으로 편집해 방송으

* 'The Accused'(Paramount Pictures, 1988).

로 내보내는 일이 발생했다.

그 무렵 아르비조라는 어린이 암 환자가 엄마와 함께 마이클의 집에서 기거하고 있었는데, 마이클이 아르비조와 성적인 관계인 것처럼 교묘하게 암시하는 방송이었다.

인터뷰가 방송되자 1993년도에 마이클을 수사했다가 불기소평결을 받은 산타바바라 검사 톰 스네든이 다시 수사에 나섰고, 열다섯 살 어린이 아르비조의 진술을 신뢰한 대배심의 결정에 의해 마이클을 기소했다.

아르비조의 주장은 마이클이 자신에게 술을 먹이고 자신의 성기를 만지고 몸을 쓰다듬었다는 내용이었다.

마이클은 아르비조의 주장과 검사의 기소 내용을 모두 전면 부인했다.

그럼에도 불구하고, 마이클이 1993년 조디 챈들러의 아빠 에반 챈들러가 제기한 민사소송에서 돈을 주고 합의로 종결한 사실과 마틴 바쉬르의 인터뷰 방송으로 인해 전 세계 모든 언론이 마이클의 유죄를 확신하는 듯이 보였다.

이렇게 마이클과 마이클의 변호인들은 매우 불리한 환경에서 재판을 시작하게 됐다.

재판 과정에서 마이클과 마이클의 변호인들이 가장 심도 있게 다룬 내용은 아르비조와 아르비조 가족의 과거 행적이었다.

특히, 아르비조는 마틴 바쉬르의 인터뷰가 방송된 직후 학교 선생님들로부터 "마이클이 네 성기를 만지거나 네 몸을 은밀히 쓰다듬은 일이 있니?"라는 질문을 받고 모두 "아니오"라고 대답한 일이 있다는 사실이 드러났다.

그래서 아르비조의, 수사기관과 대배심에서의 진술과 법정 증언이 진실인지에 대해 심각한 의문이 제기됐다.

연예인인 제이 레노, 조지 로페즈, 크리스 터커도 증인으로 출석해서 아르비조 가족들이 자신들에게 접근 후 동정심을 유발해서 돈을 받아낸 사실을 증언함으로써 아르비조의 주장이 사실이 아닐 가능성이 높다는 의심을 심어주었고, 크리스 터커의 경우 아르비조 가족을 멀리하라고 마이클에게 여러 차례 조언했던 사실도 재판 과정에서 드러났다.

네버랜드에 초대된 일이 있는 성인 증인들도 한결같이 마이클의 집에서는 주스 외 알코올이 들어간 음료를 구비해두지 않는다고 증언한 것도 아르비조의 증언을 의심하게 하는 사유였다.

또, 평소 어른들을 믿지 않았던 마이클이 마틴 바쉬르 모르게 마틴이 마이클을 인터뷰하는 장면 자체를 모두 몰래 촬영한 것도 증거로 제시해 마틴이 정상적인 인터뷰 필름을 변태적 기술로 편집한 사실도 함께 공개했다.

그 결과 배심원들은 2005년 6월 13일 일주일간의 숙의 끝에 마이클에게 제기된 14가지 혐의 모두에 대해 무죄 평결을 했다.

최근, 우리나라에서는, 고소하는 죄명이 성범죄일 경우 고소인의 고소 전 행적에 대해서는 물어보지 말아야 한다는 주장이 매우 많이 제기되고 있다.

통상 '2차 가해'라는 제목으로 제기되는 주장이다.

영화 「피고인」과 마이클 잭슨에 대한 2005년 무죄 평결 사건에 비추어서 그 주장의 타당성을 검토해보기로 한다.

우선, 고소인 입장에서 과연 유리한 주장인지 살펴보자.

영화 「피고인」에서, 주임검사 머피는 자신도 여성이었지만, 사라에 대한 면담을 통해 사라가 피해를 입기 직전에 술과 마약에 취한 채 야한 옷을 입고 춤을 춘 사실을 알고, 그 사실이 공개되면 범인들이 처벌을 받지 못하게 될까봐 사라가 법정에서 증언을 하지 않아도 되는 죄로 기소했다.

2차 가해를 이유로 고소인이 숨어버리면 범인들이 유리해질 수 있는 경우에 대한 예시라고 할 수 있다.

그렇지만 사라가 자신의 행적이 드러나더라도 범인들을 정당하게 처벌해야 한다는 신념을 강조하자 검사도 사라의 입장에 공감하고 범인들이 석방되지 않도록 하기 위해 구경꾼들을 방조와 교사로 기소했고, 그러자 사라를 도와 누가 범인인지 알려주겠다는 사람이 등장했으며, 그 결과 배심원들도 사라의 입장에 공감해서 구경꾼들까지 집단강간 교사와 방조로 유죄 평결했다.

2차 가해를 무릅쓰고 고소인이 정면에 나서면 다른 사람들도 발 벗고 돕게 된다는 의미다.

이런 해피엔딩이 단순히 영화이기 때문에 나온 것일까?

결코 아니다.

우리말 중 '자주 보면 정든다'는 속담이 있는데, 매우 중요한 심리 법칙이다.

미국에서는 실험과 관찰로 확인된 심리 법칙이고, '무의식적 노출효과'라고 부른다.*

즉, 가까운 거리에서 자주 볼수록 친밀감이 형성되고, 편을 들어주고 싶은 심리가 생긴다는 현상을 의미하고, 현상이기 때문에 옳고 그름의 영역이 아니다.

우리나라에서 어떤 사람이 범죄로 재판을 받게 될 때, 피고인은 반드시 출석해야 하기 때문에 판결을 하는 법관들은 재판이 개최되는 날마다 피고인을 계속 가까운 거리에서 보게 된다.** 저절로 피고인에게 정이 든다는 의미다.

성범죄도 동일하다.

반면, 일정한 경우 성범죄의 고소인은 2차 가해 우려를 이유로 법정에 출석하지 않고 수사 과정에서 제작된 비디오만 제출할 수도 있다.***

---

* R.B. Zajonc, 『Subliminal Mere Exposure』(Pychological Science, 2000)
** 형사소송법 제276조(피고인의 출석권) 피고인이 공판기일에 출석하지 아니한 때에는 특별한 규정이 없으면 개정하지 못한다.
*** 성폭력범죄의처벌등에관한특례법 제30조 ⑥ 제1항에 따라 촬영한 영상물에 수록된 피해자의 진술은…증거로 할 수 있다.

사람들은 흔히 재판장이 이해관계가 있는 당사자를 자기 모르게 일방적으로 만날 때 대단히 분노하지만, 성범죄에 있어서는 '2차 가해'라는 이유로 도입된 규정에 의해 고소인이 없는 자리에서 재판장이 피고인을 계속 만날 수 있게 되는데도 억울해하지 않게 된다.

'성범죄 2차 가해'라는 프레임이 그만큼 막강하기 때문이다.

이렇게 되면 재판을 하는 법관으로서는 피고인에게는 정이 든 상태에서, 피해자를 외면하는 것에 대해 심리적 부담이 없어지게 되는데, 심리적 현상이기 때문에 빈번히 발생하는 현상이고, 옳고 그름의 영역이 아니다.

이러한 현상을 방지하기 위해서는 성범죄의 고소인들에게 두려워하지 말고 당당히 진실을 알리고, 맞서는 방법이 있다고 알려주는 것이 필요하다.

개인적으로는, 영화 「피고인」이 성범죄 고소인들에게 주는 가장 강력한 메시지가 여기에 있다고 생각한다.

'2차 가해 프레임'은 고소인이 재판부에 당당히 자기 목소리를 내지 못하도록 함으로써 이익을 얻는 사람들의 술책일 가능성이 있다는 것을 항상 명심하는 것이 중요하다.

다음으로, 성범죄 고소인의 과거 행적을 물어보면 안 된다는 주장이 범죄자로 지목된 사람을 얼마나 억울하게 만들 수 있는지 살펴보자.

그 주장대로라면 마이클 잭슨을 고소한 소년이 금전적 이익을 노리고 유명 연예인들에게 접근했다는 사실이 드러나지 못하고, 학교 선생님들에게 마이클로부터 아무런 피해를 당한 일이 없다고 말한 사실도 드러나지 못해, 결과적으로 마이클 잭슨은 감옥에 갇혔어야 했을 것이다.

미국에서도, 그와 같은 극단적인 주장이 제기된 사실이 있고, 이미 1980년대에 증거법 개정으로 그 문제를 해결했는데, 범인으로 지목된 사람의 방어권 보장을 위해 필요한 경우 고소인의 과거 성 행동 패턴에 대한 자료까지도 제출하고, 질문할 수 있다는 규정을 마련하는 것으로 정리했다.*

마지막으로, 성범죄에 있어 '2차 가해 프레임'이 전제로 하는 관념이 얼마나 가부장적인지에 대해 인식하는 것이 중요하다.

'2차 가해'라는 것이 아직 엄격히 정의되지 않은 상태이기는 하나, 이 글에서는 '성범죄 고소인이 고소하기까지 과거 행적에 대해 질문하는 행위'를 의미한다고 정의하기로 한다.

'2차 가해 프레임'은 '성범죄 고소인이 고소하기까지의 행적에 대해 묻는 것을 죄악시하는 움직임과 운동'을 의미한다고 정의하기로 한다.

그렇다면, 성범죄 고소인이 고소하기까지의 행적에 대해 묻는

* US federal rules of evidence 412(b)

것을 죄악시하거나 두려워하는 이유는 뭘까?

많은 진화생물학자들과 진화심리학자들이 내린 결론은 '문란한 암컷 기피 현상' 때문으로 본다.*

수컷들의 경우 부성혼란의 우려로 인해 성 경험이 없는 여성을 선호하기 때문에 성 경험이 많아 보이는 암컷을 기피하는 심리가 발달했고, 암컷들의 경우 많은 수컷들과 성관계하는 암컷은 경쟁자이기 때문에 기피하는 심리가 발달했다고 해석한다.

물론, 현상이기 때문에 옳고 그름의 영역이 아니라고 할 수 있다.

그러나, 이러한 이론을 제시하는 학문 자체가 '진화학'이라는 점에 주목할 필요가 있다.

부성혼란은 친자감별을 할 수 있는 과학적 수단이 없었던 1900년대 초반까지의 문제였다. 그래서 2,000년 전 신약성경에 나오는 예수님의 어머니인 마리아는 동정녀여야만 했다고 해석되기도 한다.**

---

* 데이비드 M. 버스, 이충호 옮김,『진화심리학』, 웅진지식하우스, 2012, 254쪽.
로버트 치알디니 외 2명, 김아영 옮김,『사회심리학』, 웅진지식하우스, 2020, 388쪽.
데이비드 M. 버스, 전중환 옮김,『욕망의 진화』, 사이언스북스, 2007, 146쪽.
** Mary Versus Eve: Paternal Uncertainty and the Christian View of Women(Vladimir Tumanov, Springer Science+Business Media, 2011)

또, 문란하지 않은 여성이 선호된다는 개념 자체가 여권해방 전의 가부장적 시각이라는 견해도 있는데,* 여성은 순결해야 하고, 그 성행위, 성적 취향, 성관계 패턴은 은밀해야 한다는 구석기 시대 남성들의 강박을 반영하는 것이기 때문이다.

현재는 마돈나 등 여성도 성욕의 주체임을 당당히 내세우고 성을 상업적으로 활용하는 것을 자랑스러워하는 유명인사들의 활동으로, 적어도 서구 문화계에서는 여성이 다수의 남성과 성관계하는 것에 대한 노골적인 거부감이 문제로 제기되지는 않는 상태다.**

따라서, 구석기 시대부터 발달한 가부장적 공포에 의해 현대 여성들마저도 순결해야 하고, 순결하지 않아 보이는 행동은 감춰야 한다는 인식에 동조할 필요가 없어진 것은 미국에서도 20년 이상 지났다.

성범죄를 처벌하는 이유는, 여성이든 남성이든 자신이 의사에 반해서 성적 접촉이나 노출을 당했기 때문이다. 자신이 성적 접촉이나 노출을 원해서 했을 경우 자신의 선택에 당당하면 된다.

우리나라에서도 오래전, '여성은, 실제로 결혼할 다른 남성을

* Virginity and patriarchy(FatimaMernissi, 'Women's Studies International Forum, 1982).
** 'The Purity Myth: How America's Obsession with Virginity Is Hurting Young Women'(Jessica Valenti, Seal Press, 2009)

위해 순결해야 하고, 결혼하자는 말에 쉽게 속아 넘어가는 무지한 존재'라는 관념을 전제로 여성의 순결을 형사법으로 보호하던 시기가 있었는데, 그 명칭은 혼인빙자간음죄였다.*

헌법재판소는 2009년 혼인빙자간음죄가 여성의 성적 전략 결정의 무능력을 전제로 하는 가부장적 규정이라면서 위헌이라고 결정했고, 중요 부분의 요지는 다음과 같다.

"여성이 혼전 성관계를 요구하는 상대방 남자와 성관계를 가질 것인가의 여부를 스스로 결정한 후 자신의 결정이 착오에 의한 것이라고 주장하면서 상대방 남성의 처벌을 요구하는 것은 여성 스스로가 자신의 성적 자기결정권을 부인하는 행위이다.

또한 혼인빙자간음죄가 다수의 남성과 성관계를 맺는 여성 일체를 '음행의 상습 있는 부녀'로 낙인찍어 보호의 대상에서 제외시키고 보호대상을 '음행의 상습 없는 부녀'로 한정함으로써 여성에 대한 남성우월적 정조관념에 기초한 가부장적·도덕주의적 성 이데올로기를 강요하는 셈이 된다.

결국 이 사건 법률조항은 남녀 평등의 사회를 지향하고 실현해야 할 국가의 헌법적 의무(헌법 제36조 제1항)에 반하는 것이자,

---

* 구 형법 제304조 (혼인빙자 등에 의한 간음) 혼인을 빙자하거나 기타 위계로써 음행의 상습 없는 부녀를 기망하여 간음한 자는 2년 이하의 징역 또는 2만 5천 환 이하의 벌금에 처한다.

여성을 유아시(幼兒視)함으로써 여성을 보호한다는 미명 아래 사실상 국가 스스로가 여성의 성적 자기결정권을 부인하는 것이 되므로, 이 사건 법률조항이 보호하고자 하는 여성의 성적 자기결정권은 여성의 존엄과 가치에 역행하는 것이다.

결혼과 성에 관한 국민의 법의식에 많은 변화가 생겨나 여성의 착오에 의한 혼전 성관계를 형사법률이 적극적으로 보호해야 할 필요성은 이미 미미해졌고, 성인이 어떤 종류의 성행위와 사랑을 하건, 그것은 원칙적으로 개인의 자유 영역에 속하고, 다만 그것이 외부에 표출되어 명백히 사회에 해악을 끼칠 때에만 법률이 이를 규제하면 충분하며, 사생활에 대한 비범죄화 경향이 현대 형법의 추세이고, 세계적으로도 혼인빙자간음죄를 폐지해 가는 추세이며 일본, 독일, 프랑스 등에도 혼인빙자간음죄에 대한 처벌규정이 없는 점, 기타 국가 형벌로서의 처단기능의 약화, 형사처벌로 인한 부작용 대두의 점 등을 고려하면, 그 목적을 달성하기 위하여 혼인빙자간음행위를 형사처벌하는 것은 수단의 적절성과 피해의 최소성을 갖추지 못하였다.

결국 이 사건 법률조항은 목적의 정당성, 수단의 적절성 및 피해최소성을 갖추지 못하였고 법익의 균형성도 이루지 못하였으므로, 헌법 제37조 제2항의 과잉금지원칙을 위반하여 남성의 성적 자기결정권 및 사생활의 비밀과 자유를 과잉제한하는 것으로 헌법에 위반된다(헌법재판소 전원재판부 2008헌바58, 2009. 11. 26)."

그렇다면, 여성이 순결할 필요가 없을 뿐만 아니라 스스로 알아서 성관계를 할 상대방을 선택하는 당당한 존재라는 헌법재판소 결정으로부터 13년이나 지난 현재, '2차 가해 프레임'을 만들어서까지 성범죄 고소인이 고소하기까지의 행적에 대해 묻는 것을 죄악시하거나 두려워하도록 만드는 이유는 무엇일까?

아마도, 셋 중의 하나일 것이다.

본인 스스로 가부장적 성관념을 가지고 있어서 다른 사람에게도 그 관념을 강요하고 싶거나, 진정한 고소인이 법정에서 법관들을 대면함으로써 진실이 드러나는 것을 피하고 싶은 가해자의 심정이 반영되었거나, 스스로 진실하지 않은 고소인이기 때문일 것이다.

업무 과정에서도, 억울한 고소인들은 자신이 입은 피해의 내용을 직접 시연해 보여주는 것에 열정적이었고, 자신의 입장을 법관들에게 직접 알려주고 싶어 했다.

심지어, 스스로 술에 취해서 몸을 가눌 수 없는 상태에서 여러 사람에게 납치됐다가 봉변을 당한 피해자도 하체가 모두 노출된 상태에서 극적으로 탈출해 경찰서를 찾아갔고, 그 절차에 남자친구도 동행해주었다.

반대로, 친구와 서로 나체 사진을 촬영해주었지만 친구로부터 버림받자 허락 없이 자신의 나체 사진을 촬영했다고 고소한 사람은 친구의 휴대전화 포렌식을 통해 발견된, 함께 촬영한 나체 사진에 대해 물어보자 달아나버렸다.

성욕을 가지고 있다는 것은 건강하고 자연스러운 상태이며, 남성에게 '부성혼란 공포'가 존재하는 한, 여성에게 성은 전략적으로 사용할 수 있는 무기와 같은 것이다.

당사자는 시인하지도, 부인하지도 않고 있지만 성적 매력을 이용해 다수의 검사들과 인연을 맺고 가족과 자신의 사업에 활용했다는 보도가 나오는 유명인의 경우도, 보도 내용대로라면 자신의 성을 전략적으로 사용한 사례라고 할 수 있다.

지금까지 파이드라에서 「라쇼몽」, 영화 「피고인」, 그리고 마이클 잭슨에 대해 제기된 두 건의 아동학대 사건을 통해 성범죄에 있어 진실을 발견하는 방법과 2차 가해 프레임의 문제를 탐구해보았다.

사람은 누구나 자기 입장에 따라 거짓말을 할 수 있고, 성범죄라고 해서 예외는 아니며, 성범죄에 있어 여성의 성행위 패턴이 알려져서는 안 된다는 시각은 장래 성관계해야 할 여성 일반의 순결을 중시하는 가부장적 시각의 반영일 가능성이 높고, 그러한 가부장적 성 관념은 바람직하지 않다는 것이 우리나라 헌법재판소 판례이자, 미국 연방 증거법 논의 과정에서 1980년대에 정리된 문제라는 것이 이 장의 주요 취지라고 할 수 있다.

누군가가 주장하고 같은 주장이 반복되거나 많은 사람들이 같은 주장으로 선동한다고 하더라도 항상 진실은 아니라는 점을 명심하는 것이 중요하다.

'2차 가해 프레임'을 내세우는 사람들에 대해서도 동일하다.

귀찮아야 민주주의고, 까칠하게 잘 따져야 법치주의라고 할 수 있다.

5. 성적 자기결정권

　세계 최다 판매량을 자랑하는 미국 작가 스티븐 킹의 소설을 영화화한 작품 중 우리나라에서 「쇼생크 탈출」(The Shawshank Redemption)이라는 제목으로 알려진 영화가 있다. 소설 제목 은 『리타 헤이워드와 쇼생크 탈출』(*Rita Hayworth and Shawshank Redemption*)이다. 앞부분이 1994년 6월 발생한 O. J. 심슨 사건과 비슷하게 전개되고 영화가 1994년 10월에 개봉되었으므로 많은 사람이 O. J. 심슨 사건 때문에 급조된 영화라고 생각해서 극장 에 가서 보지는 않았지만 소설 원작은 1982년에 발표되었고, 영 화 제작은 O. J. 심슨 사건이 발생하기 1년 전인 1993년 시작되 었다.

　「쇼생크 탈출」은 1995년 초 열린 아카데미영화상 시상식에서 7개 부문에 후보로 오르자 입소문이 나면서 재평가에 이어 재개 봉으로 이어졌으며, 재개봉의 성공으로 비디오 판매량이 폭발적 으로 늘어나 '불후의 명작' 반열에 올랐다.

어느 날 주인공인 은행가 앤디 듀프레인이 귀가해서 보니 아내가 한 남자와 침대에서 살해되어 있었다. 아내가 외도한다는 사실조차 몰랐던 앤디는 오히려 살해범으로 몰려 무기징역형을 선고받고 쇼생크 교도소에 수감된다.

앤디는 한편으로는 벽에 영화배우 리타 헤이워드의 대형 포스터를 걸어놓은 채 그 뒤에서 굴을 파 내려가고, 다른 한편으로는 교도소장의 세무 문제와 돈세탁 문제를 해결해주고 교도소 내 도서관 정비 책임도 맡으면서 수감생활에 비교적 잘 적응한다.

그러던 중 강도 혐의로 잡혔다가 쇼생크 교도소로 이감되어 온 젊은 친구 토미가 앤디가 혐의를 받고 있는 살인사건의 진범을 알고 있다는 사실을 확인한 앤디는 교도소장에게 토미의 진술을 토대로 진범을 찾아달라고 요청한다.

앤디의 부탁을 받은 교도소장은 앤디 앞에서는 그 요청을 들어줄 것 같은 태도를 보였지만 오히려 토미를 죽여 앤디가 자신의 돈세탁을 계속하도록 만든다. 억울한 교도소 생활에 환멸을 느낀 앤디는 리타 헤이워드 포스터 뒤에서 계속 파 내려갔던 탈출구를 완성한 다음 교도소를 탈출한다.*

「쇼생크 탈출」의 큰 줄거리는 위와 같은데, 중간에 억울한 교

---

* 「쇼생크 탈출」, 캐슬락 컴퍼니, 1994.

도소 생활의 고통을 보여주는 장면이 하나 등장한다. 쇼생크는 남자 전용 교도소라서 수감자와 감시자가 모두 남자인데 앤디가 교도소에서 '수녀들'이라고 불리는 깡패 무리의 두목 복스로부터 수시로 강간당하는 상황이 암시되는 것이다.

　우리나라에서 법률상 '강간'은 폭행 또는 협박으로 다른 사람 성기에 자신의 성기를 집어넣는 행위를 말하고,* '준강간'은 인사불성인 사람의 성기에 자신의 성기를 집어넣는 행위를 말한다.** 미국에서는 주마다 다르게 정의하는데 캘리포니아주에서는 당하는 사람 의사에 반하는 다양한 형태의 삽입 행위를 모두 '강간'이라고 규정하고,*** 뉴욕주에서는 행위자와 상대방 연령까지 감안하여 강간의 의미를 규정하는 등**** '강간'이나 성범죄의 정의는 각 입법 규정에 따라 '강간'이라는 죄명 안에 상세한 범주를 넣을 수도 있고, 형량이 같더라도 강간과 준강간, 의제강간,***** 유사강간,****** 강제추행*******과 같이 종류를 다양하게 할 수도 있다.

---

　　* 형법 제297조(강간) 폭행 또는 협박으로 사람을 강간한 자는 3년 이상의 유기징역에 처한다.
　　** 형법 제299조(준강간) 사람의 심신상실 또는 항거불능의 상태를 이용하여 간음을 한 자는 제297조의 예에 의한다.
　　*** California Penal Code 261.
　　**** New York State Penal Code section 130.35.
　　***** 성행위에 대한 동의를 할 만큼 성숙하지 않은 사람의 동의를 받아 하는 성행위(형법 제305조).
　　****** 성기가 아닌, 항문 구강 등에 삽입하는 행위(형법 제297조의 2).
　　******* 삽입에 이르지 않는 강제적 성적 접촉 행위(형법 제298조).

성범죄의 이름이 다양하다는 것이 우리나라의 특성인데, 자세한 내용은 다른 장에서 살펴보고 여기서는 강간의 개념이 국가나 주마다 다르다는 정도로 정리한다.

영화에서 앤디는 우리나라 개념상으로는 유사강간을 당한 것이고, 캘리포니아주나 뉴욕주의 개념상으로는 강간을 당한 것이다.

한편, 미국 작가 메리 린 브락트의 작품 『하얀 국화』에는 열여섯 살에 제주도에서 일본군에게 납치되어 태평양 전쟁이 한창인 전쟁터에서 일본군 성노예로 매일 군인 수십 명에게 강간당하는 여성의 상황이 그려지고* 루마니아 작가 콘스탄틴 비르질 게오르규의 세계적 명작 『25시』에서도 제2차 세계대전 중 루마니아 농부의 아내 수잔나가 소련군들에게 몇 주간 지속적으로 집단강간을 당해 아이를 출산하는 내용이 있다.**

여기까지 보면 어느 정도 감이 올 것이다. 성범죄를 처벌하는 이유는 피해를 입은 사람이 여성이어서가 아니라 남녀 또는 트랜스젠더 등 성별을 불문하고 원하지 않는 성적 접촉이나 삽입을 당했기 때문이다.

물론 처음부터 그러한 이유로 성범죄를 처벌한 것은 아니었으므로 '보호법익'이라는 개념을 잠시 살펴보아야 한다.

---

* 메리 린 브락트, 이다희 옮김, 『하얀 국화』, 문학세계, 2018.
** 콘스탄틴 비르질 게오르규, 나희영 옮김, 『25시』, 청목사, 1999.

형법학에서는 어떤 행위를 범죄로 규정하고 처벌할 때 왜 처벌해야 하는지, 처벌로 달성하고자 하는 목적은 무엇인지 논의하는 분야가 있는데, 이를 '보호법익론'이라고 한다. 보호법익론에 따르면, 절도죄를 처벌하는 이유는 다른 사람의 재산이 보호되어야 하는 법률적 이익이 있는 가치이기 때문이고, 살인죄를 처벌하는 이유는 다른 사람의 생명이 보호되어야 하는 법률적 이익이 있는 가치이기 때문이다.

성범죄에서 보호법익은 무엇인가에 대해 과거 독일, 일본과 같이 제2차 세계대전 전후로 전체주의 성향이 있던 국가에서는 사회의 성 문화와 성 질서를 지켜야 하거나 당한 사람의 사회적 명예를 보호해야 하기 때문이라고 하는 경향이 있었다. 우리나라 형법은 1995년 12월 29일 개정 전까지는 강간죄와 강제추행죄가 포함된 장의 제목을 '정조에 관한 죄'로 규정해서 여성의 순결을 제도적으로 보장하는 것이라는 의미가 있었다. 현재 우리나라를 포함해 민주화된 거의 모든 국가에서 성범죄의 보호법익을 '개인의 성적 자기결정권'을 보호하는 것이라고 이해하고 있다.

과거에 성범죄를 처벌하는 이유가 '여성의 정조 보호'였다는 것은 그 자체로 매우 시사적인 주제이니 다른 장에서 상세히 살펴보고, 아래에서는 강간이나 강제추행을 처벌하는 이유가 과연 무엇일지 논의해본다.

성범죄 보호법익론의 변화 과정에서 잠깐 엿보였듯이, 사람들은 일단 처벌하겠다는 결론부터 내린 후 왜 처벌해야 하는지 이유를 가져다 대는 성향이 있는데,* 이 부분 또한 새로운 쟁점이기 때문에 다른 장에서 더 상세히 다루고, 여기서는 일단 현재 성범죄의 보호법익은 '성적 자기결정권이다'로 정리한다.

그렇다면 '성적 자기결정권'은 도대체 무슨 의미일까? 학자들마다 정의하는 개념이 다르지만, 이 책에서는 성관계 또는 성적 접촉을 할지 말지, 한다면 누구와 언제 할지 결정할 수 있는 자유를 뜻하는 것으로 본다.

「쇼생크 탈출」의 주인공 앤디는 교도소에 갇힌 상태에서 갱단 두목 복스의 부하들로부터 얻어맞아 두목과 원하지 않는 성관계를 해야 했고, 『하얀 국화』의 주인공은 전쟁 중 전범국가가 운영하는 집단수용소에 갇혀 매일 집단적으로 원하지 않는 성관계를 해야 했으며, 『25시』에 등장하는 농부의 아내는 독일 점령지였던 루마니아를 다시 점령한 소련 군인들로부터 집단적으로 원하지 않는 성관계를 당했다.

'성적 자기결정권'에는 여러 가지 측면이 있다. 위의 예에 등장하는 주인공들은 모두 그 순간 그 상대방과 성적 접촉을 하고 싶지 않았는데도 물리적인 힘으로 억압하는 상대방들에게 굴

---

* 'Moral Dumbfounding: When Intuition Finds No Reason,' Jonathan Haid, University of Virginia, 2000.

복당했다. 주인공들의 '성적 자기결정권'을 현저히 침해당한 것이다.

다른 영화를 살펴보면, 브로드웨이 뮤지컬이었다가 2007년 영화로 제작된 「헤어스프레이」(Hairspray)라는 작품이 있다.* 인종분리제도 철폐, 다양성에 대한 찬미라는 다소 무거운 주제를 흥겹고 아름답게 펼쳐낸 작품이다.

볼티모어시 지역 방송국 프로그램 중에서는 코니 콜린스라는 사회자가 진행하는 청소년 쇼가 있는데, 헤어스프레이 회사로부터 협찬을 받았으므로 작품 제목이 「헤어스프레이」이고, 주인공 트레이시 턴블랜드는 코니 콜린스 쇼에 열광하는 키 작고 뚱뚱한 중학생이다.

트레이시가 다니는 학교에는 코니 콜린스 쇼에 고정 출연하는 학생이 두 명 있는데, 그중 여학생은 엄마인 벨마가 방송국 프로듀서이고, 다른 학생 링크는 매력 넘치는 절세미남이다.

어느 날 트레이시가 학교에서 춤추는 모습을 본 링크가 트레이시에게 코니 콜린스 쇼 오디션을 보라고 권한다. 벨마는 오디션을 보러 온 트레이시를 모욕하면서 집에 가라고 하지만, 링크는 쇼 운영자 코니 콜린스가 오디션을 주최하는 날은 다를 거라며 트레이시에게 다시 오디션에 참가하라고 권유한다. 코니 콜

* "Hairspray," Ingenious Media, 2007.

린스가 오디션을 주최하는 날 링크는 신나는 노래로 판을 깔아주고, 트레이시는 고정 출연자로 선발되어 그날부터 큰 인기를 끈다.

한편, 코니 콜린스 쇼에서는 1년에 한 번 '미스 헤어스프레이' 선발대회를 하는데, 자기 딸이 선발되어 할리우드에 진출해야 한다고 믿는 벨마는 트레이시가 선발되지 못하게 방해하기로 마음먹고 트레이시 아빠를 유혹해 가정파탄을 일으킴으로써 트레이시가 선발대회에 나가지 못하게 하려는 계략을 꾸민다.

벨마는 야한 옷을 입고 트레이시의 아빠가 운영하는 문구점에 찾아가 당혹스러워하는 트레이시 아빠의 무릎에 앉아 몸을 비비면서 추파를 던진다. 트레이시 못지않게 몸집이 거대한 트레이시 엄마는 귀갓길에 그 장면을 보고 경악하지만, 몸집이 거대한 여자에게만 끌린다는 트레이시 아빠의 고백에 두 사람 사이는 더욱 굳건해지고, 무사히 트레이시를 경연대회에 내보낸다.

비록 트레이시 아빠의 성적 취향 차이로 성공하지 못했지만 이 영화에서 미셸 파이퍼가 연기한 프로듀서 벨마는 자신의 성적 매력을 이용해 자기 딸 경쟁자의 아빠를 성적으로 유인하려고 함으로써 성적 자기결정권을 전략적으로 행사한 것이라고 할 수 있다. 반면, 트레이시 아빠는 마른 여자를 좋아하지 않는데, 비쩍 마른 벨마에게서 원하지 않는 성적 접촉을 당했으므로 성적 자기결정권이 침해되었다고 볼 수 있다.

즉, 성적 자기결정권은 성별을 불문하고 전략적으로 행사할 수 있고, 불의에 침해당할 수도 있는 자율권이라는 의미다.

성적 자기결정권을 전략적으로 활용하는 조금 더 극단적인 예를 살펴보자.

영화 사상 최대 성공을 거두기도 한 소설 『쥬라기공원』의 작가이자 존 그리샴, 스티븐 킹과 더불어 세계 최대 베스트셀러 작가이기도 한 마이클 크라이튼이 글도 쓰고 감독도 맡아 제작한 영화로 「폭로」(Disclosure)가 있다.* 마이클 더글러스와 데미 무어 모두 전성기에 출연한 영화여서 흥행에도 크게 성공한 작품이다.

디지컴이라는 컴퓨터 장비 회사 운영자 겸 대주주인 밥은 다른 회사에 자기 회사를 흡수합병시키고 자신은 은퇴하려고 준비 중이었다. 밥은 흡수합병 직전, 회사의 핵심 생산라인인 CD-ROM 제작 부문 책임자를 여성으로 임명하려고 마음먹고 데미 무어가 역할을 맡은 메레디스에게 그 사실을 미리 알려준다. 회사가 합병되면 자신이 승진할 거라고 생각한 톰(마이클 더글러스 분)은 예전 애인이었던 메레디스가 자신의 상사가 되는 상황에 당황하지만 메레디스에게 축하를 해주기로 결심한다.

며칠 뒤 메레디스는 CD-ROM 제작 과정에서 발생한 문제를

---

* "Disclosure," Michael Crichton, 1994.

해결할 방법을 의논하자며 심야에 톰을 자기 사무실로 부른 뒤 그 자리에서 톰의 하의를 벗기고 성행위를 시도하다가 톰이 거절하고 밖으로 나가버리자 소리를 지르며 톰에게 추행당했다고 신고한다. 회사에서는 메레디스가 눈물을 흘리며 진술하는 모습을 보고 톰에게 조용히 다른 지역으로 이동하라고 종용하지만 톰은 자신이 오히려 추행을 당했다고 주장하면서 맞서 싸우겠다고 다짐한다.

다행히 사건 당일 메레디스 사무실에 들어가기 전에 톰은 친구에게 전화를 걸었는데 통화가 되지 않은 상태에서 친구 전화기에 톰과 메레디스가 나눈 대화 전체가 녹음되어 있는 것이 얼마 뒤 발견되어 톰은 누명을 벗게 된다.

영화 「폭로」는 직장 내 상하관계에 의한 성폭력의 다양한 양상 가운데 특히 상사로 등장하는 여성도 자신의 성적 자기결정권을 행사한다는 빌미로 하급자의 성적 자기결정권을 침해하는 행위를 할 수 있다는 점을 시사한다. 성별을 불문하고 누구나 가해자 또는 피해자가 될 수 있다는 것이다.

그래서 성범죄가 보호하는 가치가 '성적 자기결정권'이 되어야 하고, 그 내용은 성행위, 성적 접촉을 할 상대방을 자유롭게 결정할 권리이며, 피해자나 가해자는 지위나 성별 여부와 무관하다는 것이 기본이자 상식이 된다.

하지만 이런 기본 이론이 정립되기까지는 우여곡절이 많았다.

앞서 캘리포니아수 형법 제261조를 언급했는데, 2021년 10월 8일까지도 캘리포니아주에서는 남편과 아내 사이에서는 통상의 강간죄를 적용하지 않았다. 우리나라에서도 그동안 대법원이 부부는 서로 동침해야 할 의무가 있다는 이유로, 남편이 성관계를 거부하는 아내를 때려 성관계를 하도록 하더라도 처벌할 수 없다는 판결을 계속해왔는데,* 2012년 전원합의체 판결로 부부 사이라 하더라도 강압적으로 성관계를 해야 할 의무를 인정하기는 어렵다는 내용의 판례가 나왔다.**

특히, 원래 우리나라에서는 2012년 12월 18일 형법 개정 전에 강간죄의 피해자가 될 수 있는 사람의 범위를 '부녀'라고 특정했기 때문에 트랜스젠더가 강간죄의 피해자가 될 수 있는지를 두

* [대법원 70도29] 처가 다른 여자와 동거하는 남편을 상대로 간통죄 고소와 이혼소송을 제기하였으나 그 후 부부간에 다시 새 출발하기로 약정하고 간통죄 고소를 취하한 경우에는 설령 남편이 폭력으로 강제로 처를 간음하였다 하더라도 강간죄는 성립되지 아니한다.
** [대법원 2012전도252 전원합의체 판결] 강간죄의 보호법익은 현재 또는 장래의 배우자인 남성을 전제로 한 관념으로 인식될 수 있는 '여성의 정조' 또는 '성적 순결'이 아니라, 자유롭고 독립된 개인으로서 여성이 가지는 성적 자기결정권이라는 사회 일반의 보편적 인식과 법감정을 반영한 것으로 볼 수 있다. 부부 사이에 민법상의 동거의무가 인정된다고 하더라도 거기에 폭행, 협박에 의하여 강요된 성관계를 감내할 의무가 내포되어 있다고 할 수 없다. 혼인이 개인의 성적 자기결정권에 대한 포기를 의미한다고 할 수 없고, 성적으로 억압된 삶을 인내하는 과정일 수도 없기 때문에 형법 제297조가 정한 강간죄의 객체인 '부녀'에는 법률상 처가 포함되고, 남편이 반항을 불가능하게 하거나 현저히 곤란하게 할 정도의 폭행이나 협박을 가하여 아내를 간음한 경우에는 강간죄가 성립한다고 보아야 한다.

고도 논의가 있었다. 대법원은 1996년에는 생물학적으로 여성이 아닌 사람은 강간죄의 피해자가 될 수 없다고 보았으나* 2009년에는 트랜스젠더도 강간죄 피해자인 '부녀자'라고 할 수 있다고 판례를 변경했고,** 2012년 12월 18일에는 형법을 개정하여 강간죄 피해자를 '부녀자'에서 '사람'으로 변경해 강간죄 피해자 범위 문제를 입법적으로 해결했다.

이상 과정을 요약하면, 강간죄를 처벌하는 규정이 만들어졌을 때는 강간죄를 처벌하는 이유가 장래 남편을 만나 성관계할 여성의 정조를 보호해야 하기 때문이라거나 사회의 성 풍속과 질서가 유지되어야 하기 때문이라는 논리가 우세했다. 하지만 이후에는 남녀 또는 성전환 여부를 불문하고 사람이기 때문에 누구와 언제 성적 접촉을 할지 스스로 결정할 수 있어야 한다는 자유권 측면에서 성범죄 처벌 이유를 설명하고 있음을 알 수 있다.

지금까지는 성범죄의 가해자와 피해자가 될 수 있는 사람의

---

* [대법원 1996. 6. 11. 선고 96도791] 형법 제297조는 '폭행 또는 협박으로 부녀를 강간한 자'라고 하여 객체를 부녀에 한정하고 있고 위 규정에서 부녀라 함은 성년이든 미성년이든, 기혼이든 미혼이든 불문하며 곧 여자를 가리키는 것이다.

** [대법원 2009도3580] 성전환자를 여성으로 인식하여 강간한 사안에서, 피해자가 성장기부터 남성에 대한 불일치감과 여성으로의 성귀속감을 나타냈고, 성전환 수술로 인하여 여성으로서의 신체와 외관을 갖추었으며, 수술 이후 30여 년간 개인적·사회적으로 여성으로서의 생활을 영위해가고 있는 점 등을 고려할 때, 사회통념상 여성으로 평가되는 성전환자로서 강간죄의 객체인 '부녀'에 해당한다고 한 사례.

성별이나 자격이 보편화하는 과정을 살펴보았다.

성범죄 피해자를 배우자 없는 생물학적 여성으로만 한정했던 종전의 법률 규정과 판례는 그 당시 현실이었고, 성범죄가 지키고자 하는 가치가 여성의 순결이 아니라 인간으로서 사람의 성적 자기결정권이어야 한다는 이상이 높아감에 따라 결혼 여부, 성전환 수술 여부, 여성 여부를 불문하고 모든 사람을 보호 대상으로 포함하는 방향으로 변화된 과정도 이와 동일하다.

한편 사회현상을 바라볼 때 항상 '현상은 어떻다'(현실)와 '어떻게 되어야 한다'(이상)를 구별해야 한다. 현실을 냉정하게 직시해야 앞으로 개인과 사회와 국가가 어떻게 대처할지 알 수 있기 때문이다.

잠시 현실로 돌아와 2020년 경찰청 범죄 통계를 살펴보자. 성범죄 피해자의 98%가 여성이라는 점은 엄밀한 실제 현상이다. 통계상 순 성범죄 발생 건수는 모두 2만 1,717건이고, 피해자가 여성인 경우가 2만 1,282건이었다. 특히, 다른 어떤 범죄보다도 성범죄의 정신적 충격이 가장 크다는 연구 결과도 많으므로 성범죄는 당하지 않도록 미리 알고 예방하는 것이 매우 중요하다. 성범죄를 당했는데도 가해자가 처벌받지 않으면 억울하겠지만, 아예 성범죄가 발생하지 않게 예방하는 것이 최선이라는 의미다.

현재 우리나라에서는 성범죄 예방에 필요한 일반적 지식을 전

달하는 경우 '피해자가 잘못했다는 거냐'라는 잘못된 질문을 제기하는 사람이 매우 많다. 피해자가 잘했냐, 잘못했냐는 판단의 문제이고, 우리나라 성범죄 피해자의 98%가 여성이라는 것은 현실이기 때문에 여성이 자신의 성적 자기결정권이 침해당하지 않도록 범죄 피해 예방을 위한 정보를 알려주는 문제는 여성이 잘했는지 잘못했는지와 아무런 관련이 없다.

성범죄가 발생하는 상황에 대한 통계적 지식을 학습하는 것은 '아는 것이 힘이다'라는 격언을 지혜롭게 활용하는 활동이고, '피해자가 잘못했다는 거냐'라고 하면서 학습을 거부하는 것은 '모르는 게 약이다'라는 격언을 자기 처지에 맞게 활용하는, 나름대로의 활동이라고 각자 상태에 맞게 정리하면 된다. 물론 「헤어스프레이」에 나오는 벨마처럼 성적 매력을 의도적·전략적으로 사용하는 사례도 있을 텐데, 이에 대해서는 다른 장에서 상세히 살펴본다.

이제부터는 피해자의 98%가 여성인 성범죄가 발생하는 상황에 대한 실험 결과를 살펴보자.

세계적 과학자이자 매사추세츠공과대학(MIT) 교수인 댄 에리얼리는 사회적 지위가 탄탄하고 평소에는 상대방이 '안 돼'라고 거절할 때 더 진도를 나가지 않는 다수의 남성이 성적으로 자제력이 떨어지는 상황에서 어떻게 변하는지를 실험한 적이 있다. 실험 논문은 각종 저널에 1,000회 넘게 인용될 정도로 남성의 성적 흥분 상태가 가져다주는 충동을 대단히 리얼하게 보여주었다.*

에리얼리는 자신이 몸담고 있는 MIT가 성(性)과 관련된 실험에서 윤리 기준이 까다로워 학교 내 실험이 어려워지자 비교적 자유로운 학풍으로 유명한 캘리포니아주립대 버클리캠퍼스에 재학 중인 남학생 35명을 대상으로 실험을 진행했다.

학생들은 성적으로 흥분한 상태가 된 그룹과 그렇지 않은 그룹으로 나뉘어 실험에 응했는데, 흥분하는 방법은 자위행위를 하게 하거나 연구자들이 선정한 야한 사진을 보여주는 것이었다.

피실험자들의 상태에 따른 긍정의 강도는 다음과 같았다.

(단위: %)

질문	흥분하지 않은 상태	흥분한 상태
여성의 신발은 매력적인가	42	65
12세 어린이도 매력적인가	23	46
40세 여성과 자고 싶은가	58	77
60세 여성과 자고 싶은가	7	23
동물을 만져도 흥분되는가	6	16
여성이 소변보는 모습은 매력적인가	25	32
여성이 땀 흘리는 모습은 매력적인가	56	72

* Dan Ariely, "The Heat of the Moment: The Effect of Sexual Arousal on Sexual Decision Making," *Journal of Behavioral Decision Making*, 2006.

항목		
항문 성교가 좋은가	46	77
뽀뽀만으로는 화가 나는가	41	69
피임은 여자가 알아서 할 문제다	34	44
콘돔은 성감을 떨어뜨린다	66	78
콘돔을 장착하는 도중 여자가 마음을 바꿀 수 있는데도 콘돔을 장착할 것인가	86	60
같이 잘 수 있다면 수면제라도 타겠다	5	26

실험 결과를 요약하면, 성적으로 흥분한 남성들은 그렇지 않은 상태일 때보다 상대방의 임신 위험을 낮게 평가하고, 상대방의 연령대에도 둔감해지며, 신발과 같은 물건에도 매력을 느끼고, 약물을 타는 등 범죄적 성관계에 대한 자제력도 5배 이상 떨어지는 것으로 나타나는 등 정상적인 판단력이 낮아지는 것으로 확인되었다.

이 실험은 '현상'에 관한 것이다.

그렇다면 성범죄 피해자의 98%를 차지하는 여성은 이러한 현상을 어떻게 받아들이면 좋을까? 두 가지를 생각해볼 수 있다. 성적으로 흥분한 남성들의 판단력이 흐려지는 것을 전략적으로 이용해 일부러 흥분하게 하는 것 하나와, 성적으로 흥분한 남자들에 의한 성범죄 피해자가 되지 않도록 좀더 학습하는 것의 두 가지다.

성적으로 흥분한 남성을 전략적으로 이용하는 방법은 다른 장에서 자세히 살펴보고 여기서는 여성들이 원하지 않는 상대방으로부터 원하지 않는 순간에 원하지 않는 성적 접촉을 당하지 않는 최소한의 노하우를 알아보자.

성범죄에는 발생에 필요한 요소가 두 가지 있다. 의지적인 요소가 첫 번째이고 물리적인 요소가 나머지 하나다. 의지적인 요소는 성범죄가 '성적 자기결정권'을 침해하는 행위를 처벌한다는 사실에서 비롯된다. 즉, 특정한 사람과 특정한 장소에서 성적 접촉을 하고 싶은지 아닌지를 스스로 결정할 수 없는 상태를 초래하는 순간 쉽게 범죄의 표적이 될 수 있다는 것이다.

앞서 살펴보았듯이 준강간죄나 준강제추행죄와 같이 인사불성이어서 성적 접촉에 관한 의사를 결정할 능력이 사라진 사람에게 성적 접촉을 하거나 삽입할 때도 처벌하는 규정은 있다. 그러나 처벌 규정이 있다고 해서 사람들이 자신을 상대로 범행을 저지르지 않는다는 보장이 없으므로 스스로 자신의 결정권을 지키려면 누군가가 나에게 접근해서 접촉하려고 할 때 단호히 거부 의사와 태도를 보일 수 있는 상태를 유지하는 것이 필요하다.

특히, 가해자를 처벌하려면 형사절차에서 피해 내용을 명확히 설명해야 하는데, 어떤 상태에서 어떤 피해를 입었는지를 잘 떠올려 설명하기 위해서라도 인사불성이 아닌 상태를 유지하는 것이 중요하다. 형사절차와의 관계는 앞서 「피고인」에서도 잠깐 살펴봤고, 앞으로 다른 장에서 상세히 살펴볼 예정이다.

다음으로 물리적 요소인데, 이는 '가해자와 피해자의 물리적 거리'를 의미한다. 성범죄는 삽입하거나 접촉하는 행위를 요소로 하므로 가해자와 피해자가 가까운 거리에 있어야만 발생할 수 있다. 통계상 예기치 못하게 접촉당하는 피해가 가장 많이 발생하는 경우는 지켜보는 사람들이 아무도 없는 곳에 두 사람만 고립될 때다. 심야에 승강기 안에 가해자와 피해자 두 사람만 탔을 때,* 심야에 통학버스에 남성 운전자와 둘만 남았을 때,** 심야에 인적이 드문 골목에서 가해자와 두 사람만 있을 때*** 등이다. 특히 마지막 상황에 관해서는 뱅상 카셀과 모니카 벨루치가 주연한 2002년 영화 「돌이킬 수 없는」(Irréversible)에 고통스러울 정도로 상세히 묘사되어 있다.****

영화에서 주인공들은 서로 깊이 사랑하는데, 어느 날 파티에 참석한 앨릭스(모니카 벨루치 분)가 먼저 귀가하려고 큰길 대신 지름길인 지하터널로 가다가 흉기를 가진 남자와 마주친다. 이

---

* 「승강기에서 무차별 폭행 추행」(『KBS』, 2013. 5. 31), 「만취한 공무원, 승강기서 이웃 여성 추행」(『중앙일보』, 2017. 9. 21), 「승강기에서 여성 강제추행 미군 체포」(『이투데이』, 2013. 3. 15).

** 「학원버스 탑승 여중생 운전기사가 성추행」(『강원도민일보』, 2003. 8. 26), 「통학버스 운전사, 女초등생 허벅지 만지다가…」(『서울신문』, 2013. 9. 29, 서울신문).

*** 「도심 번화가 골목서 여성 성폭행…20대 남성 검거」(『연합뉴스TV』, 2020. 5. 25), 「골목길서 여고생 성추행 30대男 긴급체포」(『뉴시스1』, 2019. 6. 18).

**** "Irréversible," Les Cinémas de la Zone Studio Canal, 2002.

범인은 흉기로 앨릭스를 위협해 잔인하게 강간한 후 심하게 구타해서 얼굴에 상처를 입힌다.

영화는 화가 난, 앨릭스의 애인 마커스(뱅상 카셀 분)와 마커스의 친구이자 앨릭스를 짝사랑하는 피에르가 범인을 찾아 없애버리겠다고 소동을 부리는 장면으로 계속 연결된다. 두 사람이 엉뚱한 사람이 범인인 줄 알고 죽이는 등 잔인한 폭력을 있는 그대로 보여주는 실험적인 작품으로, 모니카 벨루치가 강간 피해를 당하는 장면은 카메라 전환 없이 한 번의 샷으로 촬영되어 더욱 유명하다.

「돌이킬 수 없는」에서 묘사된 바와 같이, 성범죄가 주로 심야에 발생하는 이유는 댄 에리얼리의 실험이 약간 암시하듯이 심야에는 잠재적 성범죄 대상자와 고립된 장소에 놓인 남성의 성적 자제력이 현저히 낮아지기 때문이다.

이상 살펴본 바와 같이 성범죄 피해자의 98%를 차지하는 여성이 성적 자기결정권을 충분히 행사하면서 예기치 못한 성범죄 피해를 당하지 않으려면 두 가지 점을 주의하면 된다. 우선, 성적 자기결정권을 행사할 수 없는 정도의 인사불성을 초래하지 않도록 하고, 심야에 성적 접촉을 하고 싶지 않은 남성과 단둘이 가까운 거리에서 고립되지 않도록 유의해야 한다.

지금까지 「쇼생크 탈출」 「폭로」 「돌이킬 수 없는」 등의 영화와 『25시』 『하얀 국화』 등의 문학작품은 물론 세계적 행동경제학자

댄 에리얼리의 논문을 바탕으로 성적 자기결정권의 개념과 성범죄의 관계, 남녀 또는 결혼이나 성전환 여부를 불문하고 누구나 성적 자기결정권의 주체라는 사실을 알아보았다. 또 이 권리를 침해당하지 않기 위한 간단하고 현실적인 주의사항을 짚어보았다.

다음에는 성범죄를 처벌하는 이유가 역사적으로 어떻게 변경되어왔는지를 살펴본다.

6. 역사적으로 성범죄는 무엇이고 왜 처벌하게 됐을까?

이번에는 성적 자기결정권이 성범죄를 처벌하는 이유로 정립된 생물학적·역사적 여정을 다루겠다.

포유류(mammals)라는 말에서 알 수 있듯이, 포유류는 임신과 출산 방법에는 차이가 있지만 양분(milk)을 보유한 성별(암컷)이 출산해서 새끼가 스스로 먹이를 찾아 나설 수 있을 때까지 일정 기간 돌보도록 진화한 동물 부류다. 포유류는 '양분을 보유한 성별'과 '양분을 보유하지 않은 성별'이 있지만 두 성별을 모두 활용하는 양성생식을 한다. 양성생식은 모계에서 전달된 난자와 부계에서 전달된 정자의 결합으로 모계의 DNA 절반, 부계의 DNA 절반이 결합하여 우성 유전자가 후대에 전달되는 생식 방법이다.[*]

양성생식을 한다는 것은 암컷과 수컷이 있다는 뜻이며, 생식

[*] 버지니아 헤이슨·테리 오어, 김미선 옮김, 『포유류의 번식, 암컷 관점』, 뿌리와이파리, 2021, 33쪽 이하.

은 양성의 생식기가 서로 교접해서 후대 출산에 이르는 과정을 의미한다. 양성의 생식기가 서로 교접하는 이유는 후대를 생산하기 위해서이므로 대부분 포유류의 양성은 언제 생식기를 교접해야 후대를 생산할 수 있는지 미리 알아채도록 진화했다. 교접은 수컷의 생식기를 암컷의 생식기에 삽입하는 방식으로 하며, 수컷이 언제 삽입해야 하는지 그 신호는 대체로 암컷이 신체적으로 보여주는데, 이를 '배란기 노출'이라고 한다. 고양이, 개, 돼지, 소, 말 같은 포유류를 사육해본 사람들은 알겠지만 배란기가 임박한 포유류 암컷은 애교를 부리고 교성을 내서 수컷을 곁으로 부르는데, 이 기간을 '발정기'라고 한다.

인간은 포유류 중에서도 영장류로 분류되며, 그중 침팬지와 99%, 보노보와 98.7% 유전자를 공유한다.* 침팬지 암컷과 보노보 암컷은 발정기에 성기 부분이 붉어지는 식으로 수컷들에게 배란이 임박했다는 사실을 알려준다.** 하지만 인류의 경우 여성이 옷을 입음으로써 남성에게 발정기나 배란기가 시각적으로 노출되지 않으므로 여성이 언제 임신이 가능한지를 남성이 잘 알기 어렵다는 사실에서 문제가 시작되었다.

* Ann Gibbons, "Max Planck Society," *Science*, 2012. 6. 13.
** Frans de Waal, *Chimpanzee Politics: Power and Sex among Apes*, Johns Hopkins University Press, 1998; *Different: Gender Through the Eyes of a Primatologist*, W.W. Norton & Company, 2022.

게다가, 인류 여성은 배란기가 아닌 때에도 유희로 성행위를 즐길 수 있도록 진화했다. 즉, 침팬지와 보노보를 비롯한 다른 포유류 수컷은 자신과 방금 성교를 마친 암컷이 발정기가 끝나는 신호를 보일 때까지만 암컷 옆에서 다른 수컷이 다가오지 못하게 감시하고 쫓아내기만 하면 안전하게 자신의 유전자를 남길 수 있다고 확신할 수 있지만, 인류 남성은 유희로 성행위를 할 수 있는 여성이 임신했음을 확인할 때까지 24시간 감시해야만 자신이 방금 성관계를 한 여성에게서 자신의 유전자를 가진 자손을 남길 수 있다고 확신할 수 있다는 의미다.

현생 인류인 호모 사피엔스가 언어를 사용하고 국가라는 문화를 이룬 것은 길어야 5,000년 전이고 그 이전에 인류는 약 30만 년간 자연 상태에서 살았다. 따라서 비록 부작용은 있지만 현재까지 지속되는 습성은 30만 년간 그러한 습성을 유지하는 것이 진화에 도움이 되었기 때문이라는 게 진화생물학의 결론이다.[*] 그런데 DNA로 부성을 확인하는 방법은 1930년대에 개발되었으므로 인류로 존재한 남성은 존재 기간의 99.99% 이상을, 늘 여성의 임신 상태, 임신했다면 자기 아이인지 의심하는 습성을 보유하고 있었고, 이에 따라 이미 다른 여성을 임신하게 한 남성은 새로운 여성을 임신시킬 동기를 가지고 있었다.

[*] Paul Thompson, *Evolutionary Biology Conceptual, Ethical, and Religious Issues*, Cambridge University Press, 2014.

다른 모든 포유류와 마찬가지로 인류 여성은 근육량이 남성의 66% 정도밖에 되지 않아서 힘을 사용하는 남성에게 수시로 노출되는 위험이 있었다.* 그 결과 임신할지, 누구 아이를 임신할지, 임신했다면 그것을 지속할지를 결정하는 주체는 항상 여성이었는데도, 문자로 기록된 거의 모든 고대 자료는 여성을 자기 성의 주체라기보다는 아버지에게 딸린 재산으로, 장래 사위에게 곱게 건네져야 할 대상이자 남편을 만난 뒤에는 남편에게 종속된 존재로만 간주했음을 나타낸다. 그래서 성범죄를 처벌하는 인류 최초의 입법례상, 성범죄 피해자가 될 수 있는 사람은, 남편이 있는 여성이 아직 성 경험이 없거나(기원전 2,100년 우르 법전 6조), 아버지와 살거나 남편이 있는데 다른 남자와 성관계를 한 경험은 없어야 했다(기원전 1,750년 함무라비 법전 130조).

그러나 사회가 조금씩 진화함에 따라 성범죄가 '자유의사', 즉 '동의'의 영역일 수 있다는 의견이 법률로도 나타나기 시작했다. 특히, 유부녀가 길을 가다가 자기 의사와 반해서 다른 남자에게 납치되어 강간당했을 경우 유부녀는 무죄이고, 납치 강간한 남자만 사형에 처하는 식으로, 여성의 의사를 성범죄 성립의 요소로 고려하는 방향으로 조금씩 전환되었다(기원전 950년 아시리아

* A. E. J. Miller, "Gender differences in strength and muscle fiber characteristics," *European Journal of Applied Physiology and Occupational Physiology*, 2013.

제국 법전 12조). 1960년대 이후 페미니즘 운동이 전 세계적으로 펼쳐진 결과 현대에는 앞에서 살펴본 바와 같이 성범죄가 남성의 자손 보장권을 보호하려고 가해자를 처벌하는 죄라기보다는 '인간'으로서 성적 행동을 결정할 자유에 대한 침해를 방지하는 죄로 이해되는 방향으로 발전했다. 물론, 그 과정에서 반드시 짚고 넘어가야 할 걸림돌이 하나 있었다. 인류 역사의 대부분을 차지하는 '노예제'와 관련된 쟁점이 그것이다. 이 쟁점을 실감나게 확인하기 위해 작품 하나를 더 감상해보자.

미국 전역에서 노예제를 금지하려고 '남북전쟁'이라는 내전까지 벌이던 시절, 노예제를 찬성하는 주에서는 '한 방울 법칙'이라는 것이 법제화되어 있었다. 이는 유전적으로 20대(代) 이상 거슬러 올라가더라도 그중 한 명이라도 흑인이면 그 자손은 모두 흑인이며, 따라서 노예로 보아 물건 취급을 한다는 원칙이다. '키우던 돼지가 새끼를 낳으면 어미 돼지를 키운 사람이 그 새끼의 주인'이라는 논리를 사람에게도 적용한 것이다.

흑인 여성으로는 사상 최초로 노벨문학상을 수상한 토니 모리슨의 대표작 『빌러비드』는 이러한 규칙이 적용되는 주의 노예 농장에서 목화 따는 노예로 일하는 '세서'가 주인공인 작품이다.*특히 이 작품은 미국 로스쿨에서 가르치는 '물권법'에 등장하는

* 토니 모리슨, 김선형 옮김, 『빌러비드』, 들녘, 2003.

마거릿 가너 사례를 소재로 했다.*

'세서'는 같은 농장에 사는 흑인 남자 핼러와 결혼하여 아이를 셋 낳고 비교적 원만하게 살았지만, 백인 주인에게 강간당한 뒤 임신까지 하게 되자 더는 고통을 당하고 싶지 않아 도망갔다. 그러자 농장 주인은 세서를 잡으려고 노예 사냥꾼을 보냈고, 이 소식을 들은 세서는 자신이 겪은 고통을 자기 딸에게 물려주고 싶지 않은 고통과 열망 속에서 아직 어린 큰딸을 살해한다. 세서는 딸의 묘를 만든 뒤 묘비를 세워주고 싶었지만 돈이 없어 '진심으로 사랑받은 아이'(Dearly Beloved)에서 'Beloved'만 새긴 채 노예 사냥꾼에게 잡혔다.

작품에는 상세히 나오지 않지만 세서에게 고통의 근원이 된 마거릿 가너 재판은 성적 자기결정권의 주체인 '인간'이 과연 무엇을 의미하는지도 되돌아보게 한다. 『빌러비드』에서 세서로 묘사되는 실존 인물 마거릿 가너는 세서와 같이 자신의 딸이 고통받는 것을 원치 않아 1856년 칼로 딸의 목을 그어 살인죄로 기소된다.

그러자 마거릿 가너의 변호인은 "한 방울이라도 흑인이면 흑인이라 하고, 노예가 출산하면 그 아이도 그 소유자의 노예라 하며, 주인 있는 노예를 강간하면 재물손괴라 하면서 노예가 자기

* Sarah Gilbreath Ford, *Haunted Property: Slavery and the Gothic*, University Press of Mississippi, 2020.

아이를 사망하게 하면 그걸 재물손괴가 아니라 살인이라고 하는 것은 공평한가"라고 강력하게 항변했지만 마거릿은 재물손괴가 아니라 살인죄로 재판을 받는다. 흑인 노예가 평소에는 물건이니 자기 노예는 강간해도 되고, 남의 노예를 강간하면 재물손괴인데, 노예가 노예를 죽이면 가장 불리한 죄인 살인죄로 재판받아야 한다는 법칙이 통용되던 시대였기 때문이다.

이와 같이 『빌러비드』와 마거릿 가너 이야기가 여성 노예와 자손의 성적 자율권에 질문을 던지는 작품이라면 미국 최초의 흑인 연방대법관 서굿 마셜의 초창기를 그린 영화 「마셜」은 흑인 남성의 성적 자기결정권에 질문을 제기하는 작품이다. 물론 「마셜」은 자발적으로 성행위를 하고도 강간당했다고 거짓말하는 사람의 속마음이 무엇인지 묻는 작품이기도 하지만, 그 쟁점은 다른 장에서 상세히 다룬다. 「마셜」은 흑인 사상 최초로 연방대법관이 된 흑인 변호사 서굿 마셜이 인종분리 제도로 인해 법정에서 자유롭게 변론조차 할 수 없었던 시대의 미국 풍경을 그렸다.*

1941년 어느 날 인종 차별이 지속되는 미국 코네티컷주에서 남자 흑인 운전사가 백인 여주인을 강간했다는 죄목으로 기소되었는데, 그는 성관계를 아예 하지 않았다고 주장했다. 당시에는 흑인의 처지를 대변할 수 있는 정식 흑인 변호사가 거의 없었기

* "Marshall," Starlight Media, 2017.

때문에 뉴욕주에서 활동하던 마셜이 전미유색인지위향상협회(NAACP)를 통해 변호인으로 배정된다.

재판 과정에서 백인 여주인은 남편에게 당한 가정폭력을 매력적인 흑인 운전사에게서 위로받으려고 자발적으로 성관계를 한 것으로 드러났고, 왜 성관계 자체를 하지 않았다고 주장했느냐는 변호사의 질문에 흑인 운전사는 "자발적으로 성관계를 했다고 하면 백인 남성들로 이루어진 KKK단으로부터 린치를 당해 죽지만 재판에서 무죄판결을 받거나 강간했다는 판결을 받으면 죽지는 않기 때문이다"라고 답변했다. 법적으로는 인종 차별이 철폐되었는데도 계급제도를 지속적으로 유지하고자 한 백인 남성들 때문에 자율적인 성관계마저 보복의 대상이 되는 위험한 시기였기 때문이다.

영화 「마셜」에서는 적어도 서로 다른 인종 간의 자발적 성관계를 사적 린치로 단죄하는 것이 국가가 아니라 계급주의자인 백인 남성들이었다.

그러나 현대 문화의 모범으로 불리는 미국에서조차 1964년이 되어서야 연방 대법원에서 흑인과 백인의 성관계를 금지하는 법률을 위헌이라고 선언했다.* 그전에는 입법 권한을 가진 각 주가 흑인과 백인의 성관계를 간접적으로 금지했는데, 대표적으로 위

---

* McLaughlin v. Florida, 379 U.S. 184(1964).

헌이라고 선언된 플로리다주 형법 규정은 아래와 같았다.

제798조 제5항
결혼하지 않은 깜둥이 남자가 백인 여자와, 또는 백인 남자가 깜둥이 여자와 함께 살면서 상습적으로 야간에 한방에 머무르는 때에는 각자 1년 이하의 징역 또는 500달러 이하의 벌금형에 처한다.

지금까지 살펴본 바와 같이, 인류의 성범죄 처벌은 당하는 여성의 의사와 무관하게, 어떤 남성이 장래 자기가 임신시키고자 하는 여성이 자기 정자로 수태하는 것을 보장하고자 하는, 장래 장인어른과 사위 될 남성 사이의 거래를 보장하려는 목적으로 시작되었다.

그 이유는 인류 여성이 대부분의 다른 포유류와 달리 365일, 24시간 성을 유희로 즐길 수 있음에도, 발정기 또는 배란기가 외부에서 잘 보이지 않기 때문에 남성으로서는 자기가 차지한 여성이 다른 남자의 아이를 임신하는지를 365일, 24시간 감시해야만 했기 때문이다.

그러다가 아시리아제국 3기인 기원전 950년 무렵 여성이 의사에 반해 강간당했는데도 여성까지 죽이는 것은 가혹하다는 공감대가 형성되어 여성의 의사를 성범죄 처벌의 요건으로 고려하기 시작했다. 1960년대에는 페미니즘 운동이 시작되면서 성별, 결혼 여부와 무관하게 성범죄를 처벌하는 이유가 피해자의 자율권을 침해했기 때문이라는 사유로 변경되어 현재까지 거대한 공감대를 얻고 있다. 그 과정에서 흑인 여성들은 인종과 성별 두 층의 차별을 겪었고, 인종을 이유로 개인의 성적 결정권을 침해하는 법률은 1960년대까지 존속했지만 이제 성범죄는 인종도 초월하여 개인의 성적 자기결정권 영역이라는 것이 상식으로 자리 잡았다.

지금까지는 주로 성적 자기결정권이 침해받는 상황을 다뤘다. 즉, 성관계를 하고 싶지 않은데 당하는 경우나, 성관계를 하고 싶은데 국가나 다른 집단이 불이익을 가해서 할 수 없는 경우를 살펴보았다.

다음에는 성적 자기결정권의 적극적·전략적 측면을 살펴본다. 이 측면은 특히 30만 년 가까이 여성의 순결을 강조하며 지속된 진화생물학적 각인과의 관계가 매우 밀접해서 상당히 다채롭고 흥미가 있지만, 한편으로는 은밀해서 터부시된 분야이기도 하다.

7. 유혹의 전략

이제부터 성적 자기결정권이 전략적으로 사용되는 측면을 살펴본다.

최근 탐사취재를 전문으로 하는 언론사인 『열린공감TV』가 취재 결과를 요약해서 출간한 책이 있다.* 여성 두 명이 등장하는데 소설이나 영화보다 훨씬 비현실적이다 보니 도저히 사실로 받아들이기 어려워 이하에서는 픽션으로 간주하고, 그중 젊은 여성을 다룬 내용을 토대로 짧은 소설을 꾸며본다. 다음은 출간된 책을 바탕으로 한 '소설'이라 할 수 있지만, 출처를 밝힌 이유는 저작권을 침해하지 않기 위해서다.

소설의 주인공 강명선은 여성답지 않게 어렸을 때부터 야망과 포부가 컸다. 그러나 어린 나이에 아버지 없이 자라서 나이 많은

---

* 정천수 등, 『윤석열 X파일』, 열린공감TV, 2022.

남자들이 잘해줄 때마다 편안함과 포근함을 느꼈다. 명선이는 공부에는 소질이 없었지만 미술에 관심이 좀 있었으므로 미술대학에 진학하려고 했다. 하지만 첫해에 원하는 대학에 입학하지 못했고, 재수해서 그다지 명성이 높지 않은 미술대학에 진학했다. 그러나 자기가 졸업한 대학은 자기 야망을 채워줄 충분한 배경이 되지 못했기 때문에 졸업한 후에는 약간 명성이 있는 여대의 대학원에 진학했다. 딱히 학업이 목적은 아니었으므로 졸업논문은 다른 사람이 바실리 칸딘스키에 대해 쓴 책 내용의 절반가량을 오타까지 그대로 붙여넣어 대충 제출했고, 오히려 재학중인 대학원의 명성을 이용한 다른 일에 관심이 많았다.

명선이는 그 무렵 사업을 하는 엄마가 소개해준 호텔 운영자를 만난다. 그는 '한국법대 마피아의 대부'라고 불릴 정도로 최고 명문대인 한국법대를 졸업한 후 재계에서도 마당발로 통했는데, 이름은 정회장이라고 칭했다. 정회장은 명선이를 만난 직후 외모 가꾸는 법을 알려줄 마담을 붙여준 뒤, 자기가 관리하는 판검사와 국무총리, 장관 등 한국대 출신 명사들을 호텔에서 접대하라고 지시했고, 명선이는 좋은 기회라고 생각해 적극적으로 그 제안을 받아들인다.

마담은 명선이가 입술산이 또렷하고 아래턱이 가냘프기는 해도 전체적으로 광대뼈가 강하고, 눈이 홑꺼풀로 얇아 여성적 매력이 없다고 보아 명선이를 한 성형외과 의사에게 소개해준다.

명선이는 성형외과 의사를 만나 입술과 아래턱만 남기고 나머지 부분을 모두 '청담동 스타일'로 바꾼 뒤 마담에게서 전수받은 화장법을 흡수하다시피 습득한다.

성형수술 몇 달 뒤 병원에 나타난 명선이를 본 의사는 자기가 수술해줬지만 너무 아름답고 청초하게 변한 모습에 얼떨떨해진 나머지 데이트를 신청했고, 명선이는 돈 많아 보이는 성형외과 의사가 나름대로 나쁘지 않아 가끔 데이트를 하기로 한다. 그러나 명선이의 본업은 정회장을 통해 법조계와 정계, 재계, 학계 인사들을 접대하는 것이었으므로 의사는 명선이를 자주 만나지 못하는 상황에 애가 탄다. 명선이도 의사를 애태우는 상황을 즐기면서 이 남자, 저 남자를 옮겨 다니는 생활을 계속한다.

애가 타다 못한 의사가 명선이에게 청혼을 했고, 두 사람은 곧 결혼하지만 명선이의 본업이 결혼 후에도 지속되다보니 의사가 견디지 못해 둘은 결국 이혼한다. 이혼으로 좀더 자유로워진 명선이는 정회장의 권유에 따라 한국대학 인맥관리 코스 석사과정에 등록했고, 그 기회를 이용해 한국을 움직이는 '자칭 201인'들을 직접 만나 인연을 맺는다.

그렇게 맺은 인연 중 미남 유부남 판사가 있었다. 그가 한국법대의 마당발로 통하는지라 명선은 이 남자와 함께 살면서 엄마의 동업자들을 교도소에 보내고 민사소송을 걸어 수백억 원을 손해배상 조로 받아내는 작업에 성공하게 된다. 정회장은 명선이에게, 엄마 일은 충분히 도왔으니 이제 명선이가 명성을 얻어야 할 때라고 조언하면서 최고 재벌인 박몽철을 소개해준다.

그 무렵 박몽철은 몸이 아파 거동이 불편했지만 명선이를 만난 뒤 '수고했어, 오늘 너 때문에 즐거웠어'라고 뭉칫돈을 쥐어주었고, 명선이는 뭉칫돈이 강남에서 건물 한 채를 살 수 있는 액수라는 사실을 알고는 감격한 나머지 이름을 강몽철로 바꾼다. 강몽철은 뭉칫돈으로 갤러리 사업을 시작해 자기 갤러리의 신인 화가들 작품을 호당 1억 원씩에 그간 한국대학 인맥 과정과 호텔 접대 과정에서 알게 된 인사들에게 판매한다. 강몽철은 그림값이 적은 게 아니라서 망설이는 인사들에게는 특별 서비스를 제공하면서 그림을 팔아 순식간에 문화계의 젊은 거장으로 뛰어오른다. 강몽철이 주로 신인 화가들의 작품을 판매한 것은 그들이 판매가의 1%만 떼줘도 불만이 없었기 때문이다.

그러자 기존에 갤러리를 운영하던 내로라하는 사모님들이 모여 강몽철을 성토했을 뿐 아니라 합세하여 강몽철 갤러리의 비리 정보를 모은다는 소문이 들려왔다. 어떻게 대응할지 방법을 찾던 강몽철은 내연 동거남인 판사에게서 소개받은 나이 많은 유부남 검사와 정회장의 호텔에서 하룻밤을 같이 보내면서 그에게 도와달라고 눈물까지 흘렸다. 나이 많은 검사는 골프 칠 때 한번 본 인연이 있는 미모의 젊은 사업가가 야밤에 찾아와 눈물을 흘리자 그만 홀딱 넘어가고 말았다. 그 검사는 다음 날 강몽철에 대한 정보를 모은 사모님들의 남편들이 운영하는 회사를 모두 압수수색한 뒤 그들을 탈세와 배임과 횡령으로 엮어 구속 기소한다.

강몽철을 위해 무고한 사업가들을 구속 기소했던 늙은 검사는 혹시라도 강몽철이 자기에게 한 번이라도 더 찾아올까 싶어 매일 연락하다가 부인에게 들통나 이혼을 당한다. 그때부터 강몽철은 아무도 건들 수 없다는 소문이 돌았고, 강몽철은 그 어떤 남자에게도 독점권을 주지 않은 채 애만 태우며 유유히 재계의 젊은 여성 거물로 지위를 즐기다가 수사를 받게 되면 다른 핫샷(hotshot) 검사를 찾아다니는 생활을 계속한다.

이 이야기가 그야말로 허황한 소설 같다면 다시 생각해보자. 동서고금을 막론하고 그야말로 무지막지한 이기적 동기로 자신의 성적 매력을 전략적 무기로 사용한 여성들은 권력의 최정상에 올랐다. '정관의 치'라고 해서 세종대왕 못지않게 당나라의 전성기를 이룩한 당태종 이세민의 후궁이었던 측천무후는 이세민의 무려 아홉 번째 아들을 애인으로 만든 뒤 왕위에 올리고, 자기 딸까지 죽여가면서 자기 지위를 애인에서 황후로 승격시킨 다음 급기야는 스스로 왕조를 만들어 여황으로 즉위했다.* 상관

* 샨 사, 이상해 옮김, 『측천무후』, 현대문학, 2004.

완아(上官婉兒)는 측천무후의 비서였지만 그 못지않은 재원으로 왕조 교체 과정에서 탁월한 성적 매력을 내세워 이씨인 왕족과 무씨인 왕족을 모두 애인으로 두고 교묘하게 줄타기를 했다.*

이런 이야기는 동양에만 있는 것은 아니다.

고대 이집트 프톨레마이오스 왕조 끝 무렵인 기원전 51년경 열여덟 살에 네 살짜리 동생 프톨레미 8세와 공동통치권을 물려받은 클레오파트라도 있다. 클레오파트라는 자신이 동생과 공동통치를 해야 하는데 동생의 가신들이 자기 권한을 계속 침범하자 화가 나서 결국 동생과 내전을 시작했다. 그 무렵 로마에서도 폼페이우스 매그너스와 율리우스 카이사르가 내전을 벌이다가 폼페이우스가 이집트로 도망가는 사태가 발생했다.

카이사르는 폼페이우스를 추격해 이집트 앞 지중해 해상을 봉쇄했는데, 폼페이우스는 카이사르가 도착하기도 전에 프톨레미 8세의 가신들에게 잡혀 살해되었다. 프톨레미 8세의 가신들은 자기들이 폼페이우스를 죽였으니 클레오파트라와 벌이는 내전에서 카이사르가 자기들을 도와줄 거라고 기대하며 카이사르와 협상을 벌였지만 서로 조건이 맞지 않자 카이사르를 가둬버렸다.

그때 클레오파트라는 카펫 속에 숨어 몰래 카이사르를 찾아

* 장석만, 『측천무후 성공전략』, 부표, 2006, 286쪽 이하.

120

가 도와달라고 애원했다. 아름다운 여왕 클레오파트라의 매력에 빠져 도와주기로 결심한 카이사르는 감옥에서 탈출한 뒤 인근에 정박 중인 로마 군선들을 불러 모아 나일강에서 프톨레미 8세와 수전을 벌였다. 그리고 전투 도중 프톨레미 8세가 사망하자 클레오파트라를 이집트 왕으로 선포했다. 클레오파트라는 여왕으로서 자기 지위를 탄탄히 하려고 카이사르가 이집트에 머무는 동안 카이사르와 지속적으로 성관계를 해서 아들 카이사리온을 낳았다. 카이사르가 로마로 돌아가자 클레오파트라는 아들을 데리고 두 차례나 로마를 국빈 방문해서 로마 시민들을 경악하게 했다.

클레오파트라는 카이사르가 원로원 의원들에게 암살당한 직후 벌어진 제2차 로마 내전에서는 카이사르의 후계자 옥타비아누스 대신 카이사르의 부관이었던 안토니우스와 결혼했다. 비록 악티움 해전에서 옥타비아누스에게 패한 뒤 로마로 끌려갈 상황이 되자 알렉산드리아에서 자살하는 것으로 생을 마감했지만, 클레오파트라는 정세가 불안하던 이집트 내전에서 당시 유럽 대륙 최고의 매력남이자 바람둥이였던 카이사르의 아들을 낳을 정도로 적극적으로 구애했고, 카이사르가 죽은 뒤에는 그의 부관이었던 안토니우스를 선택해 결혼까지 하는 등 전략적으로 성적 매력을 활용했다. 그리고 그 덕에 불안정한 이집트에서 20년간 여왕으로 군림할 수 있었다.

지금까지 네 여인의 삶을 살펴보았는데 여기까지 읽고 나면 '이 여성들은 그야말로 희귀한 사례 아니야? 대부분 여성은 조신하고 평범하지 않아?'라면서 남의 일처럼 생각하기 쉽다.

그런 통념에 의문을 가지고 연구한 사람은 적지 않다. 2005년 영국에서는 당시까지 발표된 연구 논문들을 종합해 아이들이 자기 아버지라고 믿는 남자가 생물학적 아버지인지에 대한 통계를 살펴보았는데, 지역과 경제 계층별로 많게는 30%나 되는 아이가 자신의 아버지라고 알고 있는 남자의 생물학적 자식이 아니었다.*

이 경우 어떤 사람이 아버지일 가능성이 높은지에 대해서는 또 다른 연구 결과가 있다. 대체로 사회경제적 지위가 높은 사람이 많은 아이의 실제 아버지일 가능성과 어머니가 경제적으로 어려울수록 아이들이 아버지로 알고 있는 사람이 실제 아버지가 아닐 개연성이 높다는 사실이 시사되었다.**

이제 잠정적인 결론을 내려보자.

인류는 매우 독특하게도 여성의 배란기가 외부에 시각적으로

* Mark A. Bellis, Karen Hughes, Sara Hughes, John R. Ashton, "Measuring paternal discrepancy and its public health consequences," *Journal of Epidemiology and Community Health*, 2005.
** Bruce Elmslie, "So, What Did You Do Last Night? The Economics of Infidelity"; "Infidelity Has Different Economic Costs for Men and Women," *Kyklos International Review of Social Science*, 2008.

잘 노출되지 않고, 여성이 24시간 성을 유희로 즐길 수 있으며, 서양의 경우 경제적으로 어려운 여성들이 많게는 30% 가까이 현재의 남편이나 동거남보다 경제적 형편이 좋고 사회적 지위가 높은 남성의 아이를 낳는다. 자손을 위해 아버지가 될 사람을 전략적으로 선택하는 여성들이 앞서 픽션의 주인공이나 측천무후, 상관완아, 클레오파트라처럼 역사적 인물에 한정되지 않는다는 의미이고, 여성이 성적 자기결정권을 적극적·전략적으로 행사하는 경우가 대단히 많다는 뜻이다. 물론, 여성들이 마음에도 없이 사회경제적 지위가 높은 남성과 성교하는 것은 아니며, 남성이 사회경제적 지위가 높을수록 체감 매력도가 높아져, 즉 감정적으로 사랑해서 만난다는 연구 결과가 많다.*

이제, 결론을 내려보자.

여성의 순결을 중시하는 관념은 여성 스스로 만든 것이 아니라, 여성이 자기 아이를 임신했는지 의심해야 하는 인류 남성의, 30만 년에 걸친 진화의 결과가 법률과 문화로 정착된, 생물적 유전-문화 공진화의 산물이다. 여성이 순결하거나 정숙해야 한다는 관념에 얽매일 필요가 없다는 헌법재판소 결정도 이미 23년 전에 나왔다. 여성이 사회경제적 지위가 높은 사람에게 성적 매

---

* N. Guéguen, & L. Lamy, "Men's Social Status and Attractiveness: Women's Receptivity to Men's Date Request," *Swiss Journal of Psychology*, 2012.

력을 느낀다는 것도 더는 비밀이 아니다. 심지어 모델 출신이면서도 연기력이 탁월한 영화배우 김민희 씨는 원래 또래인 배우 이정재 씨, 조인성 씨 등과 멋진 연애를 하다가 헤어진 뒤 업무상 지시관계에 있는 남성 감독에게 매력을 느껴 불륜이라는 비난에도 불구하고 오랜 기간 연인관계를 유지하고 있다.

그런데 2017년 이후 대한민국에서는 사회경제적 지위가 결코 낮지 않은 특정 집단 소속의 선출직 공직자는 결코 성적 흥미의 대상이 될 수 없을 뿐만 아니라 자기 스스로 성적 의사를 결정하지 못하는 여성들의 성을 착취하는 범죄자라는 주장에 공감하지 않으면 그들과 공범자로 몰아가는 극우 페미니스트의 문화가 형성되었는데, 이에 대해서는 매우 깊은 우려를 표시하지 않을 수 없다.

여성이 스스로 독립성을 포기하거나 성적 욕구, 성공 욕구의 존재를 부인할 때 기원전 950년경 아시리아 지역에서 형성되고, 1960년대 서구 여권신장운동으로 굳건해졌으며, 우리나라에서는 2009년 헌법재판소 판례가 인정한 성적 자율적 결정권 자체를 뒤로 되돌리는 것임을 명심해야 한다.

당당해야 멋진 여성이다.

8. 몇 살 때부터 사랑과 관심을 표현할 수 있을까?

윌리엄 셰익스피어의 비극 중 가장 유명한 작품은 아마도 『로미오와 줄리엣』일 것이다. 영화로도 무수히 많이 만들어졌고, 미국의 지휘자 겸 작곡자 레너드 번스타인이 뮤지컬로도 작곡해서 더욱 큰 인기를 얻었다. 로미오는 줄리엣이 열네 살 되기 며칠 전인 열세 살 때 파티에서 처음 만나 첫눈에 반했다가 서로 원수 집안이라는 사실을 알고 숨어서 몰래 결혼하고, 죽은 척하기로 한 뒤 도망가려고 했지만 로미오는 줄리엣이 죽은 줄 알고 자살하고, 줄리엣도 깨어나서 죽은 로미오를 보고 절망해서 자살한다는 줄거리다.

요약하자면 열세 살의 어린아이들도 이성에게 사랑과 헌신을 느낀다는 의미다. 특히 줄리엣의 엄마는 열세 살에 이미 줄리엣의 엄마였다.*

---

* Shakespeare, *Romeo and Juliet*, "By my count, I was your mother much upon this years that you are now a maid."

여기에서는 성적 자기결정권이 형사처벌이나 혼인금지규정에 의해 제한되는 상황과 그것이 정당한지를 살펴보자.

2009년 벨기에 남자 어린이들의 평균 사정 시작 연령은 12세에서 13세이고,[*] 2010년 이스라엘 남자 어린이들의 평균 사정 시작 연령은 신체 나이로는 12~15세, 산술적 나이로는 12~16세로 조사되었으며,[**] 2018년 미국, 덴마크 등 서구 국가 남자 어린이 1만 4,750명을 상대로 조사한 결과도 평균 사정 시작 연령은 13세 정도였다.[***] 발기는 영아 시기에도 하니 다른 문제다.[****]

2015년 미국 여자 어린이들의 평균 초경 연령은 12.1세였으나, 2017년에는 11.9세로 조사되었다.[*****] 2020년 대한민국 여자 어린이들의 평균 초경 연령은 10.5세로 조사되었다.[******] 즉, 시간이 경과할수록 남아의 사정 시작 연령은 12세에서 13세 정도로 일정하

[*] J.G. Carlier · O.P. Steeno, "Oigarche: The Age at First Ejaculation," *Andrologia*, 2009.

[**] Zvi Laron, "Age at first ejaculation (spermarche)," *Pediatric endocrinology reviews*, 2010.

[***] Nis Brix et al., "Timing of puberty in boys and girls: A population-based study," *Paediatric and Perinatal Epidemiology*, 2019.

[****] Berk Burgu et al., "Approach to newborn priapism: A rare entity," *Journal of Pediatric Urology*, 2007.

[*****] Gladys M. Martinez, "Trends and Patterns in Menarche in the United States: 1995 through 2013 – 2017," *National Health Statistics Reports*, 2020.

[******] 박미정 외, "Trend of Menarcheal Age among Korean Girls," *Journal of Korean medical science*, 대한의학회, 2020.

지만 여아의 초경 연령은 낮아지는 경향을 보인다는 의미다.

사정과 월경의 의미는, 여아는 월경이 보여주는 신호인 임신이 가능한 신체 상태에 도달했다는 것이고, 남아는 사정으로 다른 사람이 임신하게 할 수 있는 상태에 도달했다는 뜻이다. 앞서 인류는 보노보와 마찬가지로 임신이나 출산을 전제로 하지 않더라도 유희로 성을 즐길 수 있고, 성을 전략적으로 활용할 수도 있도록 진화했다는 사실을 알아보았다. 또한 성을 임신, 유희, 전략으로 사용하도록 해주는 사회적 합의의 근거에 대해 현재는 '성적 자기결정권'이라고 보는 것이 보편적이라는 사실도 확인했다.

그렇다면 생물학적으로 초경이 시작되지 않은 여자 어린이나 사정을 시작하지 않은 남자 어린이는 임신에 따른 책임의 우려도 없어 성적 유희를 즐길지를 스스로 결정하도록 해주면 될 것 같은데, 우리나라는 형법이 처음 도입된 1953년부터 열세 살 미만 어린이들은 자기들이 좋아서 아무런 강박이나 강요, 유혹, 유인 없이 뽀뽀, 손잡기 등 성적 접촉을 하더라도 상대방을 강간죄나 강제추행죄와 같은 형으로 처벌해왔고,* 뉴욕주 형법은 열한 살 미만의 사람과 성관계하는 사람은 누구나(둘 다 열 살이라도)

---

* 형법 제305조(미성년자에 대한 간음, 추행) ① 13세 미만의 사람에 대하여 간음 또는 추행을 한 자는 제297조, 제297조의 2, 제298조, 제301조 또는 제301조의 2의 예에 의한다.

열세 살 미만의 사람과 성관계하는 사람이 열여덟 살 이상일 경우 모두 강간죄라고 규정하고 있다.*

여기까지 읽고 나면 '어린이랑 성관계한다는 것이 말이 되냐, 당연히 처벌해야지'라고 생각할 수 있다. 물론 우리나라에서 열네 살 미만은 형사처벌은 받지 않는다.** 그러나 이 연령대 어린이들도 소년원에 수감될 수는 있으므로 열세 살보다 어린 아이가 아무런 외부적 압력 없이 서로 사랑해서 성적 접촉을 하더라도 죄라고 규정한 것 자체가 바뀌지는 않는다.

그렇다면 역사적으로 결혼할 남자를 위해 여자의 순결을 보호하려고 강간죄를 만들었다가 남자 위주의 관념에서 벗어나 유부녀, 흑인, 노예, 아내, 미혼의 여성들에게 인정된 성적 자기결정권이 왜 서로 사랑해서 접촉하는 어린이 또는 그 상대방들에게는 적용되지 않아야 하고, 강간에 준해서 처벌하는 것이 당연하다고 생각할까? 특히, 여아들은 평균 열두 살에서 열세 살의 신장 크기가 성년기인 열여덟 살까지 거의 그대로 유지되는 경우가 많아 성적 성숙도에서는 성인과 다르지 않은데도 그렇다.***

이것이 혹시 논리의 문제가 아니라 인간에게 보편적으로 존재

---

* New York State Penal Code 130.35.
** 형법 제9조(형사미성년자) 14세 되지 아니한 자의 행위는 벌하지 아니한다.
*** 대한민국에서 성년 연령은 19세다[민법 제4조(성년) 사람은 19세로 성년에 이르게 된다.]

하는 성향인 '기분에 따라 미리 결론을 내려놓고 이유는 나중에 가져다 대는 성향'('도덕적 말문 막힘'moral dumbfounding)* 때문이 아닐까? 'moral dumbfounding'이라는 용어를 창시한 심리학자 조너선 하이트는 대학원 졸업 논문으로 아래와 같은 내용을 피실험자들에게 제시하는 실험을 했다(국내법 실정에 맞게 실험 지문 약간 수정).

1. 치료제가 단 하나밖에 없는 치명적 중병에 걸린 환자의 배우자가 치료제 가격의 절반밖에 마련하지 못하게 되자 치료제 개발자를 찾아가 반값에 달라고 요구했으나 개발자가 "나는 돈 벌려고 약을 개발했지 개발비를 무시하는 사람들에게 자선사업을 하려던 게 아닙니다"라고 말하면서 거절하자 환자 남편은 약을 훔쳐서 아내에게 주었다.

환자 남편을 비난할 수 있을까?

2. 의대생 제니는 채식주의자인데, 먹기 위해 동물을 키우고 살해하는 것에 반대하기 때문이다. 어느 날 사체 실험을 마치고 귀가하려고 할 때였다. 그날 실험은 시신 기증서약을 한 후 심장

* J. Heidth, *Moral Dumbfounding: When Intuition Finds No Reason*, University of Virginia.

마비로 사망한 사체를 대상으로 했는데, 유가족이 없었다. 사체는 완벽하게 살균 처리되었으며 의대생들에게 기증된 후에는 모두 소각 처리되는 절차를 거치므로 제니는 양질의 단백질을 그냥 소각하는 것은 낭비라고 생각해 뱃살을 약간 베어내 살균된 비닐랩에 담은 뒤 집에 가져가서 구워 먹었다.

제니의 행동을 비난할 수 있을까?

3. 마크와 줄리는 스무 살이 넘은 미혼 남매인데, 함께 파리로 여행 가서 서로 아무런 감정 없이 줄리가 배란기가 아닌 날 피임약을 미리 먹고, 마크는 콘돔을 낀 상태에서 딱 한 번 성관계를 해보기로 했다. 성관계 후 줄리는 사후피임약을 한 번 더 먹었고, 두 사람의 행위를 다른 그 누구에게도 얘기하지 않기로 했으며, 다시는 같은 행동을 반복하지 않을 것을 서로 잘 알고 있었다.

마크와 줄리의 행동을 비난할 수 있을까?

질문은 위의 세 개를 포함해서 모두 다섯 개였는데, 마크와 줄리 사례를 예로 들면, 학생들은 모두 마크와 줄리의 행위가 비윤리적이라고 했다. 이유는 기형아 가능성이 있다거나 주위 사람들이 알게 되면 경악할 것이라거나 두 사람이 성관계 후 감정적으로 상처받을 수 있다거나 하는 것을 댔지만, 각 이유는 실험의 전제에서 모두 배제된 내용들이라는 사실에 대해 주의를 환기하자 모두 '말문이 막힌 상태'(dumbfounding)가 되었다. 이 연구 논문은 사람들이 세부사항을 살피지 않고 먼저 결론을 내린 다음 이유를 가져다 붙이는 성향이 있다는 사실을 확인한 대표적 사례로, 심리학과 진화생물학 교과서와 논문에 600회가량 인용되었다.

마크와 줄리 사례에서 실험에 응한 학생들 상당수가 처음에 두 사람이 비윤리적이라고 대답한 이유는 근친교배에 대한 막연한 혐오 때문으로 추정되는데, 우리나라에서도 1997년 헌법불합치결정이 되기 전까지는 광범위하게 근친 또는 막연히 근친일 우려가 있는 혼인을 전면 금지했다.* 우리나라에서 전면적 동성동본혼 금지가 완전히 폐지된 것은 불과 17년 전이고, 현재는 부계와 모계를 불문하고 8촌 이내인 경우에만 혼인이 금지되는 것으로 바뀌었다.**

그렇다면 근친 성관계를 이렇게까지 전면적으로 광범위하게 법률로 금지하는 것이 합리적일까?

* 구 민법 제809조(동성혼 등의 금지) ① 동성동본인 혈족 사이에서는 혼인하지 못한다(2005년 개정 전).
** 제809조(근친혼 등의 금지) ① 8촌 이내의 혈족(친양자의 입양 전의 혈족을 포함한다) 사이에서는 혼인하지 못한다.

남녀 어린이가 여섯 살 미만일 때부터 성인이 될 때까지 집단으로 함께 자라는 대표적 사례인 이스라엘의 키부츠 출신 2,769명을 대상으로 결혼 상대방의 출신 지역을 조사한 결과, 단한 명도 0살부터 여섯 살까지 같은 캠프에서 자란 친구와는 결혼하지 않은 것으로 확인되었다.* 또한 타이완에서 세 살 무렵부터 시댁에서 민며느리로 함께 자라 가족이 된 여성들의 이혼율, 비출산율이 평균보다 높은 것으로 확인되기도 했다.** 이밖에 내부 그룹 수컷 대신 외부에서 온 수컷과 짝짓기하는 새,*** 발정 연령에 달하면 가족을 떠나는 청년 수컷 포유류**** 사례에서 보이듯, 양성생식을 하는 동물과 일부 식물도 본질적으로 근친교배를 거부하도록 프로그램되어 있는 것으로 확인되었다.

일정 범위의 근친교배는 합스부르크 왕가의 '막시밀리안 신드롬'(각도가 심한 주걱턱)과 같이 장애 형질이 우성인 사례를 반복할 우려가 있는 것이 사실이나, 합스부르크 왕가는 군사경제적

* Joseph Shephe, "Mate selection among second generation kibbutz adolescents and adults: Incest avoidance and negative imprinting," *Archives of Sexual Behavior*, 1971.
** Janis Dickinson·Caglar Akcay·Elise Ferree·Caitlin Stern, "A hierarchical analysis of incest avoidance in a cooperative breeder," *Behavioral Ecology*, 2016.
*** Amy E. Leedale, "Cost, risk, and avoidance of inbreeding in a cooperatively breeding bird," *National Academy of Sciences USA*, 2020.
**** Anne Pusey·Marisa Wolf, "Inbreeding avoidance in animals," *Trends in Ecology and Evolution*, 1996.

목적으로 친인척 범위를 제한하려고 일부러 근친혼에 집착한 드문 사례다.

그럼에도 2005년 민법 개정 이전의 우리나라와 같이 부계혈족에만 본이 같다는 이유만으로 수십만 명에 이르기까지 광범위하게 근친혼을 금지한 것은 법이 일반 시민들의 행복과 성적 자기결정권을 보호하지 못하는 것을 넘어 오히려 심하게 침해하는 현상 중 하나였다.

여기서 '부계혈족'이란 아버지 쪽 혈연관계가 있는 사람들을 의미한다. 사람은 양성생식을 하는 포유류이기 때문에 DNA를 이유로 일정한 범위 내의 혼인을 금지하려면 '모계혈족'으로도 금지해야 했는데, '부계혈족'만으로 수백만 명을 혼인금지 대상자로 삼아 그 아이들을 미혼 자녀들로 만들었다는 의미다.

이러한 사례만 보아도 법률이 생물학적·역사적 지식과 연구나 논리에 기반하지 않은 채 막연한 혐오감을 반영하여 사람들의 기본적 인권을 침해하는 일이 매우 많다는 사실을 알 수 있다.

다시, 열세 살 미만 아동들의 성적 자기결정권 문제로 돌아와 보자.

아동들도 아홉 살에서 열한 살부터 성욕을 느끼기 시작하고, 열한 살 정도 되면 누가 자기에게 관심이 있는지, 이성에게 어떻게 접근해야 하는지 고민하는데도 자위행위나 이성간 성적 접촉은 억제하도록 교육받는 것이 대부분이다.*

현대의 시각과 우리나라 법률에서는 로미오의 아버지는 아동 강간범이 된다. 물론 열세 살 미만 아동에 대해 폭행이나 협박이나 위력이나 기망이나 대가 제공 등 폭력적이고 부적절한 방법을 사용하는 성행위나 성적 접촉은 별도로 무겁게 처벌하는 규정은 별도로 존재한다.

아홉 살에서 열세 살 아이들도 이성에 대해 호감과 접촉 욕구를 느끼는 것이 엄연한 사실이고 1592년경 쓰인 『로미오와 줄리엣』에 등장하는 레이디 캐풀렛은 이미 열세 살에 줄리엣을 낳았다.

현대 어린이들의 신체적·정신적 발육 상태는 5세기 전보다 월등하게 발달했는데, 열세 살 미만의 아동들이 서로 뽀뽀하는 것조차 성범죄라는 낙인을 찍고, 욕구를 억제하도록 하고, 상대방은 연령 여하를 불문하고 강제추행자로 처벌해야만 옳을까?

국가가 범죄로 규정하는 것이 항상 이성적이거나 합리적이거나 타당하지 않을 수 있고, 더군다나 자연스럽게 존재하는 성적 욕구나 현상을 세밀하게 구별하지 않고 일괄적으로 강력한 형사처벌 규정으로만 다스리려고 할 때 사람들의 인식마저 자유를 억압하는 것을 당연시하는 전체주의적 방향으로 형성될 가능성이 높다.

* J. Dennis Fortenberry, "Puberty and Adolescent Sexuality," *Hormones and Behavior*, Public Med Central, 2014.

어린 시절부터 형사처벌이나 억제나 '모르는 게 약'이라는 관습에 대한 의존도를 낮추고 지식의 전달과 교육으로 자발적으로 자기 의사를 당당하게 결정하도록 훈련을 해주는 것이 아동의 건강한 성 문화 형성에도 훨씬 도움이 된다. 귀찮아야 자유를 확보할 수 있고, 의심이 많아야 형사처벌 만능주의에서 해방될 수 있으며, 그래야 스스로 피해를 예방하는 능력이 커지기 때문이다.

우리가 형사처벌 만능주의에서 해방되어야 하는 이유는 형사처벌이 전제로 하는 수사와 재판 과정이 제도적·심리적으로 불완전하기 때문이다. 다음 장에서 그 이유를 자세히 살펴보자.

9. 성에 대해 알 권리와 미혼모 보호

이 장에서는 일정한 연령에 달한 사람들이 자기 스스로의 결정으로 성과 관련된 행위를 할 수 있는 권리를 직·간접적으로 제한하는 법률들에 대해서 살펴보고, 그것이 타당한지 여부를 검토해보기로 한다.

앞에서 아동들도 아홉 살가량 되면 성적 흥분과 욕구를 느낄 수 있다는 사실을 알았고, 10.5세, 12세 정도 되면 월경과 사정을 하게 된다는 사실도 알았다.

여성에게 있어 임신·출산·수유·양육은 상상하기 어려운 신체적·정신적·법적 책임을 수반하는 행위다.

삽입과 사정에 평균 5.4분에서 6분 정도 소요되는 남성*과 달

---

* The mathematical formula of the intravaginal ejaculation latency time (IELT) distribution of lifelong premature ejaculation differs from the IELT distribution formula of men in the generalmale population(Paddy K.C. Janssen1,2, Marcel D. Waldinger, Intensive Clinical Urology, 2016).

리 여성은 9개월간 점차적으로 4킬로그램까지 무게가 증가하는 태아를 신체 내에서 성장시켜야 하고, 뇌가 진화함으로써 두개 골이 커진 태아가 직립보행을 위해 좁아진 여성의 골반과 산도를 통해 통과하기 때문에 골반 골절과 신체의 변형을 경험하여야 하며, 모유의 분출에 따른 수유기를 1년 가까이 거쳐야 하는 등 생물학적으로 극심한 변화를 경험하게 된다.*

특히 인류 여성이 단공류는 아니지만 생식기와 배설기가 거의 인접되어 있어 태아가 산도를 통과하는 과정에서 회음부와 배설기가 완전히 파열되기도 하고, 이러한 상황을 방지하기 위해 미리 약간 절개하는 수술을 하기도 하지만 출산 과정의 후유증은 산모를 사망에 이르게 할 수도 있는 정도다.**

생물학적·신체적 위험에 그치지 않고, 현재 대한민국에서 여성은, 만일 혼인하지 않은 상태에서 아이를 출산했다면, 그 법적 책임을 모두 혼자 부담해야 하게 된다. 아이 아빠가 아이가 자기 아이라고 스스로 인정하지 않으면 출산과 양육에 소요되는 노력뿐만 아니라 비용을 모두 여성이 부담해야 하고, 생물학적 아빠에게 부담시키려고 하면 여성이 소송을 제기해야 하도록 되어

* Changes During Pregnancy(American College of Obstetricians and Gynecologists, 2022).
** Incidence of and risk factors for perineal trauma: a prospective observational study(Lesley A Smith, BioMedicalCentral Pregnancy and Childbirth 2013).

있다.*

그래서, 영아 출산 직후 아이를 버리는 미혼의 여성들이 적지 않은데, 아이가 여성 혼자 출생하게 할 수 있는 존재가 아닌데도 오로지 여성에게만 법률적 부담을 지우는 제도는, 임신과 출산 과정에 소요되는 시간, 신체적 어려움의 상대적 성격을 감안할 때 여성에게만 불합리하게 불평등한 제도라고 할 수 있다.

따라서, 현재와 같이 일방적으로 여성에게 불평등한 혼인 외 출생아 제도는 여성이 일단 아이 아빠를 지정하여 출생신고하여 등록할 수 있도록 하고, 아이 아빠로 등록된 사람이 책임을 면하기 위해서는 소송을 하는 절차로 변경하는 것이 필요하다.

그러나, 현재까지는 임신·출산·양육의 생물학적·법적 책임을 오로지 여성이 그대로 부담하도록 되어 있기 때문에 이러한 부담에서 벗어나기 위해 많은 여성들이 임신 중절을 선택하기도 하는데, 얼마 전 헌법재판소가 산모의 낙태 행위와 산모의 의뢰를 받은 의사의 낙태 행위를 처벌하는 것은 헌법에 부합하지 않는다고 판결하기 전까지 국가는 형사처벌을 동원해 임신한 여성들의 출산을 일방적으로 강제해왔다.**

이 또한 출산까지 평균 기여 시간이 약 6분가량이고, 신체의

* 민법 제855조 ① 혼인 외의 출생자는 그 생부나 생모가 이를 인지할 수 있다.
** 헌법재판소 2017헌바127.

변형이 초래되지 않는 생물학적 아빠와 9개월 이상의 기여 시간이 필요하고 신체의 변형과 손상, 심지어는 생명의 위험까지 부담해야 하는 엄마의 입장을 비교해볼 때 지나치게 여성에게만 불공평한 규정이었고, 여성을 남성의 자손번식을 위한 도구로 보던 고대 함무라비 시절의 세계관에서 문화적 진화를 이루지 못한 입장이었다고 할 수 있다.

이상과 같은, 성관계·임신·출산과 그 과정 및 결과를 살펴보면 임신 가능기에 접어든 사람들 중 특히 여성은, 성관계, 성적 접촉, 임신과 출산 및 혼인이 의미하는 생물학적·법률적·사회적 곤란에 대하여 미리 충분한 지식을 습득하고, 어떠한 결과를 선택할 것인지에 대한 선택의 자유를 실질적으로, 충분히 보장해주는 것이 필요하다.

프랑스 근대 대문호 빅토르 위고의 명작 중 『노트르담 드 파리』가 있다.

어렸을 때 엄마를 잃어버리고 집시로 자라 여기저기 떠돌아다니는, 16세의 에스메랄다는 파리에서 자유롭게 사는 아름다운 소녀로서, 이 작품의 주인공인데, 에스메랄다에게 성욕을 느끼고, 죄책감을 가진 나머지 자신의 성욕을 에스메랄다의 탓으로 돌리기 위해 에스메랄다를 잡아 죽이려는 가톨릭 사제, 그리고 에스메랄다의 아름다운 육체만 취하기 위해 에스메랄다를 유혹한 후 모른 체 하려는 야망가 젊은이, 에스메랄다의 아름다움을 질투하는 노파가 조연으로 등장한다. 에스메랄다는 이들 조연들에게 시달리다가 결국 노파의 밀고로 마녀 혐의를 받아 화형된다는 것이 간단히 요약한 줄거리이다.

가톨릭 사제가 에스메랄다에게 성욕을 느낀 것을 자연스러운 과정으로 생각하지 못하고 죄책감으로 억제하며, 그 고통을 에스메랄다의 탓으로 돌리는 모습은, 사실은 자기가 먹고 싶어서 사과를 먹었는데도 이브의 탓으로 돌려 여성혐오의 원초적 단서를 제공한 아담, 아내가 소금 기둥이 된 후 근친상간으로 출산하게 된 것을 딸들 책임으로 돌려, 음란한 것은 여성이고 남성은 술에 취한 순진한 존재라고 암시하는 롯, 임금 앞에서 목욕을 해서 마음을 혼란하게 한 것은 유부녀 밧세바라고 암시하는 다윗 등* 고대 유대 지방의 문헌을 기반으로 하는 구약성서의 태도를 연상하게 한다.

에스메랄다가, 여성의 질투, 남성이 자신의 성욕에 대한 죄책감을 상쇄하기 위해 여성을 혐오하게 되는 심리 과정, 남성은 일단 약 6분간의 삽입 내지 사정 시간이 종결되면 파트너에 대한 흥분이 급격히 감소한다는 연구 내용에 대해 미리 학습하여 알고 있었다면, 자신의 성을 좀더 전략적으로 사용하고 결국 화형도 면할 수 있었을 것 같다.

* genesis, 2 Samuel(KJB Bible).

그만큼 성 문제에 있어서는 생물학적·법률적 체계에 대해 미리 숙지하고 경험하여 장단점을 스스로 판단한 후 성적 자기결정권을 신중하게 행사하는 것이 중요하다.

그러나, 현재 우리나라는 청소년기부터 성에 대하여 과도한 억압과 금지 위주의, 국가(특히 여성가족부) 입안 정책이 광범위하게 실시되어 있어 우려하지 않을 수 없다.

우리나라에서는 남·녀 모두 19세에 성인이 되고*, 18세면 결혼할 수 있다.** 과거에는 여성은 16세, 남성은 18세면 결혼할 수 있었지만, 남녀평등 원칙의 발달에 따라 2007년부터 결혼할 수 있는 나이가 남·녀 모두 18세로 바뀌었다.***

결혼이라는 것은 법률적으로는 동거·부양·협조의무를 부담하게 되는 행위이지만**** 사실적으로는 성교를 하고, 임신을 하고, 아이를 낳고, 수유를 하고, 양육과 교육을 하는 일련의 행위를 의미한다.

문제는, 성인이 아닌 사람이, 연령을 불문하고 성별이 다른 사람과 밀폐된 공간에 머물 경우, 장소를 제공한 사람이 무려 3년

* 민법 제4조 (성년) 사람은 19세로 성년에 이르게 된다.
** 민법 제807조(혼인적령) 만 18세가 된 사람은 혼인할 수 있다.
*** 구 민법 제807조(혼인적령) 남자 만 18세, 여자 만 16세에 달한 때에는 혼인할 수 있다. (2007년 개정 전)
**** 민법 제826조(부부간의 의무) ① 부부는 동거하며 서로 부양하고 협조하여야 한다.

이하의 징역까지 가능한 처벌을 받게 되는 규정이 존재한다는 사실이다.*

위 규정대로라면, 남녀는 18세가 되면 법률적으로도 결혼하고 성관계를 해서 아이까지 낳을 수 있는데, 다른 사람이 처벌을 받지 않도록 하려면 결혼한 18세 사람이 성관계를 하기 위해서는 자기 집을 사야 한다는 결론이 된다.

위 규정은 해석상, 18세 청소년들이 혼인생활을 할 수 있도록 부모가 집을 마련해준 경우에도 적용될 수 있도록 쓰여 있기도 하다.

결국, 이 규정이 근본적으로 금지하는 것은, 성인이 아닌 사람은 아무리 자발적이라고 하더라도 성에 대해 경험하지 못하게 하려는 것이라고 볼 수밖에 없다.

본래 형사처벌권은 국가가 시민들에게 강제력을 행사할 수 있는 가장 강력한 권한이기 때문에 헌법상 비례원칙에 따라 가장 제한적으로 행사되어야 한다.

성에 대한 이러한 억압적 규제에 대하여 철학적으로 관찰한 프랑스의 철학자 미셸 푸코는 『성의 역사』 시리즈에서, 성이 교

---

* 청소년보호법 제30조(청소년유해행위의 금지) 누구든지 청소년에게 다음 각 호의 어느 하나에 해당하는 행위를 하여서는 아니 된다.
8. 청소년을 남녀 혼숙하게 하거나 이를 목적으로 장소를 제공하는 행위,

회 등 권력기관에 의해 체계적으로 억압되어 왔다고 하더라도 그 자체가 오히려 더 활발한 공개적 논의 또는 담론을 불러일으키는 긍정적인 효과를 가져왔다고 보았다.[*]

그러나, 현재 우리나라에서 미성년, 청소년 등 여성가족부가 담당하는 업무와 관련해서는 성에 관한 자연스러운 담론과 행위 자체에도 '음란'이라는 낙인을 찍고, 형사처벌로 금지하는 성향이 매우 강한데, 이는 마치 중세 유럽에서 성을 억압하던 시기를 연상시킨다고 볼 수 있다.

이와 관련하여, 어린 여성이 남성과 동침하는 것을 금지하거나 성을 경험할 수 있는 기회를 박탈하려는 시도가 주로 여성들에 의해 이루어져 왔고, 그 동기는 다른 여성들이 자신의 생물학적 기회를 앗아가는 것에 대한 반감 때문이었다는 연구 결과가 있다.[**]

이 연구 결과는 성의 억압에 대한 '여성 질투 가설'을 뒷받침하는 자료로서 각종 문헌에 500회 가까이 인용될 정도로 영향력이 컸다.

우리는 이미 2009년도에 미혼 여성에게도 성적 자기결정권이 있고, 국가가 개인, 특히 여성을 미숙한 인간으로 간주하고 성생

---

[*] 미셸 푸코, 이규현 외 옮김, 『성의 역사』 1~4권, 나남, 2004~2020.
[**] Cultural Suppression of Female Sexuality(Roy F. Baumeister,Review of General psychology, 2002).

활에 과도하게 개입하는 것은 가부장적 사회의 유산으로서, 현행 헌법에 부합하지 않는다는 헌법재판소 결정이 있었다는 사실을 살펴보았다.*

국가의 형사처벌권에 의존하는 것도 어떠한 과제를 사회적 합의에 이르게 할 능력이 없는 사람들에게서 발생하는 현상이다.**

그러나, 장관을 포함하여 구성원의 67%가 여성인 여성가족부가 청소년에 대한 정책 총괄 권한을 보유하고 있음을 기화로 혼인 적령기에 있거나 임박한 청소년들을 포함하여, 성 자체를 '음란한 행위'로 보고 다른 법률과의 관계를 고려하지 않은 채 과도하고 광범위하게 억압하는 것이 아닌지, 그것이 여성 질투 가설을 반영하는 것은 아닌지, 오히려, 미혼의 출산 여성이 영아를 신속하게 생물학적 아빠의 자녀로 등재할 수 있는 제도적 방법을 마련하는 것이 더 업무의 본질에 부합하는 것은 아닌지, 정책 결정은 그 자체가 결혼적령기에 임박한 청소년들이 지능과 의사결정능력과 성적 자기결정권이 있음을 부인하는 가부장주의를 반영하는 것은 아닌지 진지하게 전면 재검토해보아야 할 때다.

---

* 헌법재판소 2008헌바58.
** Mark E. Kann, *Punishment, Prisons, and Patriarchy: Liberty and Power in the Early Republic*, NYU Press, 2005.

10. 성범죄 재판은 왜 불공정할까

여기서는 진실로 성범죄를 당했다고 확실하게 믿는데도 법원에서 가해자에게 무죄를 선고하는 경우가 많다는 사실을 보여주고 그 이유를 분석하며, 예방 방법을 살펴본다. 요약하면, '성적 자기결정권'을 예방적으로 활용해야 하는 이유를 현실적으로 제시하는 내용이라고 할 수 있다.

우선 구글에서 '강간' '추행'을 검색해보면 다음과 같은 기사를 발견할 수 있다.*

"검찰은 3월 12일 전직 검사이자 대기업 임원인 진모(41) 씨를 소환해 조사했다. 2015년 4월 그가 서울 남부지검 검사로 재직할 때 후배 여검사에 대해 성범죄를 저지른 혐의다."

*「'법조인 집안 에이스 검사'의 후배 여검사 성추행, 검찰이 덮었나」 (『월간조선』, 2018. 3).

"1월 29일 OOO는 JTBC 뉴스룸에 출연해 자신의 성추행 피해 사실을 폭로하는 가운데 "검찰 내에 성추행, 성희롱뿐만 아니라 사실은 성폭행도 이루어진 적이 있으나 전부 비밀리에 덮었다"라고 말했다. 서 검사는 "성폭행은 강간을 의미한다"고 부연했으나 "피해자가 있고 함부로 얘기할 상황은 아니다"며 더 이상의 언급은 자제했다. 이 사건이 진 씨 사건을 두고 한 얘기라는 게 법조계 안팎의 정설이다. 진 씨는 당시 회식 후 술에 취한 후배 여검사를 성폭행한 것으로 알려져 있다.

진 씨는 2015년 5월 사직 후 CJ 법조담당 임원으로 이직했다. 그의 부친은 이재현 CJ 회장과 경복고 동창이다. 진 씨는 2017년 미국의 현지법인으로 연수를 떠났다. 그러나 2018년 2월 서지현 검사의 미투로 검찰 내 진상조사단이 꾸려지면서 진 씨도 조사대상이 되었다. 진 씨는 귀국 조사를 거부했으나 검찰이 여권 무효화와 '입국 시 통보 및 출국 금지' 조치까지 내리자 3월 6일 회사에 사표를 내고 11일 귀국, 12일 검찰 내부 조사를 받았다.

향후 수사 여부는 피해자 신상 노출을 하지 않는 선에서 결정될 전망이다. 진 씨는 또 다른 여검사를 강제 추행한 혐의도 받고 있는 것으로 알려졌다."

기사에는 '성범죄' '성추행' '성희롱' '성폭행' '강간' '강제추행'이라는 용어가 등장한다. 이중 우리나라에서 형사처벌의 대상인 행위는 '강간' '강제추행' 두 가지다.

여기서 성범죄를 당하지 않도록 예방하는 방법을 습득하고 훈련하는 것이 중요한 첫 번째 이유가 나온다. 잠재적 피해자들에게는 개념부터 명확하지 않고 전문가들이 자기 영역이라고 주장하면서 어려운 용어들을 사용하기 때문이다. 용어도 용어지만 어떤 행위가 어떤 용어에 해당하는지, 범죄는 되는지도 분명한 것은 아니다. 다음 사례를 살펴보자.

1. 회식 장소에서 여자 선배가 여성인 내 어깨를 두드리면서 최근 힘든 일 없냐고 물어보면 성범죄일까? 성범죄라면 강간일까, 강제추행일까?
2. 똑같은 행위를 남자 선배가 했다면 강제추행일까?
3. 똑같은 행위를 여자 선배가 남자 후배에게 했다면 강제추행일까?
4. 똑같은 행위를 여자 후배가 남자 선배에게 했다면 강제추행일까?
5. 어깨가 아니라 얼굴이라면 어떨까?

그렇다. 경우에 따라 의견이 모두 다를 것이다. 단순히 두드렸는지, 아니면 문질렀는지, 상대방에게서 '손 떼라' '그만해라'는 말을 들었는지, 듣고도 계속했는지도 문제가 된다. 최근 경찰은 여성 승객이, 거부하는 남자 택시기사 어깨를 여러 번 쓰다듬은 것은 강제추행이라고 판단한 일이 있다.* 반면, 최근 법원은 한 남자가 채팅으로 만난 여성의 몸을 만진 뒤 함께 식사하고 커피를 마신 사안에서 여성의 몸을 만진 것을 강제추행으로 볼 수 없다고 판단했는데, 강제로 만졌다면 그 직후에 같이 식사를 하거나 커피를 마시지 않고 귀가했을 것이라는 추론 때문이었다.**

그래서 누군가가 '추행' '성폭력' 등의 용어를 사용한다고 해도 사실관계가 무엇인지 확인하는 것이 매우 중요하다고 할 수 있다. 그리고 자신이 성폭력을 당했다고 진지하게 믿는다고 해도 그것이 실제로 수사와 재판 과정에서 모두 인정되는 것은 아니라는 점도 중요한데, 아래에서 실태와 이유를 자세히 살펴본다.

구글에서 '강간' '무죄'라는 용어를 검색해보면 피고인을 변호한 로펌이 성공 사례를 홍보하려고 올린 사건 개요를 발견할 수 있다.*** 로펌이 게시한 사건 개요는 다음과 같다.

"피고인은 친한 후배의 여자친구인 피해자와 술자리를 가진 뒤

---

* 「택시기사 어깨 만진 50대 여성 승객 '강제추행 혐의'로 검찰 송치」(『경향신문』, 2022. 3. 15).
** 「처음 만난 여성의 몸을 만진 혐의(강제추행)로 기소된 전 대구지검 부장검사 출신 변호사에게 무죄 선고」(『한국일보』, 2021. 12. 24).
*** 법무법인 법승.

강간했다는 혐의로 기소되어 1심에서 징역 3년을 선고받고 법정 구속되었습니다.

피고인의 재판 사실을 모르던 피고인의 가족들은 뒤늦게 법정 구속 소식을 전해 듣고서는 놀란 마음에 법무법인 법승 부산사무소를 방문하게 되었습니다.

항소심에서 ○○○ 변호사는 피해자 진술의 모순점 등을 치열하게 다투었고, 그 사이 피고인은 보석으로 석방되었습니다.

이후 항소심 재판부는 변호인의 주장을 모두 받아들여 원심을 파기하고 피고인에 대하여 무죄를 선고했고, 이에 검사는 불복하여 상고를 제기했습니다.

변호인은 검사의 상고이유를 꼼꼼하고 치밀하게 분석하고, 이어 검사의 상고이유를 놓치지 않고 모두 반박했습니다. 그리고 상고이유에 설시된 논거의 배가 넘는 반박 논거를 펼치며 뒤집힐 가능성을 원천적으로 차단했습니다.

이에 대법원은 원심판결을 유지하고, 검사의 항소를 기각했는바, 이로써 2년이 넘도록 계속된 법정 공방은 종결되었고, 피고인은 비로소 평온한 일상으로 돌아갈 수 있었습니다."

성범죄의 종류가 매우 많다는 사실은 앞에서 설명했으니 여기서는 대표적인 성범죄인 '강간'을 기초로 절차가 어떻게 진행되는지 살펴보자.

먼저, 법률을 차별적으로 해석하는 전통이 매우 오래되었다는 점을 살펴본다. 어떠한 행위를 처벌하려면 먼저 법률이 규정하는 요건이 되는 사실관계를 구성해야 한다. 우리나라 형법은 '강간'에 대해 다음과 같이 규정한다.

"제297조(강간) 폭행 또는 협박으로 사람을 강간한 자는 3년 이상의 유기징역에 처한다."

범행 방법은 폭행 또는 협박이고 '강간'은 상대방 의사에 반하여 강제로 삽입하는 행위를 의미한다. 3년 이상의 유기징역이라는 의미는 징역 50년까지 선고할 수 있다는 의미다.* 여기서 잠깐 '공무집행방해죄'에 대해 살펴보자.

"제136조(공무집행방해) ①직무를 집행하는 공무원에 대하여 폭행 또는 협박한 자는 5년 이하의 징역 또는 1천만 원 이하의 벌금에 처한다."

두 죄 모두 상대방에게 '폭행 또는 협박'을 구성하는 행위를

---

* 형법 제42조(징역 또는 금고의 기간) 징역 또는 금고는 무기 또는 유기로 하고 유기는 1개월 이상 30년 이하로 한다. 단, 유기징역 또는 유기금고에 대하여 형을 가중하는 때에는 50년까지로 한다.

하는 것이 필요하다. 공무집행방해죄는 공무집행 중인 공무원에게 폭행 또는 협박을 하면 죄가 성립되고, 강간죄는 상대방에게 폭행 또는 협박하여 삽입하면 죄가 성립된다. 두 죄 모두 동일하게 '폭행' '협박'을 방법으로 사용한다고 규정되어 있을 뿐 그 정도에 대해서는 아무런 요건이 추가로 규정되어 있지 않다.

외국은 어떤지 살펴보자.

미국 뉴욕주는 강간죄 중 우리나라의 '강간죄'와 비슷한 경우의 요건이 'by forcible compulsion'으로 규정되어 있다.

즉, 뉴욕주는 강간죄와 공무집행방해죄를 구성하는 폭력적 행위의 요건이 서로 다른 반면, 우리나라는 공무집행방해죄와 강간죄 모두 폭력적 행위의 요건이 '폭행'이나 '협박'으로 같다는 점에서 미국과 차이가 있다.

그러나 우리나라 대법원은 공무집행방해죄의 경우 누군가가 지구대 '출입문을 계속해서 두드리거나 잡아당기는 것'만으로도 공무집행방해죄에서 규정한 '폭행'이라고 판시하는 반면(대법원 2013도11050), 피해자(여, 22세)를 피고인의 "방으로 끌고 가 쓰러뜨리고 목을 누르면서 '소리를 지르면 칼을 가져와 죽여버리겠다'라고 말"한 후 1회 삽입한 사안에서, 폭행이 피해자의 '항거를 불능하게 하거나 현저히 곤란하게 할 정도에까지 이른 것이라고 보기에는 미흡하다'는 이유로 강간죄가 성립되기 위한 폭행의 요건은 공무집행방해죄보다 훨씬 더 강한 것이어야 한다고 하는데(92도259), 이러한 판례는 수십 년간 바뀌지 않고 있다.

법률 문언상으로 분명히 동일하게 '폭행 또는 협박'으로 되어 있는데도, 왜 공무원에게는 문밖에서 문을 두드리기만 해도 폭행이 성립되고, 여성에게는 끌고 가 쓰러뜨린 다음에 목을 누르는 것도 폭행으로 인정되지 않는다는 것인지, 왜 성범죄는 피해자가 항거 불능하거나 현저히 곤란할 정도로 얻어맞거나 피해를 당해야만 인정되는지는 아무런 근거가 없다. 단순히 그것이 종전 대법원 판례고 원칙이기 때문이라는 논리 외에는 아무런 설명이 없다는 의미다.

이렇게 동일한 법률 규정인데도 성범죄에 대해서는 가해자가 더 가혹하게 구타하고 위협하고 압박해야만 피해자가 피해를 입었고, 가해자가 가해했다고 인정하는 관습은 오래되었으며, 이러한 관행이 너무 오래되어 판례 변경으로 시정될 수 없는 것으로 보인다. 이러한 상황은 현실이기는 하지만 타당하다고 보기는 어렵다.

따라서 이 부분은 국회가 폭행 또는 협박이 사용되는 성범죄에서 폭행 또는 협박의 요건을 공무집행방해죄에서 폭행 또는 협박과 동일하다고 정의하는 규정을 신설하는 방법 등으로 법원이 동일한 규정을 성차별적으로 불합리하게 해석할 여지를 줄이는 것이 필요하다. 동일한 용어와 요건을 놓고 피해자 98%가 여성인 범죄에서만 더 가혹한 폭력행위가 필요하다고 해석할 아무런 법률적·논리적 근거가 없기 때문이다.

다음으로, 실제로 진행될 수 있는 재판에서의 상황을 살펴보자. 재판에서 실제로 진행될 수 있는 상황을 살펴보고 이해하려면 인간의 심리에 존재하는 중요한 두 가지 사실을 먼저 알아야 한다.

우선, 남성과 여성은 동일한 행동을 서로 다르게 해석하는 성향이 있다. 즉, 여성은 단순히 자기 기분이 좋아서 남성 동료나 선후배에게 웃으면서 "좋은 아침"이라고 말했더라도, 남성 동료나 선후배는 자기에게 관심이 있어서 그랬다고 생각하는 성향이 강하다. 그리고 남성이 술에 취한 상태에서는 여성이 자기와 성관계하고 싶어서 웃거나 말을 걸었다고 생각하는 성향이 30% 이상 더 강해진다.* 이러한 현상을 '성 신호 착각 현상'이라고 한다.

재판부가 술에 취한 상태에서 재판하는 것도 아닌데 무슨 관계냐는 질문이 제기될 수 있으나 여기서 '부족주의'라고 하는 또 한 가지 심리현상이 작용한다. 인간은 아주 작은 단서만으로도 자기와 특성이 비슷한 상대방과 공감한다. 이러한 성향은 광범위한 의미에서 '부족주의'(tribalism)라고 하는데, 우연히 만난 6명가량이 모자 색깔이나 지지하는 야구팀이나 응원하는 정당,

---

* Kristen P. Lindgren et al., "Gender Differences in Perceptions of Sexual Intent: A Qualitative Review and Integration," *Psychology of women quarterly*, 2008.

출신 고향, 출신 학교, 부모님 고향, 사투리 억양 등 아주 작은 단서에 따라서도 쉽게 편이 나뉘는 것이 확인되며, 성별도 부족주의를 일으키는 강한 요소에 포함된다.*

성범죄의 98%가 여성을 대상으로 발생한다는 통계는 앞서 확인했다.

성범죄는 법정형이 무거워 주로 합의부(법관이 3명인 재판부)에서 재판한다. 그런데 성범죄 재판 과정에서 법관 3명이 모두 남성일 경우 피해자인 여성의 처지보다 성 신호 착각을 늘 느끼는 자신의 경험을 반영해서 여성이 성적 접촉을 원하지 않았다는 말을 믿지 않고, 성 신호 착각을 일으켰다는 피고인들의 주장에 공감하게 된다.

결국, 이러한 과정을 거치게 되면, 도로에서 처음 본 여자를 멍이 들 정도로 구타하여 삽입한 경우가 아니고는 강간죄로 인정하지 않고, 단순히 '앙탈을 부린 것' 정도로 해석할 가능성이 높아지며 무죄가 선고되는 과정을 거치게 된다. 이러한 결과는 '현상'이기 때문에 존재 자체를 부인할 수 없지만 이러한 현상은 불합리할 뿐만 아니라 방지가 가능하므로 법률 규정 하나를 변경해서 시정할 필요가 있다.

즉, 성폭력 범죄를 재판하는 재판부 구성원 중 35% 이상(즉,

* Cory J. Clark et al, "Tribalism Is Human Nature," *Association for psychological science*, 2019.

재판부가 3명이면 적어도 1명)은 피해자와 성별이 같은 사람이 포함되도록 하여야 한다는 규정을 신설하는 것이다. 현재는 단순히 '전문재판부'가 재판하여야 한다고 규정되어 있을 뿐 피해자의 상황에 공감할 수 있는 성별 요건은 없다.*

성폭력 범죄 전담 재판부에 피해자 성별과 동일한 성별의 법관을 1명 이상 두도록 의무화하는 규정이 신설되면, 재판부 합의 과정에서 성관계나 삽입에 동의하지 않았다는 여성 피해자 목소리를 단순한 '앙탈'로 받아들이지 않고 진지하게 토론하고 검토하게 될 것으로 기대된다.

이상 성폭력 문제를 법정에서 다루게 될 때 발생하는 상황을 살펴보고 개선책을 검토해보았는데, 이를 간략히 요약해보겠다.

우선, 누군가가 성폭력이나 성추행을 당했다고 말할 때, 구체적으로 그 내용이 뽀뽀인지, 삽입인지, 등을 두드렸는지, 허리를 팔로 감았는지, 손을 잡았는지 등 사실관계를 특정하는 절차가 가장 먼저 필요하다. 사실관계를 구체적으로 말하지 못하거나 사실관계에 관한 진술이 계속 번복되는 사람은 거짓말을 했을 가능성이 높기 때문에 신뢰하기 어렵다.** 사실관계에 관한 진

* 성폭력범죄의 처벌 등에 관한 특례법 제28조(성폭력범죄에 대한 전담재판부) 지방법원장 또는 고등법원장은 특별한 사정이 없으면 성폭력범죄 전담 재판부를 지정하여 성폭력범죄에 대하여 재판하게 하여야 한다.
** Aldert Vrij, "Increasing cognitive load to facilitate lie detection:

술이 구체적이고 일관되면 그 사실관계를 구체적으로 특정할 수 있게 된다.

다음으로, 어떠한 행위를 당했는지 명확히 특정되었더라도 그것이 '폭행 또는 협박'을 요건으로 하는 강간 또는 강제추행 등의 죄라면 피해자들이 극심하게 구타당하지 않는 이상 가해자의 범죄를 인정하지 않도록 법률을 해석하는, 확고한 대법원 판례를 입법적으로 변경하지 않는 한 성범죄 피해자의 98%를 차지하는 여성들의 목소리가 쉽게 관철되기 어렵다.

끝으로, 전관예우 등의 부조리가 개입하지 않더라도 인류 본성에 내재하는 '성 신호 착각' 심리와 '부족주의' 심리로 재판관들이 모두 남성일 경우 여성의 거부 신호를 '단순한 앙탈'로 해석하고 여성들이 삽입 또는 접촉을 거부했다고 인정하지 않는 문제가 발생하는데, 이 문제를 해결하려면 재판부에 적어도 피해자와 성별이 동일한 법관이 1명 이상 존재하여야 한다는 입법을 할 필요가 있다. 그래야만 피해자들도 '부족주의'를 통한 공감을 재판관들이 합의하는 과정에 반영하고 관철할 수 있다.

결국 불편한 피해를 당한 여성들이 법정에서 자신들의 주장을 진실 그대로 관철하려면 넘어야 할 벽이 많다는 것을 알 수 있다. 그렇다면 앞서 살펴본 바와 같이 원하지 않는 성적 접촉을 예

The benefit of recalling an event in reverse order," *Law and Human Behavior*, 2008.

방하거나 아니면 다른 성의 '성 신호 착각'을 이용해 자신의 매력을 적극적으로 활용하는 전략적 태도를 스스로 선택하는 것이 일상생활에서는 가장 중요하다고 할 수 있다.

11. 국가와 기업은 서민들 편일까

인간의 심리를 냉소적이고 날카롭게 묘사한 것으로 유명한 프랑스의 대문호 모파상의 작품 중 『비계 덩어리』가 있다.* 시대적 배경은 나폴레옹 3세가 황제이던 프랑스가 오스트리아와 병합한 비스마르크 치하의 프러시아를 경계하기 위해 일으킨 전쟁인 프-프전쟁이다. 우리나라에서는 보불전쟁이라고도 부른다. 프랑스는 독일 침략 직후부터 지리멸렬하다가 오히려 파리까지 함락당한다.**

『비계 덩어리』는 프-프전에서 패한 프랑스 루앙시의 시민들이 프러시아 점령군들로부터 이전의 자유를 제한당하는 상황에서 시작된다. 루앙시를 떠나 프랑스 점령지로 이동하려는 사람들이 마차에 타 대화를 나누고 있다. 그들은 귀족, 수녀, 사업가, 자영업자 등 여러 명과 엘리자베스라고 불리는 젊은 여성 한 명

---

* 기 드 모파상, 방곤 옮김, 『비계 덩어리』, 서문당, 1999.
** 강미현, 『비스마르크 평전』, 에코리브르, 2010.

이다. 승객들은 대화를 통해 엘리자베스의 직업이 매춘이라는 사실을 알게 되자 은근히 엘리자베스를 경멸하기 시작한다.

다른 사람들은 급히 나오느라 여행 준비가 되어 있지 않았지만 엘리자베스는 바구니 안에 빵과 햄, 과일 등 여행 도중 자기가 먹을 것을 풍족하게는 아니더라도 적절히 담아온 상태였다. 그런데, 갑자기 날씨가 추워지고 출발 승인이 지연되면서 마차 안 승객들이 이구동성, 감언이설로 엘리자베스에게 아부와 찬사를 보내 먹을 것을 구걸하자, 심성이 착한 엘리자베스는 순순히 자기가 담아온 음식을 승객들과 나눠먹는다.

그럼에도 불구하고 출발 허가가 지연되고, 승객들이 웅성거리기 시작하고, 점령군인 프러시아 장교가 마차에 탄 승객 중 여성 승객과 성관계를 하지 않으면 승객 전원에 대해 출발 승인을 해주지 않을 것이 명백해지자 승객들은 점점 엘리자베스에게 프러시아 장교와 동침하도록 압력을 넣고, 착한 엘리자베스는 승객들을 위해 프러시아 장교와 하룻밤을 보낸 뒤 다시 마차로 돌아와 출발하게 됐지만 승객들은 엘리자베스를 부패해가는 비계 덩어리 취급한다는 것이 줄거리다.

우리 속담에 '화장실 갈 때 마음과 나올 때 마음이 다르다'는 것도 『비계 덩어리』가 알려주는 내용과 비슷하다. 상대방으로부터 먼저 받은 사람은 마음이 바뀌어 상대방의 호의를 배신하기 쉬워지는 성향을 의미한다. 엘리자베스가 승객들을 위해 계속 희생한 뒤에도 비계 덩어리로 취급받을 줄 알았다면 승객들에게 음식을 나눠주거나 마차로 돌아왔을까? 차라리 자기를 사랑하는 프러시아 장교와 살림을 차리는 것이 더 낫지 않았을까?

게임이론 중 '눈에는 눈, 이에는 이'(tit-for-tat) 게임이 있다. 먼저 호의를 베푼 뒤 배신당하면 그다음에는 먼저 베푼 사람도 배신하는 것이 반복된다는 이론이고, 심지어 이런 성향은 쥐를 상대로 한 실험에서도 확인됐다.* '눈에는 눈, 이에는 이' 게임의 맹점은, 『비계 덩어리』처럼 먼저 베풀었는데, 받은 상대방들이 바로 도망갈 경우 먼저 베푼 사람은 항상 손해를 보게 되기 때문에 '먼저 베풀면 손해다'라는 명제가 문화적으로 누적되어 인간관계에 있어 '거래'나 '협력'이 전혀 이루어지지 않을 우려가 발생한다는 사실이다.

그래서, 많은 사회가 이러한 딜레마를 '동시에 주고받기'라는 제도 도입으로 해결했다. 즉, 서로 주고받아야 하는 거래에서 그 누구도 먼저 주고 나서 뒤통수를 맞지 않도록 동시에 주고받게 하는 제도다. 우리나라에서는 '동시이행의 항변권'이라는 명칭으로 입안됐다.**

---

* Rats play tit-for-tat instead of integrating social experience over multiple interactions(Manon K. Schweinfurth, royal society publishing, 2019).
** 민법 제536조(동시이행의 항변권) ①쌍무계약의 당사자 일방은 상대방이 그 채무이행을 제공할 때까지 자기의 채무이행을 거절할 수 있다.

'동시이행의 항변권'은 쥐의 세계에서도 확인되고, 인류 역사상 가장 기본적인 법 원칙이었던 '눈에는 눈, 이에는 이'를 시민들이 기본적 지혜와 권리로 활용할 수 있도록 명문화된 규정이라는 커다란 의미가 있다.*

이렇게 중요한 권리가 우리나라에서는 어떻게 침해되는지 알아보자.

한국인의 자산 중 가장 큰 비중을 차지하는 것은 평균 약 51.3%에 달하는부동산이고, 그중에서도 주택 비율이 가장 크다.** 그렇다면, 국가는 시민들의 자산 중 가장 큰 자산인 주택에 대해 시민들이 거래 과정에서 배신당하지 않도록 보장해주는 것이 역할이어야 할 것 같다.

그러나, 우리나라는 국회가 법률로 시민들이 주택사업자들에게 돈을 먼저 내고 집이 정상적으로 지어졌는지, 광고 내용과 동일한지, 면적을 속이지는 않았는지, 인테리어 과정에서 사용한 자재는 발암물질 농도가 건강에 위협적인 수준은 아닌지 등을 나중에야 확인할 수 있도록 해두었다.***

* William Ian Miller, *Eye for an Eye*, Cambidge University Press, 2005.
** 미래에셋은퇴연구소, 「국제비교를 통해 본 우리나라 가계 자산 특징 및 시사점」, 2018.
*** 주택공급에관한규칙 제60조(입주금의 납부) ④ 입주금은 다음 각 호의 구분에 따라 그 해당되는 시기에 받을 수 있다.
   1. 청약금: 입주자 모집 시
   2. 계약금: 계약 체결 시

통상 이러한 경우를 '선분양'이라고 하는데, 집을 짓기도 전에 먼저 주택 매매계약을 체결하고 분양대금을 납부하도록 하는 제도를 의미한다. 선분양 제도의 문제점은 단순히 물건의 하자나 광고한 내용과의 품질상 차이 여부에 대해 검토할 기회가 없어지는 것에 그치지 않는다. 원래 어떠한 사업을 하고자 하는 사람은 위험을 부담하는 만큼 수익을 얻는 것이 원칙이다. 이러한 원

3. 중도금: 다음 각 목에 해당하는 때
가. 공공임대주택의 경우에는 건축공정이 다음의 어느 하나에 달할 것
  (1) 아파트의 경우: 전체 공사비(부지매입비를 제외한다)의 50퍼센트 이상이 투입된 때. 다만, 동별 건축공정이 30퍼센트 이상이어야 한다.
  (2) 연립주택, 다세대주택 및 단독주택의 경우: 지붕의 구조가 완성된 때
나. 분양주택의 경우에는 다음의 기준에 의할 것
  (1) 건축공정이 가목(1) 또는 (2)에 달한 때를 기준으로 그 전후 각 2회(중도금이 분양가격의 30퍼센트 이하인 경우 1회) 이상 분할하여 받을 것. 다만, 기준시점 이전에는 중도금의 50퍼센트를 초과하여 받을 수 없다.
  (2) (1)의 경우 최초 중도금은 계약일부터 1개월이 경과한 후 받을 것
4. 잔금: 사용검사일 이후. 다만, 다음 각 목의 어느 하나에 해당하는 경우에는 전체입주금의 10퍼센트에 해당하는 금액을 제외한 잔금은 입주일에, 전체입주금의 10퍼센트에 해당하는 잔금은 사용검사일 이후에 받을 수 있되, 잔금의 구체적인 납부시기는 입주자모집공고 내용에 따라 사업주체와 당첨자 간에 체결하는 주택공급계약에 따라 정한다.
  가. 법 제49조 제1항 단서에 따른 동별 사용검사 또는 같은 조 제4항 단서에 따른 임시 사용승인을 받아 입주하는 경우
  나. 법 제49조 제1항 단서에 따른 동별 사용검사 또는 같은 조 제4항 단서에 따른 임시 사용승인을 받은 주택의 입주예정자가 사업주체가 정한 입주예정일까지 입주하지 아니하는 경우

칙을 통상 'risk-return-tradeoff'라고 표현한다.

그러나, 선분양 제도의 보호를 받는 주택사업자들은 계약자인 서민들의 부담으로 먼저 돈을 받은 뒤에도 분양으로 인한 수익은 모조리 자신들이 가져가고, 분양대금을 낭비하여 손해가 발생하면 파산 신청을 하여 나머지 건설 의무를 면하게 됨으로써, 위험과 손실이 동일인에게 귀속된다는 원칙을 피해가기도 한다.* 이 경우 분양대금을 미리 낸 시민들은 거주할 집도 없는 상태로 수년간 소송에 시달려야만 한다.** 그러나, 그러한 사태를 초래한 주택사업자나 시공사 운영자들은 다시 쉽게 복귀한다.***

이렇게 국가가 서민들을, 기업들을 위한 현금 자판기로 이용하거나, 인터넷 물품 매매 사이트인 '중고나라' 이용 후 피해를 입은 구매자들과 같이 취급하는 경우들이 자주 발생하기 때문에 시민으로서는 적어도 먼저 이행한 후 배신당하는 상황이 발생하지 않도록 늘 스스로 주의하는 것이 필요하다.

국가조차 시민 개개인을 보호해주지 않는 경우가 많을 때, 시

---

* 「삼부토건, 회생절차 들어간다」(『뉴데일리경제』, 2015. 9. 3), 「동양파라곤 고의 파산 신청?」(『대한 전문건설신문』, 2022. 9. 16).

** 「'명지 퀸덤' 소송 전말 및 파장, 보증금 빼돌린 시행·시공사 파산… 입주민 구제 길 막막」(『부산일보』, 2013. 12. 26). 대법원이 최근 부산 강서구 명지동 영어도시퀸덤 1차 아파트 사기분양과 관련해 채권 은행단 측을 대리한 부동산 신탁회사의 손을 들어주면서 상당수 아파트 입주민들이 집을 잃고 쫓겨날 위기에 내몰렸다.

*** 「4년 만에 법정관리 신청 삼부토건, 현 경영진 복귀 논란」(『매일노동뉴스』, 2015. 8. 26).

민들은 '호랑이굴에 들어가도 정신만 똑바로 차리면 된다'는 명언을 실천하면 될 것 같아 보인다. 그러나, 그 또한 현재의 미디어 환경에서는 매우 어려운데, 아래에서는 그와 같은 사회심리적 이유를 살펴보고 개개인이 자기와 자기 가족이 국가 제도, 기업 등으로부터 이용만 당하거나 배신당하는 상황을 겪지 않도록 하는 최고의 기둥은 결국 자기 자신이라는 사실을 실감해보도록 하자.

「빅 쇼트」(The Big Short)라는 영화가 있다. 브래드 피트, 라이언 고슬링, 크리스천 베일 등 아카데미급 배우들이 공동 주연을 맡아 2008년 금융위기의 원인을 세심하고 코믹하게 보여주는 작품이다.

'쇼트'란 통상 공매도를 의미하지만, 영화에서 '쇼트'란 거대한 흐름과 반대되는 경제적 결정을 한 소수의 선구자들의 투자 방향을 의미한다. 보통 공매도란 거래에 있어 일정한 '상품'을 특정한 양 또는 수(amount)만큼 빌려서 팔고, 가격이 떨어지면 떨어진 가격으로 그 상품 전부를 돌려주면 되는 거래를 의미하는데, 상품이 주식이라면, 어떤 주식을 팔기 직전까지만, 빌리기 위해 필요한 돈의 이자만 부담하면 되기 때문에 주식 가격이 하락할수록 이익이 되는 거래를 의미한다.*

---

* Short selling, death spiral convertibles, and the profitability of stock manipulation(John D. Finnerty, Social Science Research Network, 2005)

「빅 쇼트」의 주인공들은 2순위 저당 채권(서브프라임 모기지 subprime mortgage)들을 금융공학적으로 결합한 금융 상품들에 대해 무디스나 스탠다드앤푸어스 등의 신용평가기관이 최고등급을 부여하고, 거의 모든 금융기관과 소비자들이 벌 떼처럼 몰려들어 매수하는 것에 대하여 각자 다른 데이터 분석을 통해 의문을 가지고, 그 의문을 경제적 성공으로 전환시키기 위해 금융시장이 붕괴할 경우 수십억 달러를 보험금으로 받을 수 있는 계약을 체결한다.

돌려받을 수 있는 금액이 수십억 달러에 달하기 때문에 매달 납입해야 할 보험료만 수백만 달러 수준으로 높아 주인공들은 파산의 공포에 시달리기도 하지만, 결국 스스로 분석한 데이터가 정확했고, 임계점을 지난 미국 금융시장은 삽시간에 붕괴하여 주인공들은 각자 수십억 달러의 수익을 챙기게 된다.

여기서 약간 어려운 개념들이 등장하는데, 우선 '금융공학' (Financial Engineering)이라는 용어는 미국이 금융기관 간 겸업금지 규정을 삭제하면서 도입된 새로운 학문과 기술을 의미하는 것이라고 정의할 수 있다. 원래 미국은 1930년대 대공황을 초래한 은행 파산 사태의 여파로 상업은행과 투자은행의 겸업을 금지하는 글래스-스티걸법을 60년 이상 존속시켜왔다가 1999년 사실상 이 법을 폐지하는 조치를 취하면서 금융공학의 천국이 되었다.*

영화와 관련된 금융공학의 예는, 은행이 부동산 소유자들을 대상으로 부동산을 담보로 부동산 가격의 70%의 자금을 빌려주고, 소유자들로부터 매달 받아야 할 이자 채권들을 모아서 '선순위 저당 이자결합채권(프라임 모기지) 증권'이라는 제목의 상품을 만들어 증권회사나 금융기관에 판매하는 것과 은행이 같은 소유자들을 대상으로 같은 부동산을 담보로 부동산 가격의 50% 자금을 추가로 빌려주고 소유자들로부터 매달 받아야 할 이자 채권들을 모아서 '2순위 저당 이자결합채권(서브프라임 모기지) 증권'이라는 제목의 상품을 만들어 또 판매하는 것이었다.

저당채권이란 채무자에게 이자를 요구할 수 있는 권리를 의미하고, 증권이란, 채권을 유통 가능한 문서로 만든 것을 의미하며, 현대적 거래에서는 실제로 문서를 발행하지도 않고 단순히 금융기관의 전산장치에 기록하는 방법만 사용하기도 한다.

이자 채무자들인 부동산 소유자들이, 실물 거래에 있어 영업이 잘 되고, 직장에서 성과급을 많이 받게 됨으로써 이자를 지체하지 않고 꾸준히 잘 부담하게 되면 각 채권 수익률이 안정적인 것이 되므로, 금융기관으로서는 은행이 판매하는 프라임 모기지 결합 증권이나 서브프라임 모기지 결합 증권을 높은 가격에 구매하고, 약간 다른 채권들을 더 결합시켜 더 높은 가격을 부르는

* Financial Services Integration Worldwide: Promises and Pitfalls(Harold D. Skipper, Jr, OECD, 2001)

다른 금융기관에 팔아넘길 동기가 발생한다.

그러나, 실물 거래가 감소하면 제조사, 서비스사의 수익이 감소하고, 임금이나 상품비 납부가 밀리면서 주택 소유자들이 본래의 직업으로부터 벌어들이는 수익이 감소해 점차 이자를 연체하게 되는데, 실물 거래 감소율과 이자 연체율이 증가하는데도 금융공학적 증권 투기 기회를 놓치고 싶지 않은 수많은 금융기관들과, 그러한 금융기관들의 직전 판매 실적을 대대적으로 보도하는 매체를 그대로 믿은 소비자들이 너도 나도 상품 구매에 돈을 투자하게 됐다.

그 와중에 신용평가의 양대산맥인 두 회사는 의뢰인들인 금융기관을 계속 늘리기 위해 대부분 실질심사 없이 거의 모든 상품에 최고 등급을 주고 매출 실적만 올렸고, 매출 실적의 증가로 이사들은 수억 달러씩 거액 성과금을 받아갔다.

더 나아가, 금융기관과 신용평가기관을 감시해야 할 증권거래위원회 소속 여성 공무원 하나는 증권사가 비용을 부담하는 리조트 호텔 여행 서비스를 이용한 뒤 그다음 달에 그 증권사로 이직하는데, '남들도 다 하는데 내가 왜 문제냐'는 태도다.

영화 전체에서 은행, 금융기관, 신용평가기관, 규제기관 모두 각자 자기 이익만 챙길 뿐 본연의 직업윤리나 고객보호에는 아무런 관심이 없다는 사실을 잘 보여준다.

영화에서 금융기관 임원들은 국가로부터 금융구제를 받아 성과금까지 챙겼고, 거대한 손실을 입은 사람들은 오로지 매체에서 광고하는 것을 믿고 서브프라임 모기지에 전 재산을 투자한 평범한 시민들과 납세자들이었다.

이제, 다시 우리나라로 되돌아와보자.

본래 출신 지역을 초월하여 사람들에게 가장 살고 싶은 거주지 사진을 고르도록 하면, 바로 앞에는 숲이 우거지고 멀리 풍경이 보이는 장소를 가장 선호하는데, 이것을 '사바나 가설'이라고 한다.* 그러나, 현재 대한민국 대도시, 신도시의 풍경은 모두 도로 옆에 상자와 비슷하게 생긴 직사각형의 고층 아파트와, 광고판이 즐비한 상가로 이루어져 있어, 언뜻 봐서는 어디가 어디인지 구별하기 어렵다.**

이것은 사실상 브랜딩만 할 뿐 6·7차 하도급으로 이루어지는 건설업을 과점하고 있는 삼성물산, 현대건설, 지에스건설, 포스코건설, 롯데건설, 한화건설 등 대규모 기업집단 소속사들이, 마치 점령지를 분할 통치하듯 전국 각 지역에서 집단적, 대규모의 재건축·재개발을 부추기고, 시공권을 분할 취득하는 와중에, 이러한 회사들로부터 광고비를 받는 매체들이, 마치 이러한 회사들이 브랜딩한 대규모 집단 거주지에 거주해야만 인간다운 삶인

---

* Evolutionary Influence on Human Landscape Preference(John Balling, Environment and Behavior, 2010).
** 김성홍, 『도시 건축의 새로운 상상력』, 현암사, 2009, 231쪽 이하.

것처럼 창출된 이미지를 지속적으로 방송하고 있기 때문이라고 할 수 있을 것 같다.*

그 결과 대한민국의 많은 시민들은 세탁기도 만들고, 냉장고도 만들고, 스타일러도 만들고, 과자도 만들고, 백화점과 인터넷 쇼핑몰과 레스토랑과 병원과 면세점도 운영하고, 인터넷도 제공하고, 24시간 편의점 영업도 하는 기업집단들이 전국적으로 제공하는 천편일률적인 거주지에, 자신이 지불한 돈이 토지보상비와 건축비의 몇 %나 되는지 협상할 시간이나 여유나 권리도 없이 이웃집이 훤히 들여다보이거나 채광이 충분하지 않은 거주지에서 살게 된다.

특히, 최근에는 각 건설사들이 재건축 시장에 뛰어들면서 자신들의 수익을 최대화하기 위해 법률상 '공동주택'이라고 불리는 아파트의 시공에 있어 가장 비용이 적게 드는 조경비를 약간 더 투자하는 대신 개인의 재산권 및 삶의 질뿐만 아니라 건축비에 가장 직결되는 전용면적을 줄이고, 용적률을 대규모로 높이는 방식으로 설계함으로써 이익을 극대화하고, 단지 내 인구 밀도를 높이고 있다.

인구 밀도가 높을수록 스트레스가 증가한다는 연구 결과는 매

---

* Social Influence and the Collective Dynamics of Opinion Formation(Mehdi Moussaïd, Public Library of Science, 2013).

우 많다.* 또, 대지로부터 많이 떨어지지 않은 주거지보다 고층 주거지에 거주하는 어린이들의 협력도와 어른들의 이타심이 감소한다는 것도 각종 저널에 500회 가까이 인용될 정도로 잘 알려진 연구 결과다.**

대기업이 건설한 아파트 관련 소송이 발생해도 시민들에게 유리하지 않은 결론이 나오는 경우가 많은 이유 중 하나는, 대기업이 전관 법조인 출신들을 대거 임원으로 영입하기 때문이기도 하다.***

얼마 전까지 이용당하기만 하는 사람들을 '호구'나 '호갱'이라고 부르는 것이 유행인 시절이 있었다. 시민들이 거래 조건, 건강, 삶의 질 모든 측면에서 불이익한 포지션이 되도록 국가와 기업이 담합할 때, 광고나 미디어가 선동하는 이미지가 의심스러울 때 조금 더 생각하고 상대방의 의도를 의심하고 스스로 판단하는 것이 중요하다. 귀찮아야 호갱이 되지 않을 수 있다.

---

 * Mental Health and Population Density(J. T. Laird, The Journal of Psychology Interdisciplinary and Applied, 1973), Population Density Stress Is Killing Us Now!(Gregg Miklashek, Stanfor University blog, 2019),
 ** The Consequences of Living in High-Rise Buildings(Robert Gifford, Architectural Science Review, 2007).
*** 「검찰총장·법원장… 대기업에 법조고위급 출신 넘쳐」(『연합뉴스』, 2012. 1. 30).

12. 저출산은 여성들 탓일까

　지난 장에서 '동시이행의 항변권'이라는 용어를 배웠다. 상대
방이 있는 거래나 관계에서 먼저 이행하거나 베풀면 배신당하거
나 손해를 입기 쉽다는 사회심리적 행동 법칙을 법률적으로 해
결한 권리 중 하나라는 의미로 쓰였다.

　동시이행의 항변을 하지 못하는 관계가 모파상의 소설 『비계
덩어리』나 우리나라의 선분양 아파트에서만 발생하는 것은 아
니다.

　아래에서는 출산과 관련해 여성들이 동시이행의 항변권을 행
사하지 못하게 되는 상황을 살펴보기로 하자.

　가장 미국적인 작가 중 한 명인 존 업다이크의 초기작 중 『달
려라 토끼』라는 작품이 있다.

　별명이 '토끼'인 주인공 해리 앵스트롬은 고등학교 시절 최고
의 운동선수였지만, 지금은 스물여섯 살의 주방용품 세일즈맨으
로 살고 있다. 해리는 세일즈를 하다가 만난 점원이었던 아내 재

니스와 함께 도시 외곽 중산층 거주지에서 평범하게 살고 있다. 아내는 2년 전에 장남 넬슨을 출산하고 이제 둘째를 임신했는데, 해리는 퇴근하고 돌아온 어느 날 아내가 배가 나온 상태에서 아무렇게나 퍼져 앉은 채 술을 마시고 담배를 피우는 것을 보고 혐오감을 느낀 뒤 말다툼하다가 가출해버린다.

가출 후 해리는 무작정 고등학교 시절 농구 코치를 찾아가고, 코치는 여자 두 명을 소개해주는데, 해리는 그중 한 명인 루스와 동거를 시작한다. 루스는 용돈을 벌기 위해 가끔 성매매를 하는 여성이었는데, 해리가 요구하는 대로 성행위를 해주는 사람이기도 했다.

재니스 아빠의 노력으로 해리는 다시 딸 레베카가 태어난 가정으로 돌아오지만, 모처럼 재회한 재니스를 보고 성욕이 솟아오른 해리는 루스에게 하듯 성행위를 하려고 했는데, 재니스가 출산 후유증에 따른 고통으로 거부하자 화가 난다면서 다시 루스 집으로 가출한다.

남편의 가출과 간통과 유기로 고통받은 재니스는 술을 잔뜩 마신 상태에서 갓 출산한 딸을 목욕시키다가 그만 딸이 물에 빠져 익사하는 상황이 발생하고, 루스는 임신하며, 해리는 재니스와 이혼하기로 결심한다.

그 후 해리는 목적지도 없이 무작정 달려간다.*

이 작품은 결혼 직후 젊은 남성의 방황하는 심리상태를 사실적으로 묘사한 소설이라는 평가를 받았다.*

그렇다면, 이 작품에 등장하는 젊은 아내인 재니스의 입장에서는 결혼·임신·출산의 현실은 어떨까?

노벨경제학상을 수상했을 뿐만 아니라 '행동경제학'(Behavioral Economics)이라는 새로운 분야를 창시한 심리학자 다니엘 카너만과 리처드 탤러는 '투자효과'(Endowment Effect), '손실회피심리'(Loss Aversion)의 존재를 실험으로 입증한 것으로 유명한데, 너무 유명해서 각종 저널 인용 회수가 1만 회 가까이 된다.**

'투자효과' '손실회피심리'란 조금이라도 감정적·재정적 지출, 투자를 했을 경우 손해를 입더라도 중단하는 것이 이익인데도, 감정적·재정적 지출이나 투자에 따른 애착이 발생해서 중단하지 못한 채, 그 상태를 그대로 가져가려는 심리 현상을 의미한다.

여성은 일단 임신하면 중단하지 않는 한 9개월(약 38만 8,800분)간 태아에게 애착과 정성을 다하게 된다. 수정란 착상까

* 존 업다이크, 정영목 옮김, 『달려라, 토끼』, 문학동네, 2011.
* An Analysis of Rabbit's Unhappy Marriage in John Updike's Rabbit Run(Min Zhang, Advances in Social Science, Education and Humanities Research, 2017).
** Anomalies: The Endowment Effect, Loss Aversion, and Status Quo Bias(The Journal of Economic Perspectives, 1991).

지 남성이 투자하는 최대 약 6분에 비하면 여성이 투자하는 애착이 무려 6만 4,800배나 된다는 의미다.

그뿐 아니라, 여성은 포유류이기 때문에 영아에게 모유를 통한 양분 공급이 끝날 때까지 아이를 안고 키우는 기간이 더 필요한데, 평균 약 4개월가량 되는 것으로 알려져 있다.* 그 경우 애착이 9만 3,600배가 된다.

이렇게 되면, 여성은 결혼 생활이 아무리 힘들더라도 『달려라 토끼』에서의 남자 주인공처럼 쉽게 아이들을 버리고 달아나지 못하게 된다.

심지어는 창세기에서도 여성의 출산을 '처벌과 고통'으로 묘사할 정도다.**

결국, 여성은 양육에 있어서 생물학적 배우자 또는 파트너의 공동 지원을 받을 수 있는지 여부를 알 수 없는 상태에서 약 10만 배나 더 애착을 투자하게 되고, 그 이후에는 『달려라 토끼』에 나오는 것과 같은, 대책 없는 배우자로부터 당하는 배신에 취약해지게 된다.

이런 상황에서 가임기 여성이 선택할 수 있는 최선의 방법은

---

* 최상순 외 4명, 「모유수유 실태와 관련 요인에 관한 연구」, 여성건강간호학회지 2권 2호, 1996.

** "I will make your pains in childbearing very severe; with painful labor you will give birth to children. Your desire will be for your husband, and he will rule over you"(Genssis 3:16).

'아이 안 낳기'가 될 것이다.

특히, 여성이 남성에게 경제적으로 의존할 필요가 없어지고, 제도적 차별을 덜 당하는 선진국의 경우 여성이 점차 아이를 안 낳는 경향이 확인되는데, 이것은 임신·출산·양육과 관련해, 상대방의 이행을 받을 수 있을지 확신할 수 없는 상태에서 독립적 개체가 선택할 수 있는 최선의 조건이기 때문이다.*

결국, 가임기 여성은, 임신을 하지 않고, 출산을 하지 않으면 양육에 있어 'loss aversion' 심리에 의해 초래되는 '단독 육아부담'의 상황과 맞닥뜨리지 않을 수 있게 되는데, 그것이 교육과 임금 수준이 높은 북유럽 국가의 현상이라고 할 수 있다.

그렇다면, 『달려라 토끼』에서의 재니스처럼 이미 아이 두 명을 출산하고 나서 버림받는 여성들은 어떨까?

그리스 비극 중 이런 상황을 그려낸 작품이 있다.

메데이아는 콜키스라는, 그리스의 작은 나라의 공주였다. 콜키스는 작은 나라였기 때문에 국토방위를 위해 제우스로부터 황금 양털을 선물받아 신전에 모셔두고 있었다.

어느 날, 이올코스라는 나라에서 왕위 계승을 둘러싸고 다툼이 벌어지자 왕자 중 한 명인 이아손이 '황금 양털을 가져오면

---

* Changing fertility rates in developed countries. The impact of labor market institutions(Alı́cia Adsera, Journal of Population and Economics, 2004).

왕위를 계승할 수 있다'는 숙부이자 이올코스의 왕 펠리아스의 약속을 받고 콜키스로 찾아와 메데이아를 유혹한다.

이아손에게 첫눈에 반한 메데이아는 황금 양털을 몰래 훔쳐 이아손에게 전해준 뒤 양털을 되찾기 위해 추적하는 가족까지 죽여가면서 이아손과 함께 자기 나라를 탈출한다.

이아손이 약속대로 황금 양털을 가져왔는데도 펠리아스는 왕위를 물려주겠다는 약속을 지키지 않았고, 분노한 메데이아는 펠리아스의 가족들도 잔인하게 살해한다.

왕의 일족들을 살해한 일로 이올코스에서 살 수 없게 된 이아손과 메데이아는 결국 코린토스로 도주해서 아들 둘을 낳고 살게 된다.

그런데, 이아손이 코린토스 왕의 딸 글라우케와 바람이 나서 메데이아에게 일방적으로 결별을 통보하는 일이 발생한다.

화가 난 메데이아는 이아손과의 사이에서 낳은 아들 둘을 모두 죽이고, 이아손과 글라우케, 글라우케의 아버지도 모두 죽인 뒤 아테네의 왕과 결혼한다.*

메데이아의 복수는 자기 애인인 이아손이 약속을 지켜 황금 양털을 가져왔는데도 왕위를 물려주지 않은 펠리아스에 대한 것으로서 펠리아스를 죽인 것 하나와, 자기가 조국을 배신하면서

---

* 에우리피데스, 송욱 옮김, 『메데이아』, 동인, 2005.

까지 헌신했는데 자기를 배신한 이아손에 대한 것으로서 이아손을 죽인 것 하나, 그리고, 아이를 낳아 길렀는데도 다른 여성과 결혼하겠다는 이아손의 아이를 더 이상 키우지 않겠다는 표시로서 아이들을 죽인 것 하나 등 세 가지로 요약할 수 있다. 이중 마지막 사례를 들어 고대 그리스의 페미니즘이 반영하는, 양성의 심층적 불균형 회복으로 해석하는 견해가 매우 많다.*

물론, 대한민국의 현실에서 메데이아와 같은 선택을 하기는 쉽지 않다.

『달려라 토끼』의 재니스나 메데이아처럼 출산 후 생물학적 아버지로부터 양육과 관련하여 경제적·물리적·심리적 지원을 받지 못하게 될 경우에도 개체로서의 여성은 우선 심리적으로, '손실회피심리'의 작동으로, 그러한 생물학적 아버지의 유전자가 2분의 1만큼 포함된 아이를 포기하기 쉽지 않다.

다음으로, '엄마가 모성애가 없다'는, 오로지 여성에게만 적용되는 강한 사회적 압력을 견뎌내기도 쉽지 않다.

끝으로, 메데이아처럼 미혼 상태에서 출산한 아이를 포기할 경우 여성만 처벌받는 현실이 냉엄하게 존재한다.**

---

* The plight of women and the female discourse in the society of Euripides' Medea(Anup Barua, Figshare, 2020).
** 「화장실서 낳은 신생아 방치 후 숨지자 유기, 구속영장 신청 예정」(『중앙일보』, 2018. 11. 24). 「아기 버린 20대 산모 구속, 다시 늘어난 '영아유기'」(『mbc』, 2017. 1. 3).

선이행과 임신·출산의 관계는 여기서 끝이 아니다.

최악의 상황은 임신과 출산 과정에서 산모가 사망하는 것이다.

WHO(세계보건기구)의 2014년도 보고서에 따르면 전 세계적으로 매일 800여 명의 산모가 임신과 출산 과정에서 감염·사고 등으로 사망한다.*

앞서, 문자로 확인 가능한 법률문화가 존재하는 지역에서, 여성은 남성의 정자에 함유된 유전자를 보존해서 후대에 전달하는 출산 기계로 취급됐다는 사실을 확인했다.

그러다가 1차 세계대전 직전 전 세계적인 여성 투표권 운동으로 정치적으로 평등한 존재로서의 가치를 인정받기 시작했고, 1960년대 이후 활발한 페미니즘 운동으로, 사회적으로도 평등한 존재로서의 가치를 점차 확대시켜 나가게 됐다.

그러나, 생물학적 존재로서는 여전히 포유류라는 한계로 인해 '선이행'이라는 어려운 상황에 처하게 된다.

이런 상황에서 외국의 많은 여성들은 '대리모'(surrogate mother) 계약을 이용하는데, 이 경우에는, 유전자의 부모는 수정을 제외한 착상·임신·출산 과정의 곤란을 타인에게 위탁·전가

---

* Maternal mortality(WHO, Human Reproduction Program, 2014). 「10년간 연평균 49.8명 아이 낳다 사망… 출산 후 출혈 '주의'」(『연합뉴스』, 2020. 10. 10).

함으로써 '투자효과'는 거의 발생하지 않게 된다.

그러나 이때, 착상·임신·출산 과정을 거친 대리모에게 '투자효과'와 '손실회피효과'가 발생하게 되어, 대리모가 영아에 대한 권리를 포기하지 않는 상황이 발생하기도 한다.

미국에서는 캘리포니아, 워싱턴 D.C, 오리건 등 상업적 대리모를 허용하는 주도 많으나,* 우리나라에서는 대리모 계약이 무효일 뿐만 아니라 임신·출산한 여성만 엄마로 해야 한다는 판례가 있기 때문에,** 생물학적 엄마가, 출산한 엄마의 동의와 가정법원의 허락을 받아 아이를 입양해야 법률적 엄마로 인정받을 수 있게 된다.***

그렇다면, 여성이 착상·임신·출산에 따른 부담에서 벗어날 뿐만 아니라 다른 여성에게 전가하지도 않고, 오로지 남성과 공평하게 양육만 부담할 수 있도록 하는 생물학적 방법은 없을까?

이미 서양에서는 '인공자궁'(Artificial Womb) 기술이 많이 발달했고, 그 효과에 관한 법리적 논의도 활발하다.****

* All the celebrities who welcomed babies via surrogate(Spnecer Bergen, Page Six, 2022).
** 서울가정법원 2018브15.
*** 민법 제867조(미성년자의 입양에 대한 가정법원의 허가) ① 미성년자를 입양하려는 사람은 가정법원의 허가를 받아야 한다.
제869조(입양의 의사표시) ② 양자가 될 사람이 13세 미만인 경우에는 법정대리인이 그를 갈음하여 입양을 승낙한다.
**** Artificial Womb Technology and the Choice to Gestate Ex Utero: Is Partial Ectogenesis the Business of the Criminal Law?(Elizabeth Chloe

여성은 생물학적으로 자궁과 유방을 지니고 있어, 일단 임신하면 일정 기간 태아를 자궁에 담아 키워야 하고, 출산 후에는 상당한 기간 유방으로부터 분비되는 모유 공급을 위해 아이를 안아서 키워야 한다. 그것도 임신과 출산이 성공적으로 마무리된 후에 다가오는 부담이고, 그 단계에 이르지도 못한 채 사망할 수도 있다.

그래서, 이러한 모든 과정은 그것에 수반하는 위험 및 신체적 부담과 이후 재니스나 메데이아처럼 배우자로부터 배신당할 가능성 모두를 충분히 알고 난 후 선택하는 것이어야 한다.

여성은 출산 기계가 아니다.

따라서, 임신·출산·양육과 그 결과에 대해 다양한 방법으로 냉혹한 심리학적·법률적 현실을 모두 그대로 알려주고, 스스로 선택할 수 있도록 해주되, 임신·출산·양육을 진정으로 원하고, 훌륭히 직업 생활까지 해내는 여성들을 위해 경력과 소득을 희생하지 않고도 해낼 수 있도록 '지원'해주는 것이 국가의 역할이어야 하며, 현재와 같이 형사처벌 일변도로 일단 임신만 하면 거의 무조건 출산해서 여성이 키워야 하는 부담을 안겨주는 제도로는 여성들이 점차 비출산이라는 선택을 하는 방향을 되돌리기 쉽지 않다.

Romanis, Medical Law Review, 2019).

13. 어떤 정치인이나 공직자는 왜 약속을 안 지킬까

앞에서 먼저 받은 사람은 배신하기 쉽기 때문에 그런 상황을 방지하기 위해서 '동시이행의 항변권'이라는 권리가 마련되었지만 선분양 후시공 아파트 제도처럼 국가 차원에서 시민들의 동시이행 항변권을 무력하게 만드는 사례가 있다는 사실을 알아보았다. 또한 먼저 투자한 다음에 쉽게 배신당하는 경우로는 여성의 임신·출산도 포함된다는 사실도 알아봤다. 이런 현상을 법리적인 측면 외 수학적이고 경제적 측면으로 관찰한 분야가 '게임이론'인데, 1965년 이래 노벨 경제학상이 7회나 주어졌을 정도로 흥미진진한 분석이 많다.

그중 게임을 크게 '일회성 게임'과 '계속 게임'으로 구별하고 전략과 목표를 분석하는 이론이 게임이론 중 가장 기본적 분류에 속하는데, '계속 게임'에서는 서로 협력하는 것이 유리하고, '일회성 게임'에서는 자기 이익만 챙긴 뒤 상대방을 배신하는 것이 유리하기 때문이다.*

'일회성 게임'과 '계속 게임' 외 추가로 가장 기본적 부류에 속하는 게임은 '제로섬(zero-sum) 게임'과 '윈윈(win-win) 게임'이 있는데, 제로섬 게임은 동일한 목표를 두고 경쟁하는 상대방과의 관계, 윈윈 게임은 공동의 목표로 협력하는 관계를 의미한다. 앞으로 두 번 다시 거래할 필요가 없는 사람은 상대방에게서 받아내기만 한 후 달아나면 가장 이익이라는 것이 일회성, 제로섬 게임의 내시 균형(게임에서 가장 유리한 전략)이다.*

통상 선출직 공직자는 단 1회만 재임할 수 있도록 규정되어 있거나, 연임이 허용되는 경우 재선 임기에 있지 않는 한 계속 출마해서 당선되는 것이 목적이기 때문에 계속 게임이 된다. 그러면 다음에 또 당선되려면 약속을 지켜야 할 것 같아 보인다. 그런데 선출직 공직 후보자는 도대체 누구와 게임을 하는 것일까?

선출직 공직자는 크게 네 그룹과 게임을 하게 된다. 정당 내 공천을 결정하는 사람들, 후원금을 제공하는 사람들 그리고 홍보해주는 매체와 선출하는 유권자들이다. 여기서 '유권자들'이란 일반 시민들을 의미한다고 정리해둔다.

정당 내 공천을 심사하는 사람들과 후원금을 제공하는 사람들과 입소문으로 홍보해주는 사람들이 모두 유권자로만 구성된 경우, 후보자는 유권자들과만 '계속 게임'을 하게 된다. 따라서 당

* James P. Carse · *Finite and Infinite Games*, Free Press, 2013.
* John Nash, *Non Cooperative Games*, The annals of mathematics, 1951.

선 후 유권자를 배신하는 경우 후원금도 못 받고, 홍보도 안 되고, 다음에 공천도 받지 못하게 되므로 선출되지도 못한다. 그러나 후보나 정당이 거대 또는 과점 홍보매체나 거액 후원금을 제공하는 기업과는 계속 게임을 하는 관계이고, 유권자와는 일회성 게임을 하는 관계라고 전략을 설정하면 유권자와는 공약을 지킬 필요가 없게 된다. 그 대신 거액 후원금을 제공하는 기업이나 홍보 매체와는 약속을 철석같이 지키게 된다.

그렇다면 유권자나 시민들과의 관계를 일회성 게임으로 설정하는 사람들을 어떻게 골라낼 수 있을까? 심리학·정치학·경제학에서 두루 사용되는 용어로 '경로의존성'(Path Dependency)이라는 것이 있다. 타고난 성향에서든, 그 방법이 자신에게 이익을 가져다주어서든, 일단 선택의 갈림길에서 어떠한 선택을 한 사람은 추후 비슷한 상황에서 비슷한 선택을 할 것이 예측된다는 이론이다.* 정치인 중 특정인의 '계파'로 분류되는 사람들은 계파가 계속 거래 대상이기 때문에 유권자를 일회성 게임으로 볼 가능성이 높다.

공직자 중에서는 직업윤리 준수보다 인맥으로 성장해온 사람은 이해 충돌 상황에서 인맥이 계속 거래와 충성의 대상이기 때

---

* Jochen Koch, "Path Dependence in Decision-Making Processes: Exploring the Impact of Complexity under Increasing Returns," BuR-Business Research, 2009.

문에 직업윤리를 배신하고, 시민들 대신 인맥에 충성을 다할 가능성이 높다. 따라서 인맥에 의존해온 공직자를 고위직에 추천하고 임명하는 빈도가 높을수록 그 추천자나 임명권자 또한 향후 경로의존성 원칙에 따라 공약준수 사명, 직업윤리 대신 인맥을 더 중시하는 선택을 하게 될 확률이 높아진다.

또한 거대 또는 과점 매체가 대대적으로 홍보해주고, 거대 기업들로부터 후원을 받으며, 일반 유권자들로부터 십시일반 받는 후원금이 적은 후보자일수록 유권자들에게 한 공약을 준수할 필요가 없게 되고, 일반 후원금이 많거나, 선거에서 상대방을 주로 홍보하는 거대 매체가 집중적으로 공격하는 후보자일수록 유권자들에게 한 공약을 준수할 가능성이 높아진다.*

아울러 대한민국 대통령처럼 아예 다음 선거에 대통령으로 출마할 수 없거나,** 차회 또다시 출마할 생각이 없는 사람들은*** 현재 유권자와 관계가 일회성 게임이기 때문에 유권자들에게 한 공약을 준수할 필요가 없게 된다. 그러나 이러한 사람들도 퇴직 후 자신 또는 자신의 가족 등이 거대 기업, 과점 매체 등으로부터 후원을 받도록 하려고 유권자를 제외한 나머지 그룹과는 계속

---

* 「작년 국회의원 후원금 540억… 박주민, 3억 4585만 원 '최다'」(『한국경제신문』, 2018. 2. 27).
** 헌법 제70조 대통령의 임기는 5년으로 하며, 중임할 수 없다.
*** 「코로나 시국에…국회의장 외교부 장관보다 잦은 출국 '입방아'」(『일간경기』, 2021. 11. 21).

게임을 할 여지가 있다.

더 나아가, 대부분 최고위직 공직자는 퇴직 후 다시 동일한 직위에 임명되지 않을 것이기 때문에 인사청문회에서 한 서약이 일회성 게임이 되며, 따라서 약속을 준수할 필요가 없게 되고, 퇴직 후 로비스트로 활약할 자신과 계속 관계를 맺을 전 직장 후배들과만 계속 협력 관계를 유지하면 된다.* 또 자신의 직위를 종신직으로 만들면 그 순간 유권자들과는 게임이 끝나고, 더는 아무도 약속을 준수할 필요가 없게 되므로 기분을 나쁘게 만드는 사람들을 모조리 암살 또는 처형한 후 하고 싶은 대로 할 수 있게 된다.**

해방 직후 이승만 대통령은 당선된 뒤 노덕술·김창용 등 부역자들을 동원해, 매국노들을 단죄해 기회주의 문화를 뿌리뽑는 것이 목적이었던 반민특위를 와해시키고, 독립운동가들이 공직 경험을 쌓을 기회를 박탈했을 뿐만 아니라 독립운동가들은 체계적으로 탄압하면서 매국노들이 더 잘 살 수 있도록 해줌으로써*** 자

---

* 「인사청문회 출석한 ○오○ "검찰개혁 완수가 중요한 소임"」(『중앙일보』, 2021. 5. 26). 「○오○ "총장직 연연 않겠다… '검수완박' 반대"」(『연합뉴스』, 2022. 4. 11).
** 올레그 V. 흘레브뉴크, 유나영 옮김, 『스탈린』, 삼인, 2017, 160·188·236쪽 이하.
*** 송건호 외, 『해방전후사의 인식 1』, 한길사, 2004, 138·139·373쪽 이하; 강만길 외, 『해방전후사의 인식 2』, 한길사, 2006, 107쪽 이하; 조남준, 『반민특위전: 청산의 실패, 친일파 생존기』, 한겨레출판, 2019.

신이 계속 게임을 하는 대상이 누구이고, 제로섬 게임을 하는 대상이 누구인지 명확한 신호를 보냈다.

문재인 대통령은 대통령 비서실장 출신으로 청와대에서 함께 근무한 노무현 대통령이 구체적 범죄혐의 없이도 '논두렁 시계'라는 검찰과 매체의 선동으로 자살에 이른 비극적인 사건을 겪은 후 2012년부터 검찰의 수사 기능을 삭제하고 기소 기관으로만 두는 것을 공약으로 내세웠다.* 그러나 취임 직후 대기업 회장, 전직 국무총리 등 사회 유명 인사들과 많은 인맥을 맺은 배우자를 둔 검사를 중앙지검장과 검찰총장에 연이어 임명하고, 청와대 근무 인맥이 있던 검사를 검사 인사를 결정하는 법무부 검찰국장 직위에 임명하고, 취임 2년 차에 장인어른이 검사장이라는 인맥을 가진 40대 젊은 검사를 '통칭' 검사장 직위에 임명하는 등 인맥을 중시한 인사를 했다.

반면, 아무런 인맥이 없는 여성 검사로 앞서 언급된 40대의 젊은 검사와 연령이 비슷한 소신파 검사는 후배들보다 승진을 늦추거나 지방 한직으로 보내는 인사를 반복하거나, 대검찰청으로 발령하더라도 후배 아래 자리나 권한 없는 보직으로 배치함으로써 검찰청과 법무부 내에서도 직업윤리 대신 인맥에 충성하는

---

* 「대선공약으로 더 분명해진 검찰개혁」(『헤럴드경제』, 2012. 12. 3). 두 후보 공약 모두 일단 대검 중앙수사부 폐지, 검찰권의 수사와 기소를 분리.

것이 이익이라는 신호를 지속적으로 보냈다.

또한, 코로나19 확산 방지를 위한 영업제한 조치의 불이익을 직접 받은 자영업자들은 전년도에 비해 자산 대비 부채비율이 195.9%에서 238.7%로 42.8% 급등하는 등 빚으로 연명하는 상황을 보였고,* 2021년 연말 국가는 초과 세수입이 60조 원에 달했는데도** 자영업자들에 대한 직접 손실보상지원금 지급에 소극적이었다.*** 반면, 그 무렵 국내 대기업이 생산하는 무기를 수출해야 한다는 명목으로 중동 여러 국가를 방문했으나, 막상 계약 내용은 수출대금 자체를 국내 은행이 대출로 지급한 것으로 드러나**** 종국적으로는 세금으로 해당 대기업을 지원한 셈이 됐다.

그렇다면 왜 이런 현상이 발생할까? 단임이 예정된 공직자 또는 그 비서관들이 본질적으로 이윤을 우선시하거나, 윤리의식이 부족해서 이와 같이 유권자를 일회성 게임 상대로 취급할 수도 있지만, 몇 가지 심리 원칙이 더 작용하기 때문일 가능성이 높다.

우선, 고위 공직이 주는 권력은 뇌의 작동 방식을 변형시킨다.*****

---

* 신용상, 「국내 가계부채 리스크 현황과 선제적 관리방안 연구」, KIF 정책보고서, 2021. 12.

** 「'초과세수 60조' 기재부의 '엉터리 세수 추계'」(『경향신문』, 2022. 1. 13).

*** 「추경 14조 원이면 될까? 소상공인들이 원하는 건 "100% 손실보상"」 (『iMBC』, 2022. 1. 14).

**** 「K9 자주포 2조원 수출 계약… 이집트에 돈 빌려주고 맺었다」(『뉴데일리』, 2022. 2. 3).

***** Jeremy, "Hogeveen, Power Changes How the Brain Responds to

마그네틱 뇌파 관찰기(Transcranial Magnetic Stimulation)로 실험 대상자들의 뇌파 변화를 관찰한 결과 권력을 보유하고 행사하는 사람은 다른 사람에 대한 공감 영역이 현저히 비활성화되는 것으로 나타났다. 즉, 원래는 서민들에게 공감했지만 권력의 크기가 커질수록 서민들과 공감하는 기능이 감소하게 된다는 의미다.

다음으로, 인맥이 많은 사람이 단순히 더 좋아 보였을 수도 있는데, 통상 '후광효과' 중 하나로 분류된다. '후광효과'는 돈·인맥·배경 등 사회적 긍정 요소로 작용하는 요건들을 많이 갖춘 사람들을 더 높이 평가하게 된다는 심리 원칙을 의미한다.*

또 적절한 빈도로 자주 접할수록 더 호감을 가지게 되는 반면 너무 자주 접하게 되면 반감을 가지게 되는 심리 원칙이 있는데,** 대기업 운영자나 과점 매체 관련자들을 모아 하는 오찬·만찬 등은 연 단위로 한두 번 개최되는 반면 서민들은 매일 서로 다른 민원을 제기하기 때문에, 서민들에 대한 반감과 특히 초대되어 만

Others," *Journal of Experimental Psychology*, 2014.

 * Richard E. Nisbett, "The Halo Effect: Evidence for Unconscious Alteration of Judgments," *Journal of Feisonality and Social Psychology*, 1977.

** Rick Crandall, "Field Extension of the Frequency-Affect Findings," *Psychological Reports*, 1972; P. G. Hunter, "Interactive effects of personality and frequency of exposure on liking," Semantic Scholar, 2010.

찬, 오찬을 나누는 대상들에 대한 호감이 증가할 수도 있다. 끝으로, 심리적 성차별과도 매우 중요한 연관이 있는데, 여성은 외모가 뛰어나야 더 나은 대우를 받을 가능성이 높아지는 현상이 있고, 남성은 능력을 평가하는 데 외모가 큰 영향을 미치지 않는다.[*]

결국, 일회성 게임을 하는 공직자라도, 미리 계획해두거나 섭외해두지 않은 암행 민정시찰로 실제 서민들의 삶을 더 자주 실감할수록 유권자와 한 약속을 더 잘 지키게 될 것으로 예상할 수 있고, 여성 공직자 선출 기준이 외모일수록 일반 심리 원칙과 권력법칙에 순응해 공약을 더 무시할 개연성이 높아진다고 할 수 있다.

결국, 선거가 다가올수록 누가, 어떤 정당이 인맥 의존 대신 서민들과 소통을 통한 미담이 더 많은지, 여성을 단순히 '꽃'으로 취급해서 예쁜 사람만 내세우는지 꼼꼼히 검토하는 것이 정치인·공직자들로부터 배신당할 가능성을 줄이는 계기가 될 것이다. 또한 직전 선거에서의 공약이 이행되지 않았으면 유권자도 해당 정당을 일회성 게임의 상대방으로 취급하고 관계를 종결하는 방법이 내시 균형에 따른 최적의 선택이 될 수 있다. 그러나 이러한 유권자들의 전략은 제한적인데, 양당제 아래서는 '우리'

[*] Tonya K. Frevert, *Physical Attractiveness and Social Status*, Sociology Compass, 2014.

와 '그들'로 나누어 스포츠를 하듯 '분열주의'를 강화하는 정당의 전략이 매우 강력한 효과가 있기 때문이다.*

통상 '분열주의'의 레토릭은 "그래서 쟤네가 되면 좋겠어?"라는 방식으로 표현되며, '팀 내 단합'을 강조한다. 그럼에도 정치철학자 레셰크 콜라코스키가 남긴 명언 '정치에서는 속았다는 변명이 통하지 않는다'(In politics, being deceived is no excuse)를 항상 명심하는 것이 필요하다.**

귀찮아야 민주주의고 꼼꼼해야 속지 않는다.

---

* Sean J. Westwood, "The tie that divides: Cross-national evidence of the primacy of partyism," *European Journal of Political Research*, 2018. Amy Chua, "The threat of tribalism," *The Atlancit*, 2018.
** Timothy Snyder, *On Tyranny, Twenty Lessons from the Twentieth Century*, Bodley Head, 2017.

14. 어떤 정당이 약속을 안 지킬까

현재 대한민국에서 '정당'은 "국민의 이익을 위하여 책임 있는 정치적 주장이나 정책을 추진하고 공직선거의 후보자를 추천 또는 지지함으로써 국민의 정치적 의사형성에 참여함을 목적으로 하는 국민의 자발적 조직"으로 정의된다.*

역사적으로는, '정당'이 "국가와 개인 사이에서, 국가화된 개인 또는 국가 내 국가의 형식으로 국가에 의한 폭력에 대하여 투쟁을 벌이는 집단"**이라고 보는 견해가 있다.

이 책에서는 두 가지 정의를 모두 염두에 두고, 어떠한 선거에서 특정한 공약을 내세우고 공직자를 배출하여 의사를 결정할 수 있는 지위를 확보하고도 고의적으로 약속을 지키지 않고 배신하는 정당이 발생하는 세 가지 대표적인 이유에 대해 탐구해 보기로 한다.

* 정당법 제2조.
** 로베르트 미헬스, 김학이 옮김, 『정당론』, 한길사, 2015, 30쪽.

우선, 약속을 지키더라도 추가적으로 돌아오는 이익이 없을 경우에는 배신의 인센티브가 크다.

통상 '초한지'(楚漢志)라고 불리는 전쟁담은 사마천의 『사기』(史記)를 원전으로 한다. 『사기』 중 「세가」(世家)편에는 '유후세가'(留侯世家)라고 장량에 대해 다루는 편이 등장한다.

중국은 기원전 443년까지를 춘추시대, 기원전 221년까지를 전국시대라고 부르는데, 전국시대에는 진(秦), 초(楚), 위(魏), 한(韓), 제(齊), 연(燕), 조(趙) 등 7국가가 철기의 발달을 기반으로 강력한 무기를 만들어 서로 견제하던 시기이고, 그중 군사적으로 가장 발달한 진나라가 기원전 221년에 13세 나이로 즉위한 임금 정이, 집권 17년 만에 6국을 모두 정복해 통일국가를 이룬다.*

진왕 정은 중국을 통일하면서 자신의 직위를 과거 3황 5제에 빗대 '황제'로 바꾸고 사상까지 통일하기 위해 당시까지 작성된 모든 철학 서적을 불태우고 학자들을 생매장하는 '분서갱유'(焚書坑儒)의 탄압 정책을 실시하고, 만리장성 축조 등 가혹한 수탈을 통해 대규모 토목공사를 추진하는 바람에 점령된 각국의 반란 운동을 초래했다.

장량은 한(韓)나라 사람으로, 이 무렵 진시황 암살을 위해 자객을 동원했다가 실패한 후, 토목공사에 인원을 동원하는 업자

* 조좌호, 『세계문화사』, 박영사, 1994, 135쪽.

였다가 반란을 일으키기로 한 유방을 만나 반란에 가담하기로 한다.

그 무렵 초(楚)나라 장군 가문 출신인 항우는 초나라 왕족 출신 인물을 회왕으로 옹립했는데, 회왕은 항우와 유방에게 진나라 수도였던 관중(關中)을 먼저 점령하는 팀에게 우선권을 주겠다고 약속했다.

당시 항우는 숙부로서 참모와 비서 역할을 동시에 하던 항백을 곁에 두고 있었다.

희왕의 약속에 따라 유방은 장량·한신·소하 등의 도움을 받아 군사 10만 명으로 관중에 먼저 무혈 입성했다.

뒤늦게 유방이 관중에 먼저 입성했다는 소식을 전해들은 항우는 진심으로 항우가 패권을 장악하기를 희망하는 군사고문 범증의 조언을 받아, 군사 40만 명을 동원하여 관중을 포위하고 무력 시위를 벌인 뒤 유방을 습격하여 관중을 다시 빼앗기로 계획했다.

이때 항우의 삼촌으로서, 조카인 항우의 절대적인 신뢰를 받고 있던 항백이 항우의 계획을 유방에게 몰래 알려준다.

수적으로 도저히 항우를 대적할 수 없었던 유방은 항우에게 투항하기로 하고 일단 파촉으로 후퇴한다.

그러나, 유방은 후퇴 직후부터 다시 군사력을 키워 다시 관중으로 진출해 항우와 전쟁을 벌이는데, 항우와 유방이 '사면초가'

(四面楚歌)라는 일화를 남긴 최후의 전투를 벌일 때 항백은 항우를 버리고 유방에게 투항하고, 유방이 다시 천하를 통일하여 한(漢)나라를 건국하자, 항우를 배신한 공로를 인정받아 사양후(射陽侯)에 봉해지고, 유씨 성을 하사받는다.*

'유후세가'에서는 항백이 유방에게 항우의 기습 작전을 미리 알려준 이유에 대해, 그전에 유방의 가신인 장량이 항백에게 은혜를 베푼 것을 갚기 위해서라고 설명하지만 항우가 마지막 전투에서 혈혈단신으로 분투할 때 항우를 배신하고 유방에게 귀의한 사실에 비추어볼 때 은혜를 갚거나 의리를 지키는 타입이라고 보기는 어렵다.

그러한 성향 외에도 항백이 두 차례나 배신을 선택한 이유는, 항백과 항우의 특별한 혈연관계 때문이었다.

즉 아버지가 이미 사망하고 전쟁에서 활용할 만한 형제가 없는 항우에게는 항백이 유일하게 의지할 수 있는 친족이었기 때문에, 항백은 초나라 내에서의 지위가 보장되어 있었다. 이 경우 항우를 계속 도와주더라도 지위가 변하지 않는다. 그러나, 유방도 도와주게 되면 항우가 패배할 경우 유방으로부터 공로를 인정받아 재산과 봉록을 추가로 더 챙길 수 있게 된다.

현재 대한민국의 정당도 항백과 비슷한 포지션에 있다.

* 김영문,『제왕의 스승 장량』, 더봄, 2021, 140쪽 이하.

다른 모든 조직이나 기구와 마찬가지로 정당이 운영되기 위해서도 비용이 필요하다.*

대한민국의 정당은 당원들로부터 수령하는 당비 외에도 후원금, 기탁금, 국고보조금, 부대수입 등 별도의 수입원이 다양하게 구성되어 있다.**

당비는 다음 항목에서 서술할 바와 같이 당원들을 심리적으로 고양시키기만 하면 지속적으로 받아낼 수 있는 자금이라서 항백에게 있어 항우와의 관계와 같다.

그래서, 실적과 무관하게 계속 받을 수 있는 당비 외에 추가로 특정한 행동으로 얻을 수 있는 수입이 있다면 그 수입이 인센티브가 된다. 이러한 추가 수입에는 '공약을 지키지 말아달라'는 요청과 함께 지급되는 후원금, 기탁금이 포함된다.***

예컨대, 국가의 형사처벌권력 분산을 위해 검사들이 수사개시와 수사종결 및 기소와 공소취소를 동시에 할 수 있도록 규정되어 있는 법률에서, 기소와 공소유지만 담당할 수 있도록 하고, 수사는 전적으로 경찰이 담당하도록 하는 법률(이하 '검사정상화법')을 제정하겠다는 공약을 내세운 정당이 있다고 하자.

---

* 에밀 뒤르켐,『사회분업론』, 아카넷, 2012.
** 정치자금법 제3조.
*** 피터 스와이저, 이숙현 옮김,『정치는 어떻게 속이는가』, 글항아리, 2015, 57·103·141·161쪽 이하.

이 정당은 이러한 공약을 내세움으로써 신규 당원들을 대규모로 확보하고, 공직 선거에서 다수의 후보들을 당선시킬 수 있다. 그렇게 되면 당비가 증가하고, 당선된 후보의 수에 비례하여 지급되는 보조금을 많이 받을 수 있다.

그러나, 전직 검사들은 현직 검사들이 아무나 무작위로 수사를 개시하면 연간 수백억 원씩 받고 변호사로 선임되어 로비를 통해 수사를 무마시킬 수 있기 때문에 검사정상화법이 제정되면 현저한 타격을 입게 된다.

이때 전직 검사들이 검사정상화법 공약 취소를 부탁하면서 후원금을 지급할 때 정당으로서는, 공약 이행을 늦출 경우 후원금도 받을 수 있게 된다.

공약 이행을 늦추는 이유는, 다음 선거 직전에 다시 동일한 공약을 내세우면 신규 당원을 더 확보하여 더 많은 당비를 받을 수 있고, 공약 취소를 부탁하는 후원금도 받을 수 있기 때문이다.

이렇게, 정당이 공약을 이행해도 아무런 재정적 이익이 없고, 오히려 이행하지 않을 때 추가 이익이 발생하는 경우 정당은 사기 '유후세가' 또는 초한지에 등장하는 항우의 삼촌 항백처럼 배신하기 쉽게 된다.

이제, 정당이 공약을 지키지 않는 두 번째 이유를 살펴보자.

정당 차원에서 공약을 지키지 않는 두 번째 이유는, 과두정을 형성하면 공약을 지키지 않아도 아무런 불이익이 없기 때문이다. 과두정이란, 두 개의 정당이 번갈아가면서 의회의 과반을 차지하거나 대통령을 배출하는 정당 체계를 의미한다.

히틀러는 1933년 7월 독일에서 공산당을 불법단체로 만들어 그때부터는 반공산당 투쟁을 벌임으로써 1차 세계대전의 패배에 대해 설욕하고자 하는 팽창주의 정책에 대한 국민들의 불만을 외부의 탓으로 돌릴 수 있게 됐다.

한편, 스탈린도 1928년부터 시작된 5개년 계획에 따라 러시아를 공업화했지만 농업 인구의 공장 이전에 따른 기근 문제를 해결하지 못하게 되고, 공장에서 일하는 인구를 우선 먹여살리기 위해 우크라이나 지역의 곡물을 대량으로 수탈해 도시로 보냄으로써 독일과 러시아 사이에 놓인 국가들의 기근도 심해졌다.

그러자 스탈린은 외국 출신 불평분자들이 러시아 전복 음모를 꾸미고 있다고 선전하기 시작하고, 각 마을 단위로 '내무인민위원회'라는 3인 체제의 간이즉결재판소를 설치해 공포정치를 시작했다.

이후, 히틀러와 스탈린은 원래 왕정이었다가 1936년 선거 결과에 따라 공산당 중심의 공화국이 된 스페인에서, 군인이던 프랑코가 쿠데타를 일으키자 히틀러는 프랑코 반군을 지원하고, 스탈린은 공화국을 각각 지원하면서 전쟁에 참여했고, 2년 뒤인 1938년 반군의 승리로 종결되었다.

이로써, 히틀러는 1차대전 패배로 인한 국제제재로 의기소침해 있던 독일인들에게 군사적 팽창정책의 성과를 알려주고, 공산주의(좌파 파시즘)를 대대적으로 적으로 몰아 내부 단속을 더 철저히 할 수 있었다.

반면, 스탈린은 그렇지 않아도 대규모 공업화에 따른 기근과 식량부족 문제가 해결되지 않던 터에 스페인 내전 지원에 국고를 사용하면서 패배한 것을 트로츠키파가 나치즘(우파 파시즘)과 내통했기 때문이라고 선동하면서 내부 단속을 할 수 있었다.

그러나, 히틀러와 스탈린은 스페인 내전 종결 1년 만인 1939년 8월 말 각국 외무장관인 몰로토프(소련)와 리벤트로프(독일)로 하여금 독일과 러시아가 폴란드를 동서로 분할해서 차지하되, 상호 침략하지 않는다는 밀약을 체결하고, 곧바로 폴란드를 무력으로 분할 점령하고, 유대인들을 살인했을 뿐만 아니라 폴란드 내 주요 지역들을 유럽 유대인 살인 캠프로 활용했으며, 폴란드 내 지식인들을 모두 색출하여 시베리아 유형소로 보내거나 처형했다.

폴란드 시민들이 앉아서만 당한 것은 아니었고, 서유럽에 망명 정부를 설치하고 가장 먼저 레지스탕스를 만들어 저항 운동을 시작했으며, 유럽에서는 가장 큰 규모였다.

히틀러는 폴란드 점령 다음 해인 1940년 6월에 서부전선 개전 6주 만에 프랑스를 점령한 직후 영국과의 공중전에서 진전이 없게 되자 1941년 봄부터는 러시아를 향한 동부 전선을 재개해서

유고슬라비아를 점령하고, 6월 22일부터는 겨울 전 승리를 목적으로 모스크바를 향한 공격을 시작했는데, 그 과정에서 점령국 국민들을 공격대의 군인으로 활용했다.

나중에 스탈린이 서서히 반격해 나오면서 독일 점령지를 러시아 점령지로 바꿨는데, 히틀러와 마찬가지로 점령국 시민들을 총알받이로 쓰고 군인으로 활용했다.

그와 같이 러시아 침공이 약 3년간 지속되는 동안 스탈린은 독일이 점령 중인 폴란드 내 레지스탕스의 저항을 부추기고 도와줄 것과 같은 신호를 지속적으로 보냈다.

그러나, 스탈린은 막상 레지스탕스가 봉기를 일으키자 주모자가 누구인지만 확인한 채 전혀 도와주지 않았고, 독일이 폴란드 레지스탕스 소탕에 전력을 소모하기를 기다리다가 서서히 폴란드를 점령했다.

그리고, 점령 후 미리 파악해둔 폴란드 레지스탕스 지도자들을 잡아 처형했다.*

『삼국지』가 전 세계적으로 널리 알려진 이유, 로마 공화정 말

---

* 티모시 스나이더, 함규진 옮김, 『피에 젖은 땅』, 글항아리, 2021; 디트릭 올로, 문수현 옮김, 『독일현대사』, 미지북스, 2019; 앤터니 비버, 김규태·박리라 옮김, 『제2차 세계대전』, 글항아리, 2017; 이안 커쇼, 이희재 옮김, 『히틀러』 II, 교양인, 2010; 올레그 홀레브뉴크, 유나영 옮김, 류한수 감수, 『스탈린』, 삼인, 2017; 앤터니 비버, 김원중 옮김, 『스페인 내전』, 교양인, 2019.

기에 두 차례에 걸쳐 삼두정치가 실시된 이유, 계몽시대 철학자 몽테스키외가 현재 미국과 우리나라의 정부 형태인 3부제를 주장한 이유는, 두 파벌만 존재하고, 거의 대등한 힘으로 담합할 때에는 입헌정치제의 기초인 시민들의 인권과 재산권이 침해될 우려가 높기 때문이었다.

독일과 러시아 사이인 중부 유럽에는 폴란드 외에도 루마니아, 체코, 유고슬라비아, 헝가리, 우크라이나, 벨라루스, 핀란드, 에스토니아, 라트비아, 리투아니아 등 많은 국가들이 있다.

이들은 민족의 기원이 다르고 사용하는 언어도 달라 쉽게 연합할 수 없었기 때문에 유럽의 대국인 독일과 러시아의 군사력에 대항해 하나로 연합하기 쉽지 않았다.

그러나 거대 군사력을 보유한 독일과 러시아는 편의에 따라 상대편을 악마로 만들기도 하고 아무도 몰래 밀약을 맺을 수도 있었으며, 심지어는 어려운 처지에 있는 국가를 적극적으로 도와줄 것과 같은 태도를 보이고서 주도자만 파악한 후 붙잡아 처형하기도 했다.

국가의 선출직 공직자 배출 자격이 양당 사이에서 오고 가는 '정당 과두정'이 실시될 경우 양당은 시민들을 중부 유럽의 각 국가들처럼 착취나 이용의 대상으로 삼기 쉽다.

선거에서 당선 가능한 후보자를 배출 가능한 정당이 우파 파시즘(나치즘) 및 좌파 파시즘(공산주의)의 스펙트럼 중간에서 대립할 경우 각 정당 지도자들이 서로 상대방을 악마화하기만 하면, 서로 영원히 변하지 않는 과두정을 실시하면서 번갈아 시민들의 고혈을 짜낼 수 있게 된다.

그러한 현실을 깨달은 시민들은 독일이 폴란드 레지스탕스를 박멸하고, 러시아가 폴란드 레지스탕스 지도자들을 색출해서 처형했듯이, 과두정당인 양당 공동의 적이 되기 쉽다.

다시 법안의 예를 들어보면, 범죄자의 취급과 관련하여 권력이 수사·기소·재판 3권으로 분리되면 그만큼 시민들이 안전해지지만 '수사+기소'와 재판 2권으로 분리되면 2권의 담합이 쉬워지기 때문에 시민들이 희생된다.

한 정당은 2권 유지를 주장하고, 다른 정당이 3권 분리를 주장하다가 당선 이후 공약을 지키지 않는 이유는, 2권 유지가 자신들이 희생시키고자 하는 폴란드 레지스탕스를 쉽게 제거할 수 있는 방법이기 때문일 수 있다.

결국, 주요 정당이 두 개로 과두정이면 러시아와 독일이 스페인 내전 당시 서로 앙숙처럼 활동하다가 몰래 폴란드를 분할 점령하는 합의와 상호 불가침조약에 서명했듯이, 약속을 전혀 지키지 않아도 정당의 유지와 존속에 아무런 어려움이 없게 된다.

끝으로, 정당이 약속을 지키지 않을 수 있는 이유는 정치 지도자를 종교현상처럼 개인숭배에 활용할 수 있기 때문이다.

갈리아와 브리타니아를 정복하여 로마에 복속시킴으로써 로마 영토를 그 이전 그 어느 시대보다 넓혔던 율리우스 카이사르는 당시 로마의 통치 구조를 원로원이 추구하던 귀족정 대신 1인이 통치하는 황제정 형태로 변형시키려다가 원로원 의원들에게 암살당했다.

카이사르의 암살은 로마 시민들에게 엄청난 충격을 주었고, 외국을 점령해 노예와 물건을 들여옴으로써 로마를 부유하게 만든 카이사르가 수십 군데 칼에 찔려 처참한 시체로 남은 모습을 본 로마 시민들이 분노하기 시작했다.

그러자, 카이사르의 양아들인 옥타비아누스(아우구스투스)와 정치적 계승자인 안토니우스가 사망한 카이사르를 기리는 로마 시민들의 심정을 이용해 원로원파를 숙청하고 권력 다툼을 벌이다가 옥타비아누스가 최종 내전에서 승리함으로써 황제가 다스리는 로마 제국을 개시했다.

심지어 로마 시민들은 카이사르가 사망한 해부터 카이사르의 생일이 있는 달인 7월을 '줄라이'(July)라고 칭하면서 카이사르를 숭배하기 시작했다.

그 이후 카이사르의 일거수일투족은 무수한 역사서, 문학작품, 예술작품으로 되풀이되어 재현되었으며, 카이사르의 후손들에 의한 1인 지배의 황제정이 정당화되었다.*

* 시오노 나나미, 김석희 옮김, 『로마인 이야기 6』, 한길사, 1997, 313쪽 이하.

카이사르뿐만이 아니다.

나폴레옹 보나파르트는 프랑스의 식민지이던 코르시카에서 태어난 흙수저 군인이었는데, 민주주의를 위한 프랑스 혁명 개시 10년 만인 1799년 독재정인 제1통령으로 취임했고, 그 직후 오스트리아와의 전쟁에서 승리한 후 통령 취임 2년 만인 1801년에 종신 통령으로 부임했고, 3년 후인 1804년에는 황제로 취임했으며, 1806년에는 현재의 독일인 프러시아와의 전쟁에서 승리해 1,000년이나 지속된 신성로마제국을 무너뜨리는 등 유럽 각국에 대한 정복 활동을 벌여 프랑스의 영토를 사상 최대로 넓힌 뒤 결국 러시아, 영국과의 전쟁에서 패해 유배되었지만, 통치 기간 중 현재까지 거의 모든 문명국가에서 활용되는 민법을 제정하여 유럽 각국에 전파한 공로와 흙수저 출신에서 황제의 자리까지 쟁취한 입지전적 전설로 숭배의 대상이 되었기에, 왕정복고와 제2공화정을 거쳐 그 조카 나폴레옹 3세가 다시 황제로 취임할 수 있었다.*

나폴레옹도 끝이 아니다.

미국에서는 케네디 대통령의 아들 JFK 주니어가 특별한 업적도 없이 그 아들이라는 이유로(물론 훤칠한 미남이기도 했다) 민

---

* 앙드레 모루아, 신용석 옮김, 『프랑스사』, 2020, 김영사, 630쪽 이하; 에밀 졸라, 유기환 옮김, 『패주』, 문학동네, 2021, 53쪽 이하.

주당 대통령 후보 물망에 끊임없이 올랐고,* 부시 대통령의 아들들은 주지사를 하다가 한 명은 대통령까지 당선되어 재선을 했다.

특히, 대통령직을 세습한 아들 부시는 증거를 조작하여 외국을 침략함으로써 시민들의 세금을 무기상들과 석유회사들의 금고로 옮기는 과오를 저지르기도 했다.**

진화생물학은 인류 초기의 문화적 현상이 현세대까지 진행될 경우 그것을 '적응'이라고 부르면서 인류의 본성으로 이해한다.***

인류의 '적응' 중 가장 많은 논의의 대상이 된 것은 종교인데, 인류학자와 진화생물학자뿐만 아니라 사회학자들도 종교가 인류의 '숭배본능'이 표현된 것으로 본다.****

'숭배본능'이 일신교와 결합하게 되면 동일한 목적을 추구하는 타인의 존재를 용납하지 않으며, 타인을 저주하기 위해 공포를 동원하고, 이성 대신 감성에 호소하면서 '배타주의'로 변하는 성질이 있다.*****

  * "JFK Jr. might have been president"(RoseMarie Terenzio, ABC news, 2019).
  ** Dude, *Where's my country?*(Michael Moore, Warner Books, 2004), p.53 이하.
  *** 에드워드 월슨, 이한음 옮김, 『인간 본성에 대하여』, 사이언스북스, 2011, 58쪽 이하.
  **** 루트비히 포이어바흐, 강대석 옮김, 『종교의 본질에 대하여』, 한길사, 2006, 75·91·325쪽 이하.
  ***** 루트비히 포이어바흐, 강대석 옮김, 『기독교의 본질』, 한길사, 2008,

우리나라에서도 2019년 9월경 법무부장관 인사청문회를 앞두고 수사·기소·재판의 분리를 추구한 장관에 대해 70여 군데를 압수수색하면서 그 사실을 미리 언론에 공개하는 등 하나의 정치집단으로 활동한 국가기구의 권력을 제한하겠다는 공약을 내세운 집단이 있었고,* 이러한 공약은 유권자들로 하여금 다분히 2009년경 비슷한 방법을 사용하여 자살에 이르게 한 전직 대통령과 같은 비극을 되풀이하지 말아야 한다는, 종교에 가까운 감정을 불러일으켰으며, 결국 개별 후보자들이 구체적으로 어떤 투표 전력을 보였는지 확인되지 않은 상태에서 180석으로 의원 총수의 61%를 차지하게 되었다.**

대한민국은 국회의원 정수 과반의 출석과 출석 과반으로 법률안을 의결할 수 있으므로, 해당 정당은 약속한 내용을 즉시 실천할 수 있었다.***

그러나, 이 정당은 선출 직후부터 '협치'를 주장하면서 형사절차를 수사-기소-재판의 3권으로 분립하는 입법을 마무리하지

306쪽 이하.

* 「21대 총선 법조관련 공약은 민주당 사법개혁 완수」(『법률신문』, 2020. 4. 9).

** 「민주·시민, 21대 총선 180석 확보… '슈퍼여당' 탄생」(『연합뉴스』, 2020. 4. 16).

*** 헌법 제49조 국회는 헌법 또는 법률에 특별한 규정이 없는 한 재적의원 과반수의 출석과 출석의원 과반수의 찬성으로 의결한다.

않았다.*

이처럼, 정당 및 기타 정치조직은 상징적 인물을 숭배의 대상으로 내세울 경우 쉽게 유권자들을 속일 수 있게 된다.

귀찮아야 민주주의고, 꼼꼼해야 속지 않는다.

* 「박병석에 달린 검수완박 운명 '협치 카드' 내미나」(『서울신문』, 2020.
4. 20).

15. 리얼돌, 이브, 성모 마리아

성경은 어느 나라 언어로 구술되고 어느 나라 언어로 문자화되었는지 알기는 어려우나 처음에는 히브리어로 기록되었다가 그 후 그리스어와 라틴어로 번역되었으며 이어 독일어, 영어, 프랑스어 등 세계 각국의 언어로 번역되었다.* '번역'이라는 단어가 의미하듯 번역 과정에서는 두 언어를 아는 누군가가 나머지 한 언어를 모르는 사람들이 모르게 말을 덧붙이거나 뺄 수 있다. 그렇기에 국어로 된 성경도 어떤 부분의 말을 바꿨는지, 뺐는지, 더했는지 알려면 다른 언어로 된 성경도 함께 보아야 한다. 여기서는 관주 성경전서(재단법인 대한성서공회, 1982), KJV(Holman Bible Publishers, 2010)에서 인용한다.

그리스나 로마의 신이 각자 영역이 있는 것과 달리 성경의 신은 남자이고, 어두운 곳에서 혼자 살며, 전지전능하다. 하느님은

---

* 존 드레인, 서희연 옮김, 『성경의 탄생』, 옥당, 2011, 31·42·54·432쪽; 카렌 암스트롱, 정영목 옮김, 『축의 시대』, 교양인, 2010, 648쪽 이하.

어느 날 너무 깜깜해서 빛을 만들었다. 그러고 나서 남자를 만들었는데, 남자 혼자 있는 것이 보기에 좋지 않자 남자를 마취시킨 뒤 갈비뼈를 하나 뽑은 다음 그 자리를 단백질로 메우고 봉합했다. 그리고 뽑아낸 갈비뼈로 여자를 만든 다음 남자가 여자와 한 몸이 되겠다며 마음대로 할 권리(cleave)를 주장하는 것을 지켜보면서 아무런 제지도 하지 않았다.* 그리고 그 과정에서 남자는 여자의 동의를 받지 않았다.

앞에서 우리는 강제적으로 발생하는 성적 접촉이나 삽입 행위를 처벌하는 이유가 상대방의 자율권, 즉 성적 자기결정권을 침해하기 때문이라는 것이 현대 법률학의 대체적 의견임을 살펴보았다. '자기결정권'은 자기 일을 스스로 결정하는 것이 원칙이고, 다른 사람이 상대방 신체에 접촉하거나 생명에 영향이 있는 행위를 하려면 그 상대방 허락을 얻어야 한다는 기본 원칙을 의미한다.

현대를 살아가는 우리는 내시경을 할 때 수면제를 사용할지에도 동의서를 내고, 수술하려고 신체를 절개할 때도 동의서에 서명해서 내가 내 신체에 대한 침해를 허용한다는 의사를 명확히 한다. 이런 동의 과정이 없으면 긴급한 수술이 아니었을 경우 의료사고가 발생했을 때 의사는 '업무상과실치상'이라는 죄명으로

* 창세기 1:1-2:24.

형사처벌을 받고, 예기하지 못한 손해를 입은 환자나 유족들에게 손해배상 책임도 지게 된다. 2018년에는 환자의 동의 없이 폐를 절제한 의사에게 11억 원을 배상하라는 민사재판 판결이 선고되었을 뿐 아니라 형사재판에서도 유죄가 인정되었다.[*]

그런데 창세기의 하느님은 아담의 동의도 없이 아담을 마취시키고, 아무 설명도 없이 갈비뼈를 꺼낸 뒤 칼슘으로 구성된 뼈가 있어야 할 자리를 단백질로 채워 넣어 외부의 충격에 버티기 어렵게 만들어 놓았다. 물론 그리스나 로마의 신들도 마찬가지이지만 그들은 그야말로 '이야기'에 불과할 뿐 아무도 진지하게 받아들이지 않는다는 점에서 성경의 경우와 차이가 있다. 그래서 전 세계 곳곳에서 진지하게 받아들여지는 성경을 들어 우리 이야기를 계속하려고 한다.

하느님은 아담을 마취시킨 뒤 갈비뼈를 꺼낸 데서 더 나아가 그 갈비뼈로 여자를 만들었다. 그 뒤에는 여자에게 남자와 한 몸이 되라고 종속시켜 버렸는데, 그 과정에서 여자의 의견은 물어보지도 않았다.

앞서 메소포타미아 지역에서 여성을 독립된 인격체로 보지 않을뿐더러 아버지와 사위 사이의 거래 대상으로 보고 그 거래를 침해하는 사람들을 처벌하는 법률을 두었다는 사실을 살펴보았

---

[*]「환자 동의 없이 폐 절제한 의사, 11억 배상 이어 형사재판도 유죄」(『머니투데이』, 2021. 8. 15).

는데, 성경이 그러한 법률이 발생한 경위를 문화적으로 보여주는 자료가 되는 것이다.

그런데 여기서 끝이 아니다. 소돔이라는 마을에 사는 아브라함의 조카 롯에게 남자 천사 두 명을 보냈는데, 마을 남자들이 천사 두 명과 사귈 수 있게 해달라고 하자 그 천사들은 하느님의 허락을 받아 마을 전체를 뒤집어버리고 남녀노소 할 것 없이 주민들을 모두 죽였다.* 동성애를 하게 해달라고 부탁한 것이 마을 주민 전체를 죽일 만한 일일까?

우리 헌법에는 '연좌제'를 금지하는 규정이 있다.** 하물며 친족의 행위로도 불이익을 받지 않도록 되어 있는데, 자기와 아무 관계가 없는 마을 사람이 동성애를 요청했다는 이유로 갓난아기들을 포함한 마을 사람 전부를 죽이는 것이 과연 타당할까?

이런 사례는 또 있다. 하느님은 소돔을 멸망시키기 직전에 롯과 롯의 아내, 두 딸을 탈출하게 했는데, 뒤돌아보지 말라고 했는데도 뒤돌아보았다면서 롯의 아내를 소금 기둥으로 만들어 죽였다.*** 어떤 납득할 수 없는 명령이라도 절대적으로 복종하지 않으면 죽여버리는 것으로 대응하는 태도다.

---

* 창세기 19:1-25.
** 헌법 제13조 ③ 모든 국민은 자기의 행위가 아닌 친족의 행위로 인하여 불이익한 처우를 받지 아니한다.
*** 창세기 19:18-26.

이렇듯 아무에게도 해가 되지 않을 듯한 행위를 하지 말라고 해놓고 하면 벌을 주는 사례는 그 앞부분에도 나온다. 에덴동산에 과일나무를 몇 그루 심은 뒤 선악과는 먹지 말라고 하고서는 선악과를 먹었다는 이유로 이브에게는 임신과 출산으로 고통을 줄 것이며, 이브의 욕망은 아담만을 향할 것이고 아담의 지배를 받을 것이며, 두 사람의 자손들은 영원히 서로 반목하게 만들겠다고 저주한다.*

여기서 끝이 아니다. 이집트에서 이스라엘 사람들을 데리고 탈출한 모세에게는 다음과 같이 말한다. "유부녀와 간통하는 사람, 동성애를 하는 사람은 모두 죽여야 하고, 근친상간하는 사람들은 공개적으로 잘라서 죽여야 한다.** 그런데 하느님 자신은 요셉이라는 남자와 결혼한 유부녀인 마리아나 요셉에게는 물어보지도 않고 요셉이 자는 사이에 마리아를 임신시켰다.*** 그리고 아내가 소금 기둥이 된 후 롯이 두 딸과 근친상간을 해서 딸들에게서 각각 모압과 벤자민이라는 아들을 출산했는데도 아무런 응징을 하지 않았다.

하지 말라는 행위를 하는 사람들로 묘사된 사람들이 여성인 이브, 롯의 아내 등인 것과 마찬가지로 근친상간을 하는 사람들

* 창세기 3:6-16.
** 레위기 20:10-17.
*** 마태복음 1:1-25·2:1.

은 롯에게 술을 먹여 재워놓고 성관계를 하는 롯의 딸들이다.*
신앙인들에게는 신앙생활의 이유가 있겠지만 무신론자나 종교
가 다른 사람들에게 성경은 지나치게 독단적이고 잔인하며, 다
른 사람의 성생활에 과도한 관심을 기울이고, 부적절한 행위의
원인은 항상 여성이라는 암시로 가득할 뿐 아니라 여성은 독자
적인 인격이 아니라 남성에게 부속된 존재라고 적어놓은 문서로
보인다.**

거기서도 끝이 아니다. 사람을 만들고 몇 세대가 지난 뒤 세상
을 내다보니 너무 부패하고 폭력적이어서 한 가족과 그 가족이
가져온 동물 몇 마리 빼고는 지구상에 사는 사람과 동물을 모두
죽인다.*** 무엇이 문제인지 구체적으로 살펴보지 않고 특정인의
가족과 가축을 제외한 인류 전체와 동물 전체를 수장하는 일이
오히려 가장 폭력적인 행위 아닐까.

이제 본격적으로 이 글의 주제를 이야기를 시작할 때가 되었
다. 최근 우리나라에서는 실리콘 등의 재료로 사람의 모습과 질
감과 질량을 거의 그대로 재현한 인형의 수입을 둘러싸고 분쟁
이 벌어졌다. 문제의 원인은 관세법 규정의 해석과 인형의 용도

---

* 창세기 19:31–38.
** 리처드 도킨스, 이한음 옮김, 『만들어진 신』, 김영사, 2007; 프리드리히
   니체, 박찬국 옮김, 『안티크리스트』, 아카넷, 2013.
*** 창세기 6:1–7:24.

였다. 쟁점이 된 관세법의 규정은 '풍속을 해치는 물품'은 수입할 수 없다는 내용이다.* 관세청은 이 규정을 근거로 남성용 자위기구로 수입하려는 리얼돌 중 길이가 150센티미터, 무게가 17.4킬로그램인 리얼돌은 풍속을 해친다며 통관 허가를 내주지 않았다.

리얼돌 수입업자들은 소송을 냈고, 일부 대법원 판결은 수입을 허용해야 한다고 판단했다. 수입을 허용해야 한다는 근거는 누군가의 눈에 음란해 보인다고 하여 국가가 개입해 수입 자체를 금지해서는 안 된다는 것이었다.** 그러나 최근 다른 업자가 리얼돌을 수입하려고 하자 관세청이 동일한 규정을 들어 재차 수입 거부 처분을 했고, 대법원은 다음과 같은 근거를 이유로 수입 거부 처분이 옳다고 판단했다.

* 관세법 제234조(수출입의 금지) 다음 각호의 어느 하나에 해당하는 물품은 수출하거나 수입할 수 없다.
1. 풍속을 해치는 서적·간행물·도화, 영화·음반·비디오물·조각물 또는 그밖에 이에 준하는 물품.
** "'음란'이라는 개념은 사회와 시대적 변화에 따라 변동하는 유동적인 것"이라며 "국가 형벌권이 지나치게 적극적으로 개입하기에 적절한 분야가 아니다"라고 밝혔다. 이어 "그 표현의 구체성과 적나라함만으로 성적 도의 관념에 반할 정도에 이른다고 쉽게 단정할 것은 아니다"라며 "공중에게 성적 혐오감을 줄 만한 성기구가 아니라면 성기구를 음란한 물건으로 취급하여 수입 자체를 금지하는 일은 매우 신중해야 한다"(대법원 2019두35503 심리불속행).

"해당 물품은 길이와 무게, 얼굴 부분의 앳된 인상 등에 비춰볼 때 16세 미만 여성의 신체 외관을 사실적으로 본떠 만들어진 성행위 도구다. 가상의 표현물이라 하더라도 아동·청소년을 성적 대상으로 하는 표현물의 지속적 접촉은 아동·청소년의 성에 대한 왜곡된 인식과 비정상적 태도를 형성하게 할 수 있고, 아동·청소년을 상대로 한 성범죄로 이어질 수 있다는 점을 부인하기 어렵다. 아동을 성적 대상으로 취급하고 아동의 성을 상품화하며 폭력적이거나 일방적인 성관계도 허용된다는 왜곡된 인식과 비정상적 태도를 형성하게 할 수 있을뿐더러 아동에 대한 잠재적인 성범죄의 위험을 증대시킬 우려가 있다. 물품 자체가 성행위를 표현하지는 않더라도 직접 성행위의 대상으로 사용되는 실물이라는 점에서 영상 형태의 아동·청소년 성착취물과 비교할 때 그 위험성과 폐해가 낮지 않다."*

민주주의 사회에서는 의견이 다양할 수 있으니 대법관들 사이에서도 의견이 다를 수 있다. 이 사안은 결국, 다른 대법관들이 유사한 사안에서 다른 의견을 냈기 때문에 전원합의체에서 다수결로 결정해야 할 것으로 판단된다. 이 책에서는 리얼돌 수입을 금지하는 대법원 판례의 근거에서 세 가지 아쉬운 점을 지적하

* 대법원 2021두46421

고자 한다.

첫째는 이 판례가 '도덕적 말문 막힘의 덫'에 빠진 것이 아닌가 하는 의문이고, 둘째는 헌법상 비례원칙에 부합하지 않는다는 점이고, 셋째는 성욕 해소의 빈부격차를 무비판적으로 수용한 것은 아닌지 재고가 필요하다는 점이다.

먼저 판례가 제시하는 근거가 '도덕적 말문 막힘의 덫'에 빠진 것이 아닌가 하는 의문에 관한 점이다. '도덕적 말문 막힘' 현상은 감정적으로 미리 결론을 내려놓고 이유는 틀렸을지라도 만들어서 가져다 대는 현상을 의미한다.

직접 다른 사람에게 아무런 해를 가하지 않는 행위를 잠재적 위험을 근거로 금지할 때는 그 근거는 막연한 느낌이 아니라 과학적·사실적 근거에 부합해야 한다는 것을 성적 자기결정권 부분에서 살펴보았다. 판례에서 열거된 내용 중 아동성폭력이 우리 사회에서 허용되어서는 안 되는 행위라는 것은 이론의 여지없이 타당하다. 문제는 해당 판례가 제시하는 이유가 세 가지 면에서 근거가 없거나 틀렸다는 점이다.

우선, 그 리얼돌을 사용하는 사람과 아동성폭력 성향 발생 사이에 긍정적 또는 부정적 인과관계가 있는지에 대해 연구 결과가 전혀 없는데도 부정적 인과관계가 있을 것을 전제로 했다. 리얼돌이 제작되기 시작한 2014년경부터 리얼돌을 사용한 사람들이 아동에 대한 성적 인식이 낮아진다거나 아동을 상대로 성범죄를 저지를 확률에 대해서는 아직 연구된 바가 전혀 없다.*

또한 판결의 근거로 적시한 사실관계 조사도 충분하지 않다. 현재 대한민국에서 150센티미터, 17.4킬로그램은 80대 여성 어르신의 체구에 가장 가깝고, 6세 어린이도 23킬로그램이 넘는다. 따라서 길이와 무게로 연령대를 추정하는 방법이 타당하다 해도 리얼돌의 제작 형태는 19세 미만 미성년자가 아니라 80세 어르신에 가장 가까운데 미성년자를 연상시킨다고 판시한 것이다. 구체적으로, 인형의 키가 150센티미터여서 16세 미만 아동을 연상시킨다고 했는데, 2020년 국민건강보험공단 건강보험 통계를 살펴보면 19세 미만은 평균 신장이 리얼돌보다 10센티미터 이상 크고, 60대가 넘을수록 리얼돌의 신장에 가깝다는 사실을 알 수 있다.

(단위: cm)

성별	전체	19세 이하	20대	30대	40대	50대	60대	70대	80세 이상
여자	157.95	161.32	161.75	161.67	160.12	157.41	154.94	152.19	148.62

결국, 현실적으로 리얼돌의 크기는 농촌에서 오랜 기간 밭일

* John Danaher, "Regulating Child Sex Robots: Restriction or Experimentation?," National Center for Biotechnology Information, 2019.

과 농사에 시달려 척추가 줄어든 여성 어르신의 크기에 부합한 것이고, 실제 아동과는 차이가 크다.

인형의 무게와 관련해서도 살펴보자. 판례에서는 인형의 무게가 17.4킬로그램이어서 아동을 연상시킨다고 했는데, 이것도 잘못되었다. 심지어 여섯 살 아동들도 평균 체중이 23킬로그램이 넘는다. 아동 기준 연령별 체중은 다음과 같다.*

(단위: kg)

연령	6세	7세	8세	9세	10세	11세	12세	13세	14세	15세	16세
체중	23.5	25.9	29.9	33.3	38.1	44.3	48.6	51.9	53.6	56.8	57.0

전체 연령별 여성의 평균 체중을 살펴보자.** 17.4킬로그램 체중에 가장 가까운 것은 80세 이상 어르신이고, 19세 미만의 아동은 17.4킬로그램과 가장 거리가 먼 것을 알 수 있다.

(단위: kg)

연령	19세	20대	30대	40대	50대	60대	70대	80세 이상
여자	59.36	57.84	59.21	59.38	58.83	58.37	57.18	52.91

* 한국여성정책연구원 서울 거주 여성 아동 기준, 2019.
** 국민건강보험공단 건강보험 통계, 2020.

더 나아가, '얼굴이 앳되어 보인다'면서 19세 미만 미성년자를 본떴으니 수입을 금지해야 한다고 했는데, 나이를 판단하는 기준은 인종과 메이크업 여부에 따라 모두 다르기 때문에* '앳되어 보인다'는 주관적 인상은 인형이 미성년자를 본뜬 것이라고 할 근거가 되어서는 안 된다.

다음으로, 막연히 '어떠한 범죄를 초래할 우려가 있다'는 이유로 다른 사람의 성생활의 자유와 영업의 자유를 제한하는 것은 타당하지 않다. 앞서 성경의 다양한 일화를 소개한 이유가 바로 여기에 있다. 앞서 언급한 성경의 각 부분은 대량학살, 아동학대, 근친상간, 여성혐오, 간통에 대한 지나치게 잔인한 보복, 동성애에 대한 잔인한 응징, 의견의 다양성에 대한 인내심 부족, 불복종에 대한 증오 등 매우 잔인하고 중대한 범죄 심리를 부추길 수 있는 내용으로 가득 차 있다.

실제로 유대교, 가톨릭, 기독교, 이슬람교 등 아브라함계 일신교가 폭력을 부추긴다는 연구 결과는 많다.** 아브라함계 일신교는 구약성경을 신봉하는 종교를 말한다. 더군다나 다른 사람들에게는 간통을 금지하면서 자신은 요셉의 아내인 마리아를 임신

---

* Neelam A. Vashi, "Aging Differences in Ethnic Skin," *The Journal of Clinical and Aesthetic Dermatology,* 2016; Richard Russell, "Differential effects of makeup on perceived age," *British Journal of Psychology*, 2019.
** Brian K. Smith, "Monotheism and Its Discontents: Religious Violence and the Bible," *Journal of the American Academy of Religion*, 1988.

시키는 등 '힘에 의한 정의의 예외성'을 두어 정의 관념에도 반하기 때문에 도덕 교육에도 해악이 크다.* 그런데 아무도 청소년과 성인과 권력자들에게 주는 잔혹함과 폭력성, 여성 비하를 이유로 성경을 금지하지 않는다. 성경은 청소년 유해 매체물로 지정되어 있지도 않다.

국가가 아동이나 청소년의 성을 보호하는 이유는 성적 자기결정권을 충실히 행사할 정도로 성행위와 그 결과인 임신·출산·양육, 낙태와 영아 유기, 혼인 외의 자에 대한 법률적 책임 등 여성에게 일방적으로 불합리한 법률제도에 대한 충분한 인식이 아직 없는 상태에서 소중한 자원인 성을 낭비하지 않도록 보살펴주려는 것이다.

리얼돌은 길이와 무게가 80대 이상 여성의 신체에 가장 가깝고, 얼굴만으로는 인형의 나이를 구별할 수 없으며, 리얼돌 사용과 성폭력 성향의 증가 또는 감소 경향에 대해서는 어떠한 실질적·실험적 연구 결과도 나온 바가 없다. 이러한 상태에서 리얼돌을 아동성폭력과 연결하는 것은 특정 종교의 동성애 혐오와 같이 단순한 개인적 혐오감을 반영한 '도덕적 말문 막힘'의 일종은 아닌지 재고가 필요하다.

대법원 판결의 둘째 문제점은 '위험을 초래할 우려가 있으니

---

* Blake Hereth, *Mary, did you consent?*, Cambridge University Press, 2021.

전면 금지'라는 결론으로, 헌법상 비례원칙을 위반할 우려가 크다는 것이다. 리얼돌의 수입을 금지하는 것은 외국에서 제작된 리얼돌의 국내 판매·대여·양도·사용·운반 등 그와 관련된 모든 행위가 전면 금지된다는 것을 의미한다. 그러나 우리나라는 다음과 같은 영화의 수입을 금지하지 않으면서 관객 연령만 제한했다.

니콜라스 케이지가 사설 탐정 웰스로 나오는 영화 「8mm」는 주인공 웰스가 미국의 갑부가 사망한 후 미망인에게서 8mm 필름의 비디오테이프에 촬영된 내용이 실제로 발생한 일인지 아니면 연출된 것인지 확인해달라는 부탁을 받으면서 시작된다. 필름에는 가죽 팬티와 안대를 착용한 덩치가 거대한 남자가 어린 소녀를 잔인하게 강간하고 살해하는 장면이 담겨 있었다. 웰스는 추적 끝에 필름 내용이 사실이고, 어린 소녀들을 납치해 그런 장면의 촬영을 요구하는 고객들이 존재한다는 것까지 알아낸다. 1999년 제작·수입된 이 영화는 스트리밍 시장 이전에 존재하던 비디오테이프 대여 시장에서 큰 인기를 끌었으며, 시청 가능한 관객의 연령만 제한했다.

이는 「8mm」뿐만 아니다. 「미션 임파서블」 시리즈, 「본」 시리즈, 「007」 시리즈, 「배트맨」 시리즈, 「아이언맨」 시리즈 등 악당한 사람을 추적하기 위해 또는 악당을 피해 달아나기 위해 자동차를 훔치고, 건물을 부수고, 보행자들에게 위험을 초래하는 장면이 무수히 등장하는 영화가 연령 제한 없이 끊임없이 수입·유통·상영·반포되는데도 절도, 재물손괴, 도로교통법 위반 등 범죄 충동 유발 우려를 이유로 제한되지 않는 현상과 대비해 생각해볼 필요도 있다.

각종 액션물이나 살인사건, 부패사건을 다루는 영화나 뉴스는 그 자체로 범행 방법을 알려주는 계기가 되지만 시청 가능 연령만 제한할 뿐 유통되는 것 자체를 막지는 않는다. 「8mm」가 수입·상영된 1999년에도 현재와 해당 관세법 규정이 동일했다.* 따라서 외국에서 제작된 리얼돌의 수입 자체를 금지해야 한다는 관세청과 대법원 판례의 근거를 따르면, 이 영화는 부유한 변태들이 여성 아동을 납치해 강간·살해하도록 하는 시장이 존재한다는 사실을 알려주면서 국내 부유층으로 하여금 아동유괴, 강간살인을 부추길 우려가 있으니 수입·운반·유통·반포·시청 자체가 금지되었어야 했다. 그러나 그러한 조치는 없었고, 그래서도 안 되었다.

그 이유는 다른 모든 기본권뿐만 아니라 성적 표현도 포함하여 '표현의 자유'는 필요한 최소한으로만 제한해야 하기 때문이

---

* [구 관세법(1998. 1. 1. 시행 법률 제5374호)] 제146조 (수출입의 금지) 다음 각호의 1에 해당하는 물품은 수출 또는 수입할 수 없다. 「개정 1991 · 3 · 8」
1. 국헌을 문란하게 하거나 공안 또는 풍속을 해할 서적 · 간행물 · 도서 · 영화 · 음반 · 비디오물 · 조각물 기타 이에 준하는 물품.

다. 외국에서 제작된 물건의 수입 자체를 금지하는 것은 그 물건을 개인적으로 사용하거나, 사용에 제공하기 위해 판매·유통하는 행위 일체를 금지하는 것과 같다. 누군가가 실제 사람이 아닌, 물체를 대상으로 리얼한 느낌을 주는 성적 만족감을 얻는 것이 제조업·유통업·수입업·판매업·광고업 등 관련 산업 전체의 운영을 전면 금지해야 할 정도로 큰 위험을 주는 행위라고 보기는 어렵다. 광고 방법, 유통 방법, 판매 방법과 구매 가능한 사람의 연령대를 선별적으로 제한하는 것으로도 충분할 수 있는 행위를 범죄 충동 유발 우려라는 이유만으로 전면 금지하는 것은 헌법이 규정한 비례원칙에 위반되는 행위일 수 있다.

셋째로 성욕 해소 방법의 빈부격차 문제를 지적하지 않을 수 없다. 우리나라는 국내 최대의 대규모 기업집단, 즉 재벌기업의 회장이 사망하기 전 성매매 여성들을 집으로 불러 성욕을 해소했다는 뉴스 보도,* 현직 검사에 대한 별장 성접대가 있었다는 뉴스 보도**에도 불구하고, 당사자들이 처벌받지 않았을뿐더러 오히려 성매매나 성상납에 문제를 제기하는 사람들만 처벌하는 국가가 되었다.***

* 「삼성 이건희 성매매 의혹. 그룹 차원 개입?」(『뉴스타파』, 2016. 7. 21).
** 「김학의: 성접대 동영상 인물 맞는데도 '무죄' 선고, 왜일까?」(『BBC』, 2019. 11. 26).
*** 「이건희 성매매 처벌 없고 동영상 촬영 죄만 묻는 검찰」(『미디어오늘』, 2017. 3. 8). 「검찰, 결론 정해놓고 '김학의 출금' 관계자 수사·기소」

돈이 많거나 다른 사람에 대한 형사처벌 권한을 가진 남성은 범접할 수 없는 고귀함이 있어서 성매매를 하거나 성상납을 받더라도 사생활로 보호해야 하지만, 상대적으로 힘이 없는 여성이나 사법체계를 돈으로 살 수 없어 여성 형상을 묘사한 인형을 이용해야 하는 가난하고 권력 없는 시민들의 성생활은 제한되어야 한다는 사회 저변의 사고가 관세청의 처분과 판결에 반영된 것은 아닌지 생각해보아야 한다.

시민들의 안전과 생명을 위협하는 장면이 수시로 등장하는 할리우드 영화는 미국 대기업들인 영화사가 제작하고, 국내 대기업들이 수입하여 국내 대기업들이 운영하는 극장에서 상영하고, 국내 대기업들인 방송사에서 방송하며, 연령 제한 준수 여부는 가정교육에 맡기는 등 제조·유통 과정에 제한이 없다. 그러나 리얼돌을 제작하는 국내 업체는 연간 매출액이 5억 원가량인 소기업이다.*

결국, 현실적으로 아무런 해도 없는 리얼돌을 이용해 성욕을 해소하려는 자유를 강제로 제한하려는 것은 개인 또는 집단적 혐오감으로 인한 '도덕적 말문 막힘'의 일종이 아닌지 진지한 재검토가 필요하다. 또한 사용 연령만 제한할 수 있는데도 아예 수입 자체를 금지해서 유통·운반·판매·사용 등 수입에 따른 일체

(『더 팩트』, 2022. 4. 22).
* 주식회사 엔아이돌 사람인 기업정보(2022. 4. 22).

의 행위를 금지하는 것은 헌법이 규정하는 비례원칙 위반이 아
닌지 진지한 점검이 필요하다.

　다음에는 그렇다면 왜 살인이나 상해, 절도, 재물손괴 등 범죄
를 조장할 수 있는 다른 표현물의 수입·유통·판매·사용에 대한
아무런 반론이 없는데 왜 유독 성을 유희 용도로 사용하는 행위
에는 이렇게 알레르기 반응을 보이는지, 그 기원을 탐구해본다.

16. 음란할 권리와 즐거울 권리, 국회의 종교 분포

이탈리아의 기호학자 겸 작가 움베르토 에코의 데뷔작이자 전 세계적으로 5,000만 부 이상 판매되고 영화로도 제작된 소설『장미의 이름』이 있다.* 베스커빌에서 온 프란시스코 수도회의 윌리엄 수도사와 그 제자인 베네딕토 수도회 아드소 수도사가 14세기 이탈리아의 한 수도원에 들렀다가 수도원장으로부터 연쇄살인사건을 해결해달라는 부탁을 받고 사건을 해결하기까지 7일간 발생한 일을 추리소설 형식으로 쓴 소설이다. 윌리엄은 수도원 도착 첫날부터 호르헤라는 노인과 '웃음'에 대해 논쟁하게 되는데, 호르헤는 예수가 살아생전 웃은 적이 없다고 주장했고, 윌리엄은 예수가 딱히 웃음을 금한 적도 없다고 맞받아쳤다.

다음 날도 두 사람은 '웃음'의 의미에 대해 날카롭게 의견 대립을 한다. 호르헤는 기독교의 의미는 고통이고, 예수가 웃었다

* 움베르토 에코, 이윤기 옮김,『장미의 이름』상·하, 열린책들, 2009.

는 기록은 없으며, 희극이라는 장르는 이교도(그리스와 로마 시절 다신교를 신봉하던 문화)들의 것이라고 경멸과 증오를 아끼지 않는다. 그 와중에도 수도승들은 계속 죽어 나가고, 윌리엄의 탐지와 추리 끝에 연쇄살인의 배후에는 수도원 장서고에 보관되어 있는 아리스토텔레스의 『시학』 중 '웃음'의 의미를 설명한 부분이 다른 사람에게 알려지지 못하도록 원전의 해당 부분에 독약을 칠해놓은 호르헤가 있다는 사실이 드러난다. 하지만 호르헤가 『시학』 원전을 불태우는 바람에 수도원 전체가 화마에 휩싸여 윌리엄과 아드소가 겨우 탈출하는 것으로 소설은 마무리된다.

성경의 해석과 관련된 또 하나의 흥미로운 작품으로 댄 브라운 원작의 『다빈치 코드』가 있다.* 「최후의 만찬」 중 예수 뒤에 흐릿하게 나오는 사람이 막달라 마리아인데, 그녀와 예수 사이에서 태어난 아이가 프랑스 메로빙거 왕조를 이뤘다는 역사적 진실이 드러나지 못하도록 막는 교황청과 그때그때 남겨진 단서로 진실의 퍼즐을 맞추려는 사람들이 추격전을 벌인다는 내용이다. 흥미로운 점은 이 작품이 예수가 막달라 마리아와 결혼해서 아이를 낳으면 안 된다고 믿는 사람들이 자신의 신체를 자학하며, 교황청 권력을 장악한 것으로 설정했다는 사실이다. 왜 예수가 여성과 성관계를 했는지가 집단의 권위에 그토록 무한한 영향을

* 댄 브라운, 양선아 옮김, 『다빈치 코드』, 베텔스만 코리아, 2003.

미쳐야 할까?

유사한 맥락의 작품이 하나 더 있는데,『그리스인 조르바』로 유명한 니코스 카잔차키스의『최후의 유혹』이다.* 이 책은 예수가 십자가에 매달린 상태에서 그간 살아온 날들을 회상하는 방식으로 되어 있는데, 예수의 회상에서 예수는 막달라 마리아, 마르타와 동시에 성교를 무수히 설교해서 아이도 많이 낳은 행복한 아버지였으나 숨이 끊어지기 직전에 마음속으로 회개하고 십자가 처형을 받아들인다. 예수가 여성들과 성관계를 하고 아이를 낳는 상상을 했다는 이유로 카잔차키스는 물론 이 작품도 로마 교황청, 그리스정교회 모두로부터 심한 비난을 받았다. 작품 전체의 주제가 젊은 나이에 비참하게 죽어야 한다는 사실을 알고 있는 예수가 그러한 고통을 피하고 싶은 인간적 욕구를 하나씩 극복해나간다는 것인데도 예수가 성적 쾌락을 추구한다는 소설적 관념 자체에 종교집단들이 알레르기 반응을 보인 것이다.

왜 작가는 예수가 두 여성과 가정을 이룬 상태에서 사망한 것으로 마무리하지 않고 그러한 환상은 악마의 유혹이었으며, 회개한 상태로 사망한 것이 인류를 구원하는 일이라고 묘사했어야 했을까?

특정인의 성관계나 성생활에 대한 죄책감을 바탕으로 하는 유

---

* 니코스 카잔차키스, 안정효 옮김,『최후의 유혹』상·하, 열린책들, 2008.

형의 작품이 더 있다. 미국 북부에 거주하는 유대인으로 작품마다 정체성을 매우 강하게 드러내는 작가 필립 로스의 『포트노이의 불평』이다.* 30대 유대인 변호사인 주인공 포트노이가 성욕은 넘쳐나는데 학창 시절부터 자위행위조차 못하게 하는 엄숙한 유대교도 엄마 때문에 욕구불만에 시달리다 못해 성인이 된 후 계속 신경정신과 의사와 상담한다는 설정이다. 책 전체는 포트노이가 털어놓는 독백으로 이루어져 있다.

지금까지는 일신교와 관련된 문학의 문화적 태도를 살펴보았다. 일신교가 이토록 출산을 전제로 하지 않는 성관계와 성적 유희에 혐오감을 보이는 것의 기원으로 서기 3세기경의 신학자 히에로니무스와 아우구스티누스의 이론이 영향을 미쳤기 때문이라고 보는 견해가 유력하다.** 두 신학철학자의 철학이 지배한 1,000년 정도 기간을 '암흑시대'(Dark Age)라고 표현하고 그 이후 '사랑'을 비롯해 인간의 감정을 존중하는 그리스·로마 문화 사조를 되살린 시기를 '문예부흥' 또는 '르네상스'(Renaissance)라고 표현하는 것도 그 결과이기 때문이다.

이는 『장미의 이름』에서 '이교도'라고 지칭된 그리스·로마 신

---

* 필립 로스, 정영목 옮김, 『포트노이의 불평』, 문학동네, 2014.
** 버트런드 러셀, 서상복 옮김, 『서양철학사』, 을유문화사, 2009, 471쪽 이하; 윌리 톰슨, 우진하 옮김, 『노동, 성, 권력』, 문학사상, 2017, 93·110·111쪽.

화는 거의 대부분 사랑 이야기로 구성되어 있고, 그 어떤 신도 절대적인 힘이 없으며, 제왕신인 제우스도 아내 헤라의 눈치를 보면서 살아야 하는 평범하고 평등한 존재로 그려져 금기가 거의 존재하지 않았을 뿐 아니라 특정 신화에서 누군가가 억울하게 죽임을 당하거나 납치당하거나 피해를 당했을 경우 다른 작가가 부활 이야기를 새로 꾸며내 거의 모든 결말이 대체로 해피엔딩인 것과도 같다.*

다시 리얼돌 금지에 관한 논의로 돌아와보자. 리얼돌은 실제 존재하는 사람 그 누구에게도 현실적인 해를 주지 않는다. 단순히 현실적 파트너가 없는 남성이나 레즈비언 여성을 잠재적 고객으로 하여 성생활을 조금 더 다채롭게 즐길 수 있도록 해주는 기구다. 리얼돌 판례 이전에 대법원은 여성용 자위기구나 돌출 콘돔의 모양이 남성의 성기를 연상시킨다고 하더라도 이것이 형사처벌을 할 정도로 음란한 물건은 아니라고 결정한 일이 있다.**

그런데 남성용 자위기구인 모조 여성 성기가 사실적으로 표현된 것에는 음란한 물건이므로 형사처벌의 대상이라고 판시했다.*** 그 후에는 사람의 피부에 가까운 느낌을 주는 실리콘을 소

* 이윤기, 『이윤기의 그리스 로마 신화』, 웅진지식하우스, 2020; 오비디우스, 이윤기 옮김, 『변신 이야기』, 숲, 2012.
** 대법원 2000도3346
*** 대법원 2003도988

재로 하여 여성의 음부, 항문, 엉덩이 부위를 재현했다고는 하나, 여성 성기의 일부 특징만을 정교하지 아니한 형상으로 간략하게 표현한 때는 음란물이 아니라고 판시한 일이 있어* 현재까지는 시민들이 확신할 수 있는 하나의 기준은 존재하지 않는 것으로 볼 수 있다.

결국, 지금까지 대법원 판례에 따르면 리얼돌에 대하여 전원합의체가 소집될 경우 해당 인형의 외관이 어느 정도나 사실적으로 재현되었는지가 중요 쟁점이 될 것으로 예상할 수 있고, 설령 사실적이라고 하더라도 국내에서도 제작·유통·사용되는 제품을 외국산이라는 이유로 아예 수입부터 금지하여 유통·판매까지 제한하는 것이 비례원칙에 부합하는지를 함께 검토해야 한다.

그러나 근본적인 문제는 국가에서 리얼돌을 포함한 자위기구를 금지하는 것이 누군가가 성을 출산 외 욕구 해소 방법으로 활용한다는 것 자체에 혐오감을 느끼거나, 인간은 행복해서는 안된다는 서기 4세기경의 사고방식을 승계한 일부가 '묻지도 따지지도 않는' 절대권력을 행사하는 하느님 숭배와 결합하여 '내가 혐오스럽게 생각하는 행위는 남들에게도 금지해야 한다'는 의식의 발현은 아닌지 진지하게 검토할 시기가 왔다는 사실이다.

* 대법원 2013도6345

234

인간은 보노보와 마찬가지로 365일, 24시간 성욕을 느낄 수 있고, 성을 유희로 즐길 수 있도록 진화해왔다. 또한 일정한 연령에 도달한 사람들은 월경·사정을 하기 때문에 성욕·임신·출산·양육에 대해 현실을 알고 현실을 직면해야 한다. 임신·출산·양육의 전제가 되는 성욕에 대해 '음란' '풍기문란'이라는 딱지로 쾌락의 체험, 지식의 축적과 경험의 누적 자체를 금지하는 것은 '남녀칠세 부동석' 문화를 관철하던 조선 후기의 덜 개화된 시절과 유럽의 중세 암흑시기를 떠올리게 한다.

반면, 여성 토막살인(영화 「세븐」 등), 절도(영화 「오션스 일레븐」 등), 강도(영화 「이탈리안 잡」 등), 집단멸망(영화 「어벤져스」 「엔드게임」 등) 등 다른 사람의 생명과 재산권을 경시하는 내용이 포함된 영화들은 전혀 금지되지 않고 오히려 극찬을 받는다.

이것은 구약성경에서 여성들을 집단강간한 후 토막살인을 한 것,* 아버지 이삭이 눈이 어두워 잘 보지 못하는 상황을 이용해

---

* 판관기 19:24-29
24. 자, 나의 처녀 딸과 손님의 첩을 내보낼 터이니, 그들을 욕보이면서 당신들 좋을 대로 하시오.
25. 그러나 그 남자들은 그의 말을 들으려 하지 않았다. 그러자 남자 손님이 자기 첩을 붙잡아 밖에 있는 그들에게 내보냈다. 그들은 아침이 될 때까지 밤새도록 손님의 첩을 능욕하였다. 그러다가 동이 틀 때에야 첩을 돌려보냈다.
26. 첩은 아침 무렵에 돌아왔다. 그리고 날이 밝을 때까지 내연남이 손님으로 있는 집 문간에 쓰러져 있었다.
27. 내연남은 아침에 일어나, 다시 길을 떠나려고 그 집 문을 열고 밖

잽싸게 장자 에서로 변장해서 에서가 받아야 할 축복을 훔치고도 하느님의 복을 받는 것,* 신이 직접 다른 민족인 이집트인의 장자 영아들을 집단 살해한 것** 등 목적을 위해서는 수단과 방법을 가리지 않는 텍스트들이 아무런 제지도 없이 전 세계의 무수한 교회와 성당에서 반복 설교되는데도 아무도 금지하지 않는 것을 연상시킨다.

그렇다면 살아 있는 여성들을 의사에 반해서 집단강간하도록 하고, 피해를 보고 돌아오자 갈기갈기 토막 내서 살해하는 것을 내용으로 하는 텍스트보다 혼자 남몰래 인형을 이용해 자위행위를 하는 것이 더 금지되어야 할 이유가 있을까?

두 사례의 유일한 차이라면 여성에 대한 집단강간과 토막살인은 성경에서 제지하지 않는 행위이고, 성을 유희로 즐기는 것은 성경 해석의 권위자로 1,000년 이상 영향력을 행사해온 성 아우구스티누스가 금지한 행위라는 것 외에 없다. 그렇다면 구약성경에서 당연시되는 행위들이 현재 대한민국에서는 어떠한 평가

으로 나갔다. 그런데 그의 첩이 문간에 쓰러져 있는 것이었다. 그 여자의 두 손은 문지방 위에 놓여 있었다.
28. 그가 "일어나구려. 길을 떠나야지" 하고 말하였다. 그러나 대답이 없었다. 그는 첩을 나귀에 얹고서는 길을 출발하여 제 고장으로 갔다.
29. 그리고 집에 들어서자마자 칼을 들고 첩을 붙잡아, 그 몸을 열두 토막으로 잘라낸 다음에 이스라엘의 온 영토로 보냈다.
 * 창세기 27:1-41.
 ** 출애굽기 12:29.

를 받을까?

우선, 여성을 집단강간하는 것은 법정형의 최하한이 징역 7년인 중죄를 구성하고,* 살아 있는 여성을 토막 내 살해할 경우 법정형의 최하한이** 징역 5년으로 사형까지 가능한 중죄를 구성하며, 다른 사람을 속여 재산상 이익을 가로챈 사람은 사기죄라는 이름의 죄를 구성한다.***

이렇듯 성경에서 아무렇지도 않게 언급되는 많은 행위가 현대 대한민국에서는 형사처벌로 금지될 정도로 성경이 처음 창작되고 구전되고 문자화된 시기에 비해 도덕관이 진화했다. 인류의 폭력성과 도덕성이 성경의 창작 시기에 비해 월등하게 진화했고, 앞으로도 문명들이 서로 영향을 주고받으면서 더 진화할 것이라는 견해는 다수 진화생물학자와 인류학자들이 공유하는 의견이다.**** 그렇다면 이제는 일정한 연령에 도달한 사람이 혼자서

---

* 성폭력범죄의처벌등에관한특례법 제4조(특수강간 등) ① 흉기나 그밖의 위험한 물건을 지닌 채 또는 2명 이상이 합동하여 「형법」 제297조(강간)의 죄를 범한 사람은 무기징역 또는 7년 이상의 징역에 처한다.
** 형법 제250조(살인, 존속살해) ① 사람을 살해한 자는 사형, 무기 또는 5년 이상의 징역에 처한다.
*** 형법 제347조(사기) ① 사람을 기망하여 재물의 교부를 받거나 재산상의 이익을 취득한 자는 10년 이하의 징역 또는 2천만 원 이하의 벌금에 처한다.
**** 스티븐 핑커, 김명남 옮김, 『우리 본성의 선한 천사』, 사이언스북스, 2014, 17쪽 이하; Peter O'Brien, "Islamic Civilization and Western Modernity," *Comparative Civilizations Review*, 2011.

아무도 몰래 자연스러운 성적 유희를 즐기고 성욕을 해소하는 것에 대해서도 구약이나 신약 시대의 성경 해석과 다른 관점을 선택할 시기가 되지 않았을까?

그러나 현재 우리나라에서는 성인용 비디오방이나 성인용 PC 방에서조차 성인용 영상물을 감상할 수 없도록 형사처벌로 규제하고 있다.* 심지어 그러한 규제의 입법목적은 청소년 보호로 되어 있다.** 그러나 술과 담배를 청소년들에게만 판매하지 못하도록 제한하는 것처럼 음란물을 상영하는 영업소에 대해서도 일정한 연령에 도달하지 않은 사람들에게만 입장을 금지하고 일정한 연령에 도달한 사람에게는 입장을 허용하는 것이 비례원칙에 부합하는 게 아닐까? 이미 여성가족부가 주관하는 청소년보호법상으로는 성인용 비디오방이나 성인용 PC방은 청소년들의 출입과 고용이 금지되어 있다.***

---

* 풍속영업의 규제에 관한 법률 제3조(준수 사항) 풍속영업을 하는 자(허가나 인가를 받지 아니하거나 등록이나 신고를 하지 아니하고 풍속영업을 하는 자를 포함한다. 이하 "풍속영업자"라 한다) 및 대통령령으로 정하는 종사자는 풍속영업을 하는 장소(이하 "풍속영업소"라 한다)에서 다음 각호의 행위를 하여서는 아니 된다.
  3. 음란한 문서·도화(圖畵)·영화·음반·비디오물, 그밖의 음란한 물건을 관람·열람하게 하는 행위
** 풍속영업의 규제에 관한 법률 제1조(목적) 이 법은 풍속영업(風俗營業)을 하는 장소에서 선량한 풍속을 해치거나 청소년의 건전한 성장을 저해하는 행위 등을 규제하여 미풍양속을 보존하고 청소년을 유해한 환경으로부터 보호함을 목적으로 한다.
*** 청소년보호법 제2조(정의) 이 법에서 사용하는 용어의 뜻은 다음과

또한, 미성년 자녀를 둔 부모는 음란물을 집에 몰래 두고 관람하거나 사용하는 것보다 성인용 영상물을 상영해주는 곳에서 관람하는 것이 더 청소년 보호에 도움이 된다고 볼 수 있다. 따라서 일정한 연령에 도달한 사람만 입장시키는 방법으로, 범죄를 구성하지 않는 단순 음란 프로그램만 상영하는 영상물 제공 영업을 보장하는 것이 충분히 가능하다. 그럼에도 국가가 지속적으로 일정한 연령에 도달한 사람들마저 혼자서 몰래 음란할 수 있는 권리를 존중하지 않고 오히려 천대하고 적대시하거나 형사처벌로 다스리는 것은 근본적으로는 시대착오적이고, 부수적으로는 헌법상 자유와 권리를 제한하는 입법과 관련된 과잉금지원칙 위반이라고 볼 수 있다.

미국에서는 입법목적을 달성하기 위해 필요 최소한으로만 규제하여야 한다는 원칙을 연방대법원에서 정립해 '세밀한 입법원칙'(Narrow Tailoring Doctrine)이라고 부르며, 규제 입법의 내용은 목적 달성에 필요한 정도로만 명확하고 정교하게 설계하고

같다.
5. "청소년유해업소"란 청소년의 출입과 고용이 청소년에게 유해한 것으로 인정되는 업소(이하 "청소년 출입·고용금지업소"라 한다)를 말한다.
가. 청소년 출입·고용금지업소
1) 게임산업진흥에 관한 법률에 따른 일반게임제공업 및 복합유통게임제공업 중 대통령령으로 정하는 것
4) 영화 및 비디오물의 진흥에 관한 법률 제2조 제16호에 따른 비디오물감상실업·제한관람가비디오물소극장업 및 복합영상물제공업

필요 최소한으로 규정해야 한다고 했다.*

따라서 음란할 권리 자체를 천대하고 규제하는 우리나라에서도 일정한 연령에 도달한 사람들이 다른 사람들과 분리된 공간에서 독립적으로 몰래 음란할 권리를 보장하는 내용으로 각종 입법을 정밀하게 재검토함으로써 헌법상 과잉금지원칙을 준수하는 것이 필요하다. 특히, 청소년을 보호한다는 명목으로 지나치게 중복적인 조치를 취하는 경우 과잉금지원칙에 위반될 여지가 있다는 입장과 관련하여, 18세 미만인 사람들이 게임을 하려고 할 때 부모의 인증을 필수화하는 청소년보호법 조항에 위헌심사에서 위헌의견을 제시한 두 재판관의 논리는 국가의 과잉규제 위험성에 관한 인식의 형성에도 참고할 만하다.

다음은 2015년 3월 26일에 결정된 2013헌마517 사건에서 청소년의 게임중독을 막겠다는 목적으로 부모의 인적 사항 제공을 강제하는 게임산업법 규정에 관한 헌법재판관 김창종, 조용호의 위헌의견이다.

"청소년의 인터넷게임 과몰입 및 중독은 각 가정의 자율적인 규제와 자정 기능이 국가의 개입에 우선하는 영역이므로, 게임사이트 회원가입 시 법정대리인의 동의를 법으로 강제하는 것은 그

* Grutter v. Bollinger, 539 U.S. 306(2003).

자체로 부모의 자녀교육권을 침해할 우려가 있고, 동의의 의사를 표현한 성인이 인터넷게임을 이용하고자 하는 청소년의 실제 법정대리인인지 여부를 확인하는 절차가 마련되지 아니한 이상, 법정대리인의 지도를 강제하는 실효적 수단으로 기능할 수도 없다.

설령, 인터넷게임 이용내용이나 이용시간과 관련하여 법정대리인의 개입을 강제할 필요성이 인정된다고 할지라도, 게임산업법과 청소년보호법이 이미 강제적 셧다운제, 인터넷컴퓨터게임시설 출입시간 제한 등과 같은 여러 가지 제도를 시행하고 있음을 고려할 때, 회원가입 단계에서 일률적으로 법정대리인의 동의를 얻도록 하는 것은 이중적이고 과도한 조치임에 틀림없고, 법정대리인이 인터넷게임 이용 자체에 대해서 동의하는 경우에도 개인정보의 제공을 꺼려 동의를 망설일 가능성을 배제할 수 없을 뿐만 아니라, 만 16세 이상 만 18세 미만의 사람들에 대해서까지 일률적으로 법정대리인의 동의를 받도록 하는 것은 청소년들의 자기결정권을 지나치게 제한하므로, 동의확보 조항은 침해의 최소성 및 법익의 균형성도 갖추지 못한 것이다."

물론 위 헌법재판소 결정례는 성이 아니라 게임에 관한 것이나 법률 자체가 '게임'이라는 '유희'를 적대시한다는 점에서 『장미의 이름』에 등장하는 살인마와 유사한 인상을 준다. 이와 관련하여 '유희 적대시의 숭배' 문화가 자리 잡은 계기에 대하여 막스 베버는 칼뱅주의, 청교도주의 등 금욕주의 신앙의 확산이라고 이해한다.*

이러한 관점에서 국회의원 당선자 중 일신교계 신앙을 가진 당선자들의 숫자가 지속적으로 증가하는 경향은** 입법 활동의 과정인 정치와 종교가 서로 분리되어야 한다는 헌법 규정이 더욱 무겁게 준수되어야 할 이유가 된다고 볼 수 있다.*** 특히, 일신교는 타 일신교와 경쟁을 목적으로 하는 관계상 권위에 대한 무조건적 복종과 유희에 대한 증오를 나타내는 경향이 있어 개인의 자율과 창의를 기본으로 하는 대한민국 헌법의 기본 원칙과 배치될 우려가 크기 때문이다.****

---

* 막스 베버, 김현욱 옮김, 『프로테스탄티즘의 윤리와 자본주의 정신』, 동서문화사, 2009, 88쪽 이하.
** 「20대 국회의원 종교별 분포, 법 제정에 영향 줄까?」 개신교 신자는 93명, 천주교는 77명, 불교는 52명(『다임뉴스』, 2016. 4. 29). 「제21대 국회 각 종교 당선자 숫자는? 가톨릭 79명, 불교 34명… 기독교는 20대 국회와 비슷할 것」(『뉴스파워』, 2020. 4. 22).
*** 헌법 제20조 ② 국교는 인정되지 아니하며, 종교와 정치는 분리된다.
**** 헌법 제119조 ① 대한민국의 경제질서는 개인과 기업의 경제상의 자유와 창의를 존중함을 기본으로 한다.

17. 검찰은 왜 이럴까

'검사'는 영어로 'prosecutor'라고 쓰고 통상 '기소관'이라고 번역하며 수사관을 의미하는 'investigator'와 구별되는 개념이다. 검사라는 직업은 역사적으로 그리 오래되지 않았다. 구약성경에서 솔로몬은 개인이 고소한 사건을 직접 재판하는데, 그 대표적인 사례가 한 여인이 어린아이를 도둑맞았다고 다른 한 여인을 지목한 사건이다.* 성경에서 솔로몬은 아이를 둘로 갈라 각자에게 나눠주라는 판결함으로써 진정한 아이 엄마라면 그 판결에 항의할 테고, 가짜 엄마라면 아이가 죽는 게 낫다고 생각할 것이라는 인간 심리의 본질에 대한 통찰을 보여주는 왕으로 칭송된다.

구약성경에서 묘사하는 바와 같이, 그 시기인 기원전 930년 당시에는 수사관도 따로 없고 기소관도 따로 없었으며, 분쟁 당사

---

* 열왕기 3:16-28.

자들이 서로 기소하면서 직접 재판을 담당하는 사람에게 억울함을 호소했는데, 이는 재판관과 왕이 구별되지 않았음을 나타낸다.

신약성경에도 이와 비슷한 예가 있다. 예수를 로마의 식민지인 이스라엘 총독 빌라도에게 데려간 것은 민간인인 종교인들이다. 재판도 시민들에게 물어보는 배심 방식으로 진행하려고 하지만 빌라도가 헤롯 자치구 시민에 대해서는 로마에 관할권이 없다면서 예수를 헤롯왕에게 데려가라고 한다. 하지만 헤롯은 예수를 다시 빌라도에게 보냈고, 빌라도는 무죄를 선고하려다가 종교인들이 사형시키라고 우기자 예수의 십자가형을 결정했다.* 이렇게 예수가 사망한 것으로 알려진 무렵인 서기 30년경에도 사인(私人)들이 고소와 기소를 모두 담당했고, 재판장과 왕 또는 총독의 역할이 구별되지 않았다. 송나라 시기인 서기 1000년대 초반 명판관으로 알려진 포청천도 도지사 겸 재판장 겸 수사기관의 장을 겸했다. 즉, 수사와 기소는 물론 재판과 행정권도 분리되지 않았다는 의미다.

그러다가 1215년에 영국 왕 존이 서명한 '대헌장'(Magna Carta)에 따라 재판권이 왕에게서 배심원에게로 분리되었고, 1690년대 말부터 입법과 집행 권력 및 지방자치 권력도 분리해

* 누가복음 23:1-23.

야 한다는 개념이 제시되면서 계몽시대에 접어들었다.* 다만, 그
때까지도 재판 권력에서 사람을 법정에 회부할 주체에 대해서는
개인과 수사기관 외에 별도 기관으로 분리해야 한다는 개념이
존재하지 않았다.

그러나 프랑스의 계몽주의 철학자 몽테스키외가 국가권력을
입법·사법·행정의 3권으로 분리해서 서로 견제하고 균형을 이
루도록 해야 한다는 이론을 정립한 이후 권력 집중을 방지하기
위해 되도록 권력을 잘게 쪼개는 것이 권력남용을 막고 시민들
의 자유와 권리, 생명과 재산을 보호하는 중요한 기능이라는 사
실이 점차 상식으로 자리 잡게 되었다. 그 일환으로 프랑스에서
는 세계 최초로 형사재판 과정도 수사와 기소, 재판을 각각 분리
하고, 증거를 수집하여 배심원에게 제출할 공적 기관인 '기소판
사' 제도를 생각해냈으며,** 독일이 이 모델을 본받으면서 '기소
관 제도'가 만들어졌다.***

영국 추리소설의 대가 아서 코난 도일이 창조한 캐릭터 명탐
정 셜록 홈즈 시절인 1870년대 후반부터 1900년대 초반에도 영
국에서는 살인 혐의자를 포함해서 범죄 혐의자들을 법정에 세운

---

* John Locke, Two Treatises of Government.

** Ministère de la Justice, "History of the Judicial System in France," 2001.

*** Yue Ma, "Exploring the Origins of Public Prosecution," *International Criminal Justice Review*, 2008.

것은 수사기관이었다가 1986년에 와서야 수사와 기소를 분리해 기소 기관인 기소청(Crown Prosecution Service)을 설립했다.* 결국, 근대적 의미의 '기소관'(Prosecutor) 제도를 가장 먼저 도입한 국가는 시민혁명기인 1791년 프랑스라고 할 수 있다. 그렇다면 검찰 제도, 즉 '기소관 제도'가 처음 시작된 프랑스의 기소관인 검사들은 어떤 일을 했는지 문학 작품을 통해 알아보자.

『몽테크리스토 백작』(*Le Comte de Monte Cristo*)은 프랑스 낭만주의 시대의 대문호 알렉상드르 뒤마가 1844년부터 1846년까지 신문에 연재한 소설이다. 소설의 배경은 루이 16세를 폐위시킨 프랑스 혁명 직후 나폴레옹의 제정, 유럽 정복 이후 영국, 러시아와 벌인 전투에서 연거푸 패한 나폴레옹이 폐위되고 왕정복고로 제2제정이 된 시기이다. 왕정복고 시대에는 나폴레옹주의자들을 현대 미국 정치에서 공산주의자 몰아가듯 취급했고, 나폴레옹이 외부와 접촉하지 못하도록 엘바섬에 가두었다.

주인공 에드몽 당테스는 마르세유항에서 운항회사를 운영하는 선주인 모렐이 신뢰하는 1등 항해사인 스무 살의 유능한 청년으로 며칠 뒤에는 아름다운 메르세데스와 약혼을 앞두고 있었고, 선주 모렐로부터 선장으로 임명하겠다는 약속도 받아둔

---

* Andrew Ashworth, "Developments in the Public Prosecutor's Office in England and Wales," *European Journal of Crime, Criminal Law and Criminal Justice* Vol. 8/3, pp.257－282, 2000.

상태였다. 그러자 당테스가 선장에 오르는 것을 질투한 선원 당글라르와 메르세데스를 흠모하는 페르낭이라는 청년이 당테스가 나폴레옹주의자라는 음모를 꾸민 편지를 지방검찰청에 보낸다.

검사 빌포르는 약혼식 피로연을 하던 당테스를 당일 체포해 심문하는데, 그 과정에서 당테스가 그 전날 우편물을 배달하려고 나폴레옹이 유배된 엘바섬에 정박했던 사실과 엘바섬에서 받은 편지가 바로 빌포르 검사 자신의 아버지에게 배달되는 것임을 알게 되었다. 아버지가 나폴레옹주의자라는 사실이 드러나면 자신이 출세하는 데 지장이 있을 것을 우려한 빌포르는 재판도 없이 당테스를 나폴레옹주의자로 몰아 바다 한가운데에 설치된 감옥으로 보낸다.

당테스는 감옥에서 14년간 갇혀 있었는데 보내는데, 그 와중에 스파다 추기경의 비서였던 파리아 신부라는 노인을 만나 그리스어, 영어, 독일어, 이탈리아어 등 유럽 각국의 언어와 역사를 배워 교양인으로 거듭났을 뿐 아니라 스파다 추기경이 보관하고 있던, 체사레 보르지아의 재물이 숨겨진 몽테크리스토섬의 위치에 관한 정보를 습득한다. 파리아 신부가 뇌경색으로 사망하자 신부의 사체로 위장한 당테스는 보자기에 싸인 채 바다에 던져져 사망한 사람이 된다.

차가운 바닷물에 빠져 극적으로 보자기에서 탈출한 당테스는 파리아 신부에게서 들은 대로 몽테크리스토섬을 찾아가 현재 액수로는 수조 원, 달러로는 수십억 달러에 달하는 보석과 재물을 발견해 부유해진다. 자신의 신분을 몽테크리스토 백작이라고 위장한 당테스는 프랑스 사교계에 데뷔한 뒤, 자신의 결백을 믿어준 사람들에게는 재물로 보답하고, 자신을 모함한 사람들은 인생을 파멸시키는 복수극을 단행한다.

몽테크리스토 백작의 이야기는 결국 에드몽 당테스가 억울하게 감옥에 갇힌 1815년 당시 새로 만들어진 지 20년이 막 넘은 검찰 제도가 사적으로 악용된 사례를 극적으로 보여준 사례라고 할 수 있다.

그렇다면 검찰 제도가 만들어지기 이전에 수사와 기소와 재판을 모두 담당했던 법관 제도가 정착되었던 프랑스에서는 억울한 사람이 없이 공정했을까? 근대 문학사상 최초의 무신론 선언자로 알려진 마르키 드 사드 후작의 작품 『소돔의 120일』(*Les Cent Vingt Journées de Sodome*)에는 네 인물이 등장하는데, 그들의 직업은 공작, 국세청장, 주교 그리고 법원장이다.

이들은 공작 소유의 고립된 성에서 난교 파티와 살인극을 벌이기 위해 자신들의 딸들을 가둬두고, 별도로 소녀와 소년 8명씩을 납치해서 매일 강간과 살인을 벌이는데, 이들의 철학은 '법률은 억압의 도구이고, 돈과 특권 앞에서는 찍소리도 못하며, 오로지 하층민을 응징하기 위해 존재할 뿐'이라는 것이었다.* 사드 후

작이 이 작품을 집필한 시기는 1785년이고, 이 작품의 배경은 루이 14세 시대인 1400년대인데, 법원장이 형사사법 절차를 전담하는 방식의, 형사사법 권력의 독점과 미분리가 결국 법원장 자신과 자신의 친구들에 의한 시민들의 납치·강간·살인을 묵인하는 시대였음을 잘 나타내고 있다.

그렇다면 근대 동북아시아의 상황은 어떨까? 영조 시대인 1754년에 최초로 문서화된 것으로 알려진 『춘향전』은 남원 시장이 한 어린 여성에게 성관계를 요구하다가 거절당하자 바로 불러서 누명을 씌워 감옥에 가두는 것을 내용으로 하므로* 1750년대에도 수사와 재판과 집행을 서로 분리하지 않았고, 중세 종교재판처럼 '원님 재판'을 했던 것으로 분석할 수 있다.

그로부터 약 100년 후 일본에서는 어땠을까? 일본에서는 각 '막부'들이 자신들이 거느리는 사무라이들을 이용해 관할 지방을 무력으로 지배하다가 1868년 메이지 복고(Meiji Restoration)로 명목상 황제를 중심으로 하는 군국주의 중앙집권제도를 확립했고, 1890년부터 외형상으로만 프랑스와 독일의 제도를 본뜬 일본 자체의 형사소송제도를 시작했는데, 이것을 '메이지 형사소송법'이라고 한다.**

* 마르키 드 사드, 김문운 옮김, 『소돔의 120일』, 동서문화사, 2015.
* 『춘향전』, 한국 민족문화대백과사전.
** Melissa Clack, "Caught between Hope and Despair: An Analysis of the

일본의 다른 모든 근대제도와 마찬가지로, 메이지 복고 이후 일본에서 도입한 서양의 제도는 '강자인 서양에서 요구하는 요건에 맞춰 외관만 창출하는 것'이었다.* 그리고 현재까지도 그 실체는 검사들이 수사와 기소에 광범위한 재량을 행사하면서 미리 짜놓은 시나리오에 맞춰 자백에 의존하는 업무 관행으로 중세 유럽의 종교재판과 다르지 않은 양상이라고 할 수 있으며, 일본을 제외한 다른 국가에서는 이러한 현상을 '인질사법'이라고 한다.**

몹시 불행한 일이지만, 우리나라는 일제강점기에 도입되어 현재까지 그 형태가 대부분 유지되고 있는 메이지 형사소송법에 따라 형사사법제도가 형성되었고, 현재까지 거의 그대로 유지되고 있다.*** 그 결과 2002년에는 검찰 수사를 받다가 고문으로 살해당하는 사람이 발생했고,**** 2004년부터 2014년까지 검찰 수사 중 자살한 사람이 83명으로 알려졌으며,***** 그 이후에도 자살하는

　　Japanese Criminal Justice System," *Denver Journal of International Law & Policy*, 2003.

　* 태가트 머피, 윤영수·박경환 옮김, 『일본의 굴레』, 글항아리, 2021, 179·186·187쪽.

　** Danielle Demetriou, "'Hostage justice': How Japan secures confessions and convictions," Al Jazeera, 2019. 1. 29.

　*** 심희기, 「일제강점기 조서재판의 실태」, 한국형사법학회, 2006.

　**** 「서울지검 피의자 고문치사사건 인권위 조사기록」(『신동아』, 2003. 11. 25).

　***** 「자살까지 하게 만드는… 검찰의 '살인적' 조사 관행」(『뉴데일리』,

피조사자들이 꾸준히 발생하고 있다.*

반면, 일단 재판에 회부된 후 자살하는 피고인들은 매우 드물다.** 특이한 점은 대한민국에서 검사의 사명은 '공익의 대표자로서 국민의 인권을 보호하며 정의를 실현함을 그 사명으로 하는 것'으로 되어 있다는 점이다.***

그렇다면 인권을 보호해야 할 한국의 검사들은 왜 인권 중 가장 중요한 권리인 생명권까지 침해해가면서 피의자들이 자살할 정도로 수사를 할까? 피의자들이 자살에 이를 정도로 수사하는 검사들이 실감나지 않는다면, 한재림 감독이 각본까지 한 2017년 영화「더 킹」을 꼭 감상해보기를 권한다.

「더 킹」은 속칭 '선택된 검사'인 한부장(정우성 역)이 수사 과정에서 수집한 유명 인사들의 개인정보를 '캐비닛'에 보관하면서 그 인사의 약점이 필요한 사람들에게 몰래 그리고 수시로 제공해 자신의 승진에 도움이 되는 정당에 비판적인 인사나 자신에게 금품을 제공하는 기업가들의 경쟁자를 제거하는 데 사용한

2018. 12. 11). 연성진,「검찰 수사 중 피조사자의 자살 발생원인 및 대책 연구」, 한국형사정책연구원, 2014.
  * 「[시론] 잇따른 피의자 자살, 검찰은 무죄일까」(『중앙일보』, 2016. 9. 8).
   「검찰 조사 중 피조사자 잇따른 '자살'… 무엇이 문제인가」(『고발뉴스』, 2019. 12. 19).「납득 어려운 이낙연 측근의 극단적 선택… 검찰 칼끝이 겨눈 의혹은?」(『서울경제』, 2020. 12. 4).
  ** 「재판받던 피고인 법정에서 자살 시도」(『YTN』, 2015. 11. 7).
  *** 검사윤리강령 제1조.

다. 그리고 한 부장을 동경하는 신임 흙수저 검사(조인성 역)는 부유한 장인을 만나 한 부장과 함께 술접대, 성접대를 받으면서 출세 비법을 전수받다가 나중에는 정의로운 검사였던 척하면서 국회의원 선거에 출마한다.

영화에서도 일부 드러나지만 피의자들이 검찰 수사를 받는 도중 자살하는 사태는 왜 발생할까? 먼저, 피의자를 조사하면서 고문·살해하더라도 징역 1년 6개월밖에 선고받지 않는 반면,* 동일한 표창장을 두세 번 기소하면 징역 4년을 받아내면서 선출직 대통령의 임명권 행사를 좌우할 수 있고, 정계 진출의 길도 열리기 때문일 수 있다.**

다음으로 기업 범죄를 수사한다는 명목으로 특수부 출신 전관 변호사를 선임하도록 하면, 퇴직 후 공식 수임료만 1년 안에 100억 원 정도 벌 수 있고 견제 장치가 없기 때문일 수 있다.*** 비록 대법원이 형사사건의 성공보수는 소송으로 청구할 수 없다는

---

* 「피의자 사망 前 검사 2심 징역 1년 6월·법정구속」(『매일신문』, 2005. 1. 21).

** "검찰은 지난 9월 첫 기소 당시 표창장 위조 시점을 2012년 9월 7일이라고 공소장에 적었다. 그러나 두 달여 뒤 추가 기소한 공소장에는 2013년 6월이라고 바꿔 기재했다. 범행 장소도 동양대학교에서 정 교수의 주거지로 다르게 기소됐다"(『중앙일보』, 2019. 12. 10). 「장제원 "부인 기소되면 사퇴하겠냐"」(『한국경제신문』, 2019. 9. 6).

*** 「홍만표 16개월에 110억 매출… 전관 변호사 중 '최고'」(『한겨레』, 2016. 5. 16).

법리를 확립했지만* 여전히 형사사건 선임료의 상한은 존재하지 않기 때문에 내사를 벌이고, 수임료를 선불로 받은 뒤 내사를 종결하게 할 수는 있다.**

여기서 '성공보수'는 내사종결, 불구속, 불기소, 기소유예, 적부심 석방, 보석, 구속취소, 선고유예, 집행유예, 벌금형 등 범죄의 종류를 불문하고 인신이 구속되지 않는 가벼운 처분을 대가 지급의 조건으로 걸고, 내사나 수사나 재판에서 그러한 결과가 도출되었을 때 변호사가 피내사자, 피의자 또는 피고인으로부터 받기로 약정한 금액을 의미한다.

그렇다면 내사종결, 불구속, 불기소, 기소유예, 적부심 석방, 보석, 선고유예, 집행유예, 벌금형 등은 무엇을 의미할까? 모든 범죄에는 '법정형'이 있다. 법률에서 형의 종류와 그 상한 및 하한을 결정해둔 것을 의미하는데, '법률'은 국회에서 의결하므로 국민이 선출한 의원들에 의해 어떠한 범죄에 대한 형이 법률적으로 결정된 것을 의미한다. 예컨대, 살인죄의 경우 법정형의 최하한은 징역 5년이고 상한은 사형이다.***

내사종결은, 예컨대 누군가가 다른 사람들로부터 거액을 대가

---

* 대법원 2015. 7. 23. 선고 2015다200111 전원합의체.
** 「우병우 '몰래 변론'… 3건 무혐의 종결… 수임료 10.5억」(『KBS』, 2018. 10. 17).
*** 형법 제250조(살인, 존속살해) ① 사람을 살해한 자는 사형, 무기 또는 5년 이상의 징역에 처한다.

없이 받아 돌려주지 않았다는 하소연이 제기되면 수사기관이 일단 사실관계 탐문을 시작하는데, 탐문을 시작한 때부터 내사를 개시한 것으로 보고, 혐의 유무를 물어보기 위해 용의자에 대한 조사를 시작한 후 혐의 없다고 종결하는 경우를 의미한다.*

불구속은 평소에는 수사기관이 구속 수사해왔던 범죄에 대해 구속영장을 청구하지 않은 상태에서 수사하거나, 평소에는 법원이 법정구속해왔던 범죄에 대해 구속영장을 발부하지 않는 경우를 의미한다. 서울지검에서 피의자를 고문 살해한 혐의를 받은 전직 검사가 1심에서 징역 3년을 선고받고도 법정구속되지 않은 것이 그 사례이다.**

불기소는 앞서 예를 든 살인죄 사건 등에서 범인으로 지목된 사람이 범인이라는 증거가 없거나 정당방위가 인정되는 등 죄가 안 되기 때문에 재판에 회부하지 않을 때 내려지는 결정이고,*** 기소유예는 불기소의 일종이지만 범죄가 인정되더라도 여러 사정을 감안해서 재판에 회부하지 않는다는 결정이다.****

적부심 석방은 구금된 피의자에 대해 구금 절차가 적법했는지

---

* 검찰사건사무규칙 제226조 제1항.
** 이종훈, 「홍경o 전 검사에 징역 3년 선고」, "재판부는 그러나 피고인이 자신의 행동에 대해 뉘우치고 있고 그동안 정신적 고통을 받아온 점 등을 감안해 법정구속은 하지 않는다"고 말했다(『SBS』, 2003. 11. 5).
*** 검찰사건사무규칙 제98조 제2호 나·다·라항.
**** 검찰사건사무규칙 제98조 제2호 가항.

를 살펴 석방하는 것이고,* 보석은 구속 상태에서 공소 제기된 피고인에 대하여 불구속 상태에서 재판하기로 결정하는 것을 의미한다.**

구속 취소는 도주, 증거인멸 등의 우려가 없을 때 법관이나 검사가 재량으로 피의자 또는 피고인을 석방하는 절차를 의미하고,*** 선고유예는 기소된 피고인에게 범죄가 인정되더라도 형을 선고하지 않음으로써 전과를 남기지 않는 법원의 결정을 의미한다.**** 또 벌금형은 징역형과 벌금형이 모두 규정되어 있는 죄에서 벌금형으로 기소 및 처벌되는 것을 의미한다.

이렇게 일단 사람이 형사절차에 연루될 경우 인신이 구금되지 않도록 하는 방법이 단계별로 열 가지 정도 되기 때문에 단계마다 변호사를 선임해서 인신구금이 되지 않도록 수임료를 지불할 수 있고, 변호사는 단계마다 수임료를 요구할 수 있다. 이런 복잡한 과정은 외관상으로는 신체의 자유라는 기본권을 매우 다층적으로 보호하는 것 같지만 '모난 돌이 정 맞는다'는 동양의 속담과 같이, 집단과 맥락 속에서 자신을 자리매김하는 무의식에 지배되는 동북아시아에서는***** 단계별로 그 단계를 주관하는 주체의

---

* 형사소송법 제214조의 2.
** 형사소송법 제95조.
*** 형사소송법 제93조, 제200조의 6.
**** 형법 제59조.
***** 리처드 니스벳, 이창신 옮김,『마인드웨어』, 김영사, 2016, 351쪽.

지인인 변호사를 찾아 인신구금이 되지 않도록 로비하는 비용을 높이는 부작용을 낳게 된다.

결국, 인신구금의 어느 단계에서 그 단계를 주관하는 사람들에게 더 많은 재량이 부여될수록 그 지인들인 전관 변호사들을 더 자주 선임하게 되는데, 수사 과정에서만도 내사개시 후 내사종결, 수사개시 후 불기소 및 기소유예, 체포 및 체포취소, 구속 및 구속취소 및 벌금형 기소 등 6단계로 절차를 다양화할 수 있기 때문에 검사들이 수사를 하면 할수록 전직 검사로서 벌어들일 수 있는 수임료 취득 기회가 그만큼 늘어나게 된다. 반면 법관은 스스로 절차를 개시할 수는 없고, 인신구속과 관련해서는 적부심, 보석, 구금을 하지 않는 판결의 선고 등 세 가지 결론만 내릴 수 있다. 따라서 검사가 직접 수사를 개시할 수 있는 권한을 제한하면 인신구속과 관련된 수입원 중 내사개시 후 내사종결, 수사개시 후 불기소, 구속 수사 중 구속취소 등 세 단계가 줄어들어 그만큼 수사대상자들이 '불구속 상태에서 재판받을 기본적 인권'이 더 두텁게 보장되게 된다.

서양의 재판 영화에서도 대부분 피고인이나 피의자들은 살인죄 등 중한 범죄가 아닌 한 보석금을 낸 후 불구속 상태에서 수사와 재판을 받는다. 그렇다면, 불구속 수사가 형사소송법에 규정된 원칙이고 수사라는 것이 결국 재판을 전제로 하는 과정이기 때문에 불구속 상태에서 기소하는 것이 시민들의 기본권을 더욱 보장하는데 한국의 검사들이 '구속'에 집착하는 심리는 무엇일까.*

서양, 특히 유럽은 무력 정복과 응전의 역사라고 할 수 있는데, 유럽은 발칸반도, 그리스반도, 이탈리아반도, 시실리섬, 이베리아반도, 영국제도, 윌란반도(덴마크), 크름반도(크림반도), 노르웨이반도, 아이슬란드섬 등 비교적 큰 다수의 반도와 섬으로 구성되어 대륙 거주자들이 반도까지 침략하여 무력으로 점령하기 쉽지 않거나 침략당하면 반도 거주민들이 무력으로 항전하기 어렵지 않았다.** 그 덕분에 유럽 각 국가는 대단히 많은 민족과 국가로 구성되어 있고 민족마다 무력을 행사하다가 지역의 맹주가 되는 기사도 설화가 한두 개 정도 있으며, 대륙의 많은 지역을 점령한 사람을 영웅이나 대왕으로 칭송하는 문화가 발달했다.

알렉산드로스 대왕, 율리우스 카이사르, 아서왕, 표트르 대제, 나폴레옹, 넬슨 제독이 특히 유명한데, 이들이 영화로 자주 만들어지는 이유도 무력으로 다른 나라를 점령하거나 다른 나라의 무력 침공을 무력으로 대응하여 승리로 이끌었기 때문이다.

반면, 중국은 하나의 넓은 대륙으로 이루어져 있어 통일국가

* 「잇따라 석방에 기각에… 검찰 "어이없다" 격앙」(『한국일보』, 2017. 11. 27).
** 재레드 다이아몬드, 김진준 옮김, 『총, 균, 쇠』, 문학사상사, 1998, 605쪽.

를 이룬 이후에는 궁전 내 반란으로 '왕조'가 바뀌는 것 외에는 민족 차원의 대응이 필요한 무력전쟁이 많지 않았다. 우리나라는 특히 더해서 신라도 약 1,000년간 동일한 왕조였고 고려나 조선도 약 500년간 이어졌다. 외침에 따른 무력전쟁은 임진왜란 정도였는데, 이러한 침략을 막아낸 이순신 장군은 영국의 넬슨 제독과 마찬가지로 '성웅'으로 받들어진다. 그렇다면 반도로 이루어진 국가들이 많은 대륙과, 비교적 큰 반도와 섬이 하나씩만 있는 대륙은 검찰의 구속 수사와 도대체 어떤 차이가 있을까?

동물학자 리처드 랭엄은 인류와 유전자의 99%가량을 공유하는 수컷 침팬지의 대량학살 사례 연구에서 인류 수컷과 영장류 수컷은 자신이 전성기에 있다는 신호를 보내고 자존심을 유지하기 위해 상대방을 살해하는 본능이 있다고 결론지은 바 있다.*

유럽의 경우 영국, 덴마크, 노르웨이, 네덜란드, 스페인, 리히텐슈타인, 모나코, 벨기에, 룩셈부르그 등 아직도 많은 국가가 조상들의 전쟁 승리 공훈에 따른 작위를 가지고 있는 입헌군주국이다. 일본에서는 메이지 복고 이전까지만 해도 사무라이 계급이 칼을 들고 다니며 무력으로 자신보다 계급이 낮은 상인, 농민, 백정 그리고 여자를 마구 죽이는 폭력성을 마음껏 발휘할 수 있었

---

* Richard Wrangham, "Demonic Males: Apes and the Origins of Human Violence" *Mariner Books*, 1997.

다. 미국은 총기 휴대를 헌법에서 허용하기 때문에* 남성들끼리 폭력성을 자연스럽게 휘둘러도 정당방위를 주장하기가 어렵지 않다. 그러나 큰 반도가 하나인 동북아시아 대륙에서 한국과 중국은 오래 계속된 통일국가 시절 무력을 휘두르는 사람들은 출세하기 어려웠고, 사서삼경을 암기하는 시험을 거쳐 관료로 선발된 문관들이 왕족, 환관 또는 외척과 결탁하여 궁정에서 암투를 벌이고, 사법 절차를 동원해 경쟁자를 제거하는 '사법살인' 방식을 선택해왔다.**

이와 같이 남성성의 본능인 무력을 사용하지 못하는 대신 사법살인 방식을 동원하는 제도가 2,000년가량 지속된 후 일본에서는 사무라이가 아무에게나 칼을 휘두를 수 있도록 허용하는 것을 연상하게 하듯 검사에게 입건·수사·불기소·구속·공소제기·공소취소에 이르기까지 막강한 권한을 부여하는 메이지 형사소송법이 1890년에 도입되었다.*** 이 법은 1894년 동학농민운동 후 검거된 전봉준의 심문에 그대로 사용되었고,**** 현재까지도 거의 동일한 골격을 유지한 채 지속되고 있다.*****

---

* US Constitution Second Amendment the right of the people to keep and bear Arms, shall not be infringed.

** 리샹, 정광훈 옮김, 『중국제국쇠망사』, 웅진지식하우스, 2009, 55·97·99·176·234·269·288·321·353·361·376쪽.

*** Richard B. Appleton, "Reforms in Japanese Criminal Procedure Under Allied Occupation," *Washington Law Review*, 1949.

**** 신복룡, 『전봉준 평전』, 들녘, 2019, 311쪽.

한편, 대한민국은 건국 당시부터 직업공무원제도를 채택하여 조선시대나 수나라 이후 중국 왕국과 마찬가지로 왕족, 환관, 외척이 아닌 일반인이 오를 수 있는 최고 지위인 승상 또는 영의정까지 승진할 수 있었다. 이 시기에는 관료로 승진하는 것 자체가 부의 축적을 의미했다.

또한, 대한민국은 유일한 폭력적 분쟁 해결기관으로 국가의 수사기관을 두었는데, 검사는 수사와 종결, 기소와 공소유지 및 형 집행을 모두 할 수 있고 내국인을 대상으로 유일무이한 폭력성을 발휘하도록 권한을 부여받았다. 따라서 경제개발과 세계화로 빈부격차가 급격해지기 전까지 2,000년 가까이 과거시험을 통한 지위 상승 문화를 지속해온 한국에서는 과거와 유사한 국가고시, 특히 행정고시보다 2급가량 높이 설정된 사법고시 합격자들의 지위가 상대적 만족감을 주는 시대가 꽤 지속되었다.

그러나 현대 자본주의 사회에서는 사람의 사회적 지위가 전통적인 왕족, 귀족으로부터 『포브스』(Forbes) 최고 부자 500순위나 『포춘』(Fortune) 최고 부자 500순위인 부의 축적 결과로 이동되었고, 부의 과시는 지위재 역할을 하는데,* 직업공무원의 급여는 부를 과시할 수 있을 정도에 한참 미치지 못하기 때문에 한국

***** 일본 형사소송법, 형사소송규칙, 법무부, 2018.
* 로버트 프랭크, 안세민 옮김, 『경쟁의 종말』, 웅진지식하우스, 2011, 135쪽.

이나 일본의 남성 검사들은 과거 송나라 또는 조선 왕조 시대였다면 상승할 수 있는 사회적 지위 경쟁의 꿈이 좌절될 수밖에 없었다.

이에 따라 손상된 자존감을 보호하려고 자신들보다 부를 더 축적하여 사회적으로 인정받는 지위가 더 높거나 선출직 공직자로 선정된 사람들을 구속하는 방법으로 폭력을 행사하는 과정에서 희열을 느끼고, 그 과정이 좌절되면 객관성을 준수해야 할 본분을 상실하는 격앙된 감정을 보이는 것으로 이해할 수 있다.*

이러한 관점은 검찰이 자신들을 수사할 수 있는 별도의 수사 및 기소 기관인 고위공직자범죄수사처의 설립에 조직적으로 반대한 사실**에서도 확인할 수 있는데, 자신들보다 지위가 높은 별도 독립 수사기관의 존재는 새로운 알파메일의 도전을 받아 스트레스가 증가한 옛 알파메일의 반응과도 일치한다.*** 또한 이러한 해석은 관료조직에서 겉으로 내세우는 법률상 규정이 아니

* 「체면구긴 檢 "영장제도 손질" 격앙」(『경향신문』, 2007. 9. 19). 「김관진 두 번째 구속영장 '기각'… 檢, "비상식적 결정" 격앙」(『법률신문』, 2018. 3. 7). 「법원의 잇단 구속영장 기각에 검찰의 불만이 고조되고 있다. 한 마디로, 지금 제주지검의 분위기는 '격앙' 그 자체다」(『제주매일』, 2022. 5. 10).
** 「대검 "공수처 반대"… 국회에 공식의견 제출」(『연합뉴스』, 2019. 12. 27). 「검찰, 연일 "공수처 때리기"…공수처 이첩 지침도 반대」(『한겨레』, 2021. 4. 6).
*** 프란스 드발, 이충호 옮김, 『동물의 감정에 관한 생각』, 세종서적, 2019, 278쪽.

라, 실제로 조직에서 운용되는 내밀한 규칙이 더 중요하다는 막스 베버의 관료 이론에도 부합한다.* 스스로 겉으로는 국회의 입법에 따른 법을 준수해야 한다는 의미에서 사법기관 또는 법치주의 실현 기관이라고 자부하나, 막상 국회가 기존 관료기구보다 더 위상이 높아 보이는 기구를 신설하려고 하자 조직적으로 반발하면서 입법기관 존중 의무 자체를 내던지는 현상도 그중 일부다.

영국의 정치학자 겸 역사학자 존 달버그 액턴경은 "성공을 숭배하는 것만큼 위험하고 부도덕한 습관은 없다"(There is not a more perilous or immoral habit of mind than the sanctifying of success) 등 무수한 명언을 남겼다. 그러나 액턴경이 남긴 가장 유명한 어록은 "권력은 절대로 부패한다. 절대권력은 절대적으로 부패한다"(Power tends to corrupt, and absolute power corrupts absolutely)라고 할 수 있다.

대한민국의 검찰은 동학농민운동을 제압하기 위해 우리나라에 도입된 일본 메이지 형사소송법 체계와 관행을 거의 그대로 답습하고 있고, 검사제도도 사무라이의 무소불위 폭력 권한을 검사에게 이전하는 메이지 형사소송법상의 제도여서 인권탄압의 본성이 있다. 또한 내사개시와 내사종결, 입건과 불기소, 구속

* 막스 베버, 이상률 옮김, 『관료제』, 문예출판사, 2020, 14쪽.

수사와 불구속수사, 구속취소 등을 통해 단계별로 미래의 자신에게 연간 100억 원에 달하는 수임료를 가져다줄 이해충돌 상황을 가져다주기도 한다. 가장 큰 문제는, 검사가 되기 위해 거치는 학습 과정에서 '수사' 과목은 거의 없다는 점이다.

끝으로, 대한민국은 개인과 기업의 자율과 창의를 기본으로 하는 경제질서를 헌법에서 규정하고 있다.* 그러나 검찰의 선택적 수사와 기소 및 구속과 불기소는 개인과 기업에 예측 불가능성과 불안정을 초래하여 안정적인 자기계발 및 표현과 창의적 기업활동을 어렵게 만든다.** 따라서 2,000년간 진행된 관료제 문화와 공진화한 영장류 수컷 특유의 폭력성과 공격성이 검찰의 수사로 발휘될 경우 창의적이고 착실한 기업도 언제 습격당할지 모르는 불안감에 시달려야만 한다.***

결국, 검사는 공무원으로서 낮은 서열과 지위를 명심하고 겸허하고 성실하게 객관적으로 법률가로서 업무를 처리하는 것이 타당하며, 수사와 기소는 분리되어야 한다. 그리고 수사가 중요한 업무라고 확신할 경우 수사를 담당하는 국가기관(경찰)에 지

---

* 헌법 제119조 ① 대한민국의 경제질서는 개인과 기업의 경제상의 자유와 창의를 존중함을 기본으로 한다.
** 「'BBK 발언' 정봉주 의원 불구속 기소」(『한겨레』, 2008. 2. 22). 「BBK는 누구 것인가? 이명박과 검찰의 원죄」(『뉴스타파』, 2018. 3. 22).
*** 「기업 최대 리스크는 검찰…검수완박은 최고의 규제완화」(『머니투데이』, 2022. 5. 3).

원하는 것이 수사의 중요성을 강조한 자신들의 주장이 진실한 공익 추구 정신임을 입증하는 유일한 방법이라고 할 수 있다.

지금까지 수사와 기소가 분리되지 않았던 시대와 그에 대한 반성으로 수사와 기소와 재판의 삼권을 분리한 유럽의 법률제도, 유럽의 법률제도를 사무라이제도와 결합한 일본의 형사소송 절차를 그대로 답습한 대한민국의 형사소송제도, 현대적 빈부격차 확대에 따른 낮은 경제적 지위를 국가가 허용한 유일한 폭력으로 만회하고자 하는 비뚤어진 심리가 반영된 검찰의 구속수사 우선주의의 폐해를 살펴보았다.

그렇다면 미디어와 특정 정치인들은 대한민국의 검찰 수사가 이토록 인권 침해적이고 사익 추구적인데도 왜 검찰 주장을 일방적으로 대변하는지는 다음 장에서 알아본다.

18. 미디어는 왜 왜곡되고, 대책은 있을까

여기서는 '미디어'를 두 가지 의미로 사용한다. 첫째는 누구나 사용할 수 있는 표현 수단을 의미하고, 둘째는 조직 형태를 갖춘 속칭 '언론사'를 의미한다. 대한민국에서는 '언론지형이 편향되어 있다'는 표현을 자주 사용하는데, 그 의미는 조직 형태를 갖춘 언론사들이 자본이 축적된 계층들의 이익에 부합하는 선동을 주된 업무로 하고, 진실을 외면하는 현상을 지적하는 것이다. 이하에서는 이러한 현상을 '언론사들의 진실 왜곡'이라고 칭하고, '언론사들의 진실 왜곡'이 실제로 존재하는지, 존재한다면 그 이유는 무엇인지 살펴보고 대처 방법은 있는지도 함께 탐구해본다.

'언론사들의 진실 왜곡 현상'이 존재하는지와 그 이유를 알려면 사람들 개인은 진실만 기록할까 하는 질문부터 해야 한다.

『한중록』(閑中錄)은 영조의 며느리이자 정조의 어머니이자 사도세자의 아내인 헌경왕후(혜경궁 홍씨)가 자신이 환갑이 된

1795년부터 1805년까지 4회에 걸쳐 작성한 회고록이다. 헌경왕후는 1735년생으로 1752년에 아들 정조를 낳았는데, 정조가 태어난 지 5년 만인 1757년, 헌경왕후의 시아버지 영조가 헌경왕후보다 열 살 어리고 자신보다는 쉰한 살 어린 열네 살 정순왕후와 재혼하는 일이 발생했다.

이후 정순왕후의 오빠 김귀주, 육촌오빠 김관주와 영조의 딸 화완옹주는 정순왕후가 영조의 아들을 출산하면 세자인 사도세자가 걸림돌이 될 것으로 믿고 영조에게 지속적으로 사도세자를 모함하는 상소를 거듭했고, 영조가 그때마다 사도세자를 추궁하게 했다. 이에 사도세자는 현대적으로는 불안강박 등의 정신질환이라고 불리는 질병이 발생하여 기행을 거듭하게 된다. 급기야 1762년, 정조가 열 살 때 영조는 당시 영의정이던 헌경왕후의 아버지 홍봉한을 시켜 자기 아들이자 홍봉한의 사위인 사도세자를 죽이고 말았다. 영조는 그 후 14년간 더 통치하다가 1776년 사망했고, 정순왕후가 왕자를 출산하지 못했으므로 헌경왕후의 아들 정조가 즉위할 수 있었다.

이후 정순왕후는 1800년 정조가 급사하자 그때부터 열 살의 나이로 즉위한 순조를 대리해 수렴청정하다가 1805년 사망했다. 헌경왕후는 이렇게 임금인 시아버지가 영의정인 자기 아버지를 시켜 세자인 남편을 죽인 사건과 임금이 된 아들이 자기보다 먼저 세상을 떠나는 비극을 모두 겪은 뒤 그 내용을 『한중록』으로 기록했다.

『한중록』 1편은 헌경왕후가 60세이자 정조 즉위 19년 되던 해인 1795년, 왕실 가족인 영조, 정순왕후, 화완옹주에 대해서는 고마웠던 점만 기록하되 정순왕후의 오빠와 육촌오빠, 화완옹주의 양자 정후겸을 가문 간 다툼의 원흉으로 몰아 울분을 토하는 내용으로 되어 있다. 2편은 정조 사망 후인 1801년에 쓰였는데, 화완옹주가 영조와 정조 사이를 이간질하여 자신이 힘들었다는 내용이 들어 있다.

『한중록』 3편도 정조 사망 후인 1802년에 쓰였는데, 그 당시는 정순왕후가 수렴청정을 했으므로 정조에 대해서는 사도세자에 대한 효심이 지극한 아들이었다는 정도로만 간단하게 묘사했다. 4편은 정순왕후가 사망한 직후인 1805년에 냈는데, 영조가 사도세자를 죽인 것이 영조의 노망 때문이었다는 소문이 도는 것과 관련하여, 정조가 성장한 후 영조에게 사건 당일의 『승정원일기』를 삭제하도록 건의했다는 내용이 가장 앞부분에 기재되어 있고, 사건 당일 정조가 사도세자를 살려달라고 할아버지 영조에게 간곡히 청원했다는 내용도 영화를 상영하듯이 상세히 기재했다.* 그러나 『승정원일기』 중 사건 당일 부분이 삭제되지 않았으므로 정조가 실제로 건의했는지는 알기 어려우며, 4편은 할아

* 혜경궁 홍씨, 『한중록』, 혜원출판사, 2004.

버지와 아버지에 대한 정조의 효심이 지극했다는 사실을 상세히 마음껏 강조하는 내용으로 해석할 수 있다.

이렇게 동일한 사람이 기록한 일기나 편지 형식의 글이라도 자신의 처지, 잠재적 독자와의 관계 변경, 서술할 당시 기분에 따라 내용이 완전히 달라지기도 하고 생략했던 부분이 추가되기도 하며, 의견이 기재되기도 한다. 따라서 이 장의 주제인 '언론사는 왜 진실을 외면할까'에 관해, 진실을 외면하는 것은 조직이나 기관뿐만 아니라 개인에게서도 발견되는 현상이라는 사실을 우선 『한중록』을 통해 확인할 수 있었다. 개인의 처지에 따라 사실을 편집하거나 빠뜨리거나 망각하는 일은 헌경왕후에게서만 발견되는 현상은 아니다.

다음에서는 신화와 종교가 만들어지는 경위에 관한 서구 학자들의 연구 결과를 찾아보겠다. 마빈 해리스는 1975년 저서 『문화의 수수께끼』(*Cows, Pigs, Wars and Witches: The Riddles of Culture*)에서 '암소숭배' '돼지고기 금기' '화물숭배' 등 각 지역의 독특한 문화에 대해 진화와 적응의 관점에서 바라보는 견해를 제시했다.* 이 책의 핵심은 단순히 문화현상에 대한 생물학적·지리학적 분석에 그치지 않고 '비유'를 통해 '메시아' 종교의 출연 배경을 해석하는 점이라고 할 수 있다.

* 마빈 해리스, 박종열 옮김, 『문화의 수수께끼』, 한길사, 2000.

'화물숭배'는 비스마르크 군도(Bismark Archipelago), 뉴헤브라이드(New Herbrides), 타나(Tanna), 웨와크(Wewak) 등 신석기 시대 내지 청동기 시대 문화를 지속하는 원주민 거주 지역에서 서구인들이 자신들이 먹으려고 실어 나르는 음식 또는 물건을 일부 원주민들에게 나눠주자 원주민들이 화물을 실어나르는 비행기 조종사가 자기네 조상이라고 믿고 숭배하는 현상을 의미한다.

이런 화물숭배는 역사적 단계를 거쳤다. 유럽의 선교사들은 원주민들을 개종하려고 음식물과 옷가지를 제공하다가 원주민들이 개종되었다고 판단되면 차차 음식물과 옷가지 제공을 중지했다. 그러자 원주민들이 무력 반란을 일으켰지만 잔인하게 진압되면서 부족원들이 거의 남지 않게 되었다. 무력으로는 도저히 대항할 수 없음을 알게 된 원주민 지도자는 태도를 바꿔 "화물은 나중에 우리 편 군대와 함께 다가올 것이고 적들을 무찔러 줄 것이다"라는 신념을 퍼뜨렸다는 내용으로 요약할 수 있다.

저자는 곧바로 현대에도 존속하는 원시인들의 화물숭배 신화로부터 구약과 신약의 내용을 해석한다. 즉, 구약성경은 강한 민족들에게 정복되어 핍박받던 유대 민족의 한 리더 다윗이 게릴라 활동을 성공시켜 골리앗이라는 상징으로 나타난 거대 민족을 누르고 유대인 민족국가를 만들었던 추억을 근원으로 삼아 이후 아시리아, 바빌로니아, 이집트로부터 무력 지배를 당하는 것을 본인들 탓으로 체념하면서 종국적으로는 '하느님'이 무력으로 적들을 무찔러주고, 잔인하게 보복할 것이라는 희망으로 구성된 '전투적 메시아주의'를 추구한다는 점에서 '화물숭배' 사상과 유사하다는 주장이다.

이 책에는 신약에서 갑자기 "오른쪽 뺨을 맞거든 왼뺨도 내주라"*는 평화적 메시아주의로 바뀐 계기에 관한 해석도 있다. 기원전 66년부터 기원후 135년까지 지속된 유대 반란이 로마군에 의해 처참히 그리고 완전히 진압되고, 그 과정에서 메시아로 추앙받던 나사렛 예수는 잔인하게 사형된다. 반면에 진압군 장군 베스파시안과 타이투스는 황제로 등극한다. 그러자 반란의 이유를 정당화함과 아울러 자신들의 메시아 신앙이 정복자 로마에 무력으로 대항하려는 것이 아니라는 사실을 증명하려고 로마인 바울이 유대 독립 운동의 동기를 각색한 것이라는 시각을 제시한 것이다.

즉, 반란을 일으킨 것은 유대인이고, 예수는 유대인과 무관한 평화의 메시아라고 주장하면 로마인인 바울 자신이 리더로 군림하고자 하는 새로운 종교는 경쟁자인 예수의 동생 야곱이 내세우는 전투적 메시아즘과 달리, 로마와 공존할 수 있다며 로마 기독교와 팔레스타인 유대교를 차별화하기 시작했다는 시각이다.

* 마태복음 5:39.

이런 시각을 마빈 해리스만 주장한 것이 아닌데, 『젤롯』(*Zealot*)의 저자 레자 아슬란도 나사렛 예수 또한 로마에 대항한 유대 독립운동가로 보는 견해이고,* 『성경의 탄생』(*The world of the Bible*)의 저자 존 드레인,** 『신의 반지』(*Gottes Eifer*)의 저자 페터 슬로터다이크***도 유사한 의견이다. 이들은 유대교나 이슬람교에서는 신약성경의 주된 주제인 나사렛 예수가 하느님의 아들이라는 주장을 전면 부인하며, 『세 종교 이야기』의 저자 또한 예수가 십자가형을 받았다는 역사적 사실에서 예수를 정치범으로 보았다.****

여기에서는 신약성경이라는 표현 매체, 특히 전체 신약성경으로 채택된 27권 중 절반이 넘는 13권이 사도 바울이 기독교라는, 로마의 다신교와 구별되고 구약에 나타난 전통 유대교와도 구별되는 새로운 종교의 창설과 전도라는 목적을 달성하려고 창작한 개인의 문서라는 견지에서 서술을 계속한다.

사도 바울은 생전에 나사렛 예수를 만난 적이 없다. 다만, 로마인으로서 예루살렘에서 잔인하게 진압된 유대 독립운동을 보면서 메시아 사상을 접한 후 다마스커스로 건너가 예수를 죽인 것

---

* 레자 아슬란, 민경식 옮김, 『젤롯』, 와이즈베리, 2014, 26쪽.
** 존 드레인, 서희연 옮김, 『성경의 탄생』, 옥당, 2012, 276·277쪽.
*** 페터 슬로터다이크, 두행숙 옮김, 『신의 반지』, 돋을새김, 2009, 94쪽.
**** 홍익희, 『세 종교 이야기』, 행성B, 2014, 220쪽.

은 유대교 제사장이고, 로마인들은 책임이 없다는 '대안 서사'를 만들어낸다. 이와 같은 대로마 우호 전략으로 기독교는 로마 황제 콘스탄티누스에 의해 공인 종교로 인정될 수 있었다.[*] 이렇게 조직화되지 않은 개인도 시대적 배경과 목적에 따라 진실을 감추고 동일한 사실관계에 대하여 다른 시각으로 표현의 자유를 행사할 수 있다.

진실과 다른 표현이 고대에만 있었던 것은 아니다.

『모두 거짓말을 한다』(*Everybody Lies*)의 저자 세스 스티븐스 다비도위츠 또한 사람들이 대면하는 사람이 있는 상태에서 설문조사에 응할 때는 거짓말을 하더라도 혼자서 구글링으로 자료를 검색할 때는 진심을 그대로 드러낸다고 본다.[**]

그렇다면 사람들이 통상 '언론'이라고 하는 미디어는 어떨까? 이 주제로 들어가기에 앞서 우리가 흔히 '언론의 자유'라고 칭하는 것이 '언론사'의 자유로 오인되지 않도록 법률적 근거를 먼저 확인해보아야 한다.

미국 헌법에서는 수정 1조로 표현의 자유, 종교의 자유, 청원권을 규정했는데,[***] '의회는 표현의 자유를 제한하는 입법조치를

---

[*] 앞의 책, 258쪽 이하.
[**] 세스 스티븐스 다비도위츠, 이영래 옮김, 『모두 거짓말을 한다』, 더퀘스트, 2018.
[***] US Constitution Amendment 1

할 수 없다'는 형식으로 되어 있다. 미국 연방대법원의 해석에 따르면 정치자금의 기부도 정치적 표현의 자유에 포함된다.* 반면 우리 헌법은 표현의 자유의 범위를 말하고 의논하고, 문서 형식으로 발표하고, 모여서 단체로 의사를 표시하고, 운동을 조직할 권리를 모두 따로 개별적·구체적으로 열거하는 형식으로 되어 있다.** 즉, 우리나라나 미국 모두 '표현의 자유'는 언론사뿐만 아니라 시민 개개인의 권리라는 사실을 이해하는 것이 우선되어야 한다.

특히, 우리나라는 언론사나 개인의 표현을 국가가 사전에 검열할 수 없고, 표현으로 다른 사람의 명예나 권리에 손상을 가했을 때는 민사소송을 통해 배상하도록 하라는 원칙을 규정하고 있다.*** 따라서 '언론의 자유'가 '언론사의 자유'인 것처럼 주장하거나 호도하는 사람들이나 그러한 견해를 강조하는 사람들은 일단 의심해보는 것이 좋다.

그렇다면 개인이나 사기업인 언론사나 모두 동일한 표현의 자

---

* Citizens United v. Federal Election Commission, 558 U.S. 310(2010).
** 제21조 ① 모든 국민은 언론·출판의 자유와 집회·결사의 자유를 가진다.
　② 언론·출판에 대한 허가나 검열과 집회·결사에 대한 허가는 인정되지 아니한다.
　④ 언론·출판은 타인의 명예나 권리 또는 공중도덕이나 사회윤리를 침해하여서는 아니 된다. 언론·출판이 타인의 명예나 권리를 침해한 때에는 피해자는 이에 대한 피해의 배상을 청구할 수 있다.
*** 헌법 제21조 제2항 제4항

유의 주체인데, 우리나라에서 속칭 '레거시 미디어'라고 하는 매체들은 왜 보도 내용도 거의 비슷하고 왜 동일하게 진실도 외면할까? 이와 관련하여 기호학자 움베르토 에코가 『제0호』(*Numero Zero*)라는 재미있는 소설을 썼다.*

주인공은 대학을 중퇴하고 대필작가로 활동하는데, 어느 날 한 매체의 주필로부터 앞으로 창간될 신문의 기자로 활동해달라는 요청을 받는다. 주인공은 어차피 따분한 인생, 기자 생활이나 해보자고 마음먹고 합류하기로 한 뒤 신문의 발행 목적을 설명해달라고 한다. 그러자 주필은 신문을 창간하는 사람으로 이탈리아 내 부동산 기업 수십 개와 요양병원 수십 개와 정기간행물 수십 개를 가지고 있는 유명인의 이름을 댔다. 그리고 신문 이름은 '도마니'(Domani)**이며, 발행 목적은 유명인이 들어가고 싶어 하는 소수의 폐쇄 서클 구성원들의 사생활을 폭로하는 정보를 취득해 기사화할 것처럼 은근히 보여주되, 폐쇄 서클 안에 유명인을 넣어주면 발행을 포기하는 것이라고 말한다. 그 대신 삼류 폭로지처럼 보이면 안 되기 때문에 진지한 기사도 작성할 생각이라고 했다.

주필은 글재주가 좋은 주인공과 전직 기자 한 명 그리고 사회 초년생인 여자 기자 한 명을 채용한 뒤 매일 취재 결과를 검토해

---

* 움베르토 에코, 이세욱 옮김, 『제0호』, 열린책들, 2018.
** 이탈리아어로 '내일'을 뜻한다.

발행 여부를 결정한다. 전직 기자는 저널리즘 원칙에 충실하게 무솔리니 사망의 비밀과 그에 관해 정부가 국민들을 기만한 것에 관해 취재하기 시작한다. 주필은 주인공에게 신문 발행을 준비하는 유명인의 요양원에 대해 수사를 시작한 수사관의 뒤를 캐서 스캔들을 만들 준비를 하라고 지시한다.

또한 사람들의 흥미를 끌 만한 비리도 캐라고 하다가 유명인이 교황청에는 잘 보여야 하니 교황청의 성범죄 스캔들을 비롯하여 교황청 비리는 따질 필요가 없다고 단단히 주의를 준다. 그뿐만 아니라 마피아 조직의 비리를 캐는 순간 유명인의 집에서 폭탄이 터질 수 있으니 마피아는 건들지 말라고도 주의를 준다. 이렇게 세 기자가 정보를 취재하고 활약하는 동안 무솔리니 죽음의 비밀을 캐던 중견 기자가 살해당하고 주인공은 살해범들에게 쫓기며 신문 발행 계획은 중단된다.

이 작품은 이런 방식으로 현대 언론사가 어떻게 만들어지는지, 목적이 무엇인지 코믹하고도 적나라하게 그렸다.

이론적으로는 커뮤니케이션 이론의 창시자로 알려진 마셜 맥루언이 1946년 『미디어의 이해』(*Understanding Media*)라는 저서에서 우리가 통상 '언론사'라고 하는 활자 매체의 속성에 대해 내린 평가가 유명하다.* 맥루언은 '신문'이라는 활자 매체는 "독

* 마셜 맥루언, 김성기·이한우 옮김, 『미디어의 이해』, 민음사, 2002, 287·288·293쪽.

자를 끌어들이기를 원하는 광고주를 위해 운영되는 무료 오락 서비스"이고, 광고를 팔기 위해 뉴스를 만들어야 하는 관계이며, 광고는 너무나 아름답고 좋은 소식이기 때문에 뉴스는 광고가 제공하는 기분을 배가하기 위해 우울하고 기분 나쁘며 불행한 소식이어야 한다는 규칙으로 움직이는 '조작의 예술'이 필요한 매체라고 보았다. 즉, 활자 매체의 뉴스는 광고를 팔기 위해 끼워 파는 미끼라는 의미다.

신문, 특히 언론사의 본질이 이와 같다면 왜 그 구성원들은 이토록 천박한 목적에 따르는 것일까? 이에 대해서는 미국의 지성 노암 촘스키의 통찰이 유명하다. 촘스키는 미디어가 "자금을 제공하는 강력한 이익집단을 위해 봉사하고 선전하는 기능을 하는데, 노골적인 개입보다는 자신들의 명령을 잘 이행할 인력을 뽑고, 편집자와 기자들에게 기득권과 제도권의 정책에 부합하여 뉴스 가치를 규정하고 우선순위를 내면화하도록 교육하는 방식으로 운영된다"고 본다.* 즉, 기자 인력이 스스로 자금주의 이해관계에 부합하는 가치를 내면화하도록 교육하는 방식으로 자본주의의 이익을 추종하게 한다는 의미다.

지금까지 개인이든, 언론사의 형태이든 다른 사람, 특히 생살여탈권과 자본을 가진 사람이나 조직과의 관계에 따라 표현하거

* 노암 촘스키·에드워드 허먼, 정경옥 옮김, 『여론조작: 매스미디어의 정치경제학』, 에코리브르, 2006, 9쪽.

나 숨기는 내용이 달라질 수 있으며, 미디어 조직의 구성원은 설립주의 의사에 부합하게 스스로 가치를 조절하도록 훈련받는다는 사실을 알게 되었다. 그렇다면 우리나라의 미디어들은 정말 편향되어 있을까? 우리나라의 경우 최근 『연합뉴스』에 대한 네이버의 기사 게시금지조치에 대해 법원이 가처분소송을 인용하기까지 하는 등* 맥루언의 통찰과 같이 광고업체 네이버와 카카오가 『연합뉴스』 등 활자 매체가 제공하는 뉴스를 싣고 보수를 지급하는 형식을 취하고 있다. 이에 따라 활자 매체 운영자들도 네이버나 카카오 운영자들의 기분이나 조건을 수용하지 않을 수 없는 관계에 있다. 이러한 현상은 옳고 그름의 문제라고 보기는 어렵고, 존재하는 현상이라고 받아들여야 한다.

그렇다면 영리를 추구하는 사기업인 네이버나 카카오가 에코의 『제0호』에 등장하는 유명인처럼 사적 이해관계 달성을 목적으로 경쟁자를 쳐내거나 이익을 취득하는 데 언론사라는 조직을 활용하는 현상을 그냥 받아들이기만 해야 할까? 물론, 속칭 '레거시 미디어'에 소속된 개별 저널리스트들이 언제나 자본의 이익에 부합하도록 스스로 내면화하는 것은 아니고, 견디다 못해 독립 매체를 출범시키고, 윤리와 사명감으로 새 출발하는 경우도 있다.

* 「연합뉴스 포털 복귀…법원, 네이버·카카오 계약해지 효력 정지」(『연합뉴스』, 2021. 12. 24).

이와 관련하여 매우 흥미로운 작품이 하나 있다. 포르투갈의 작가 안토니오 타부키가 쓴 『페레이라가 주장하다』이다.* 페레이라는 우익 독재자 살라자르가 지배하는 리스본의 한 신문사에서 편집기자로 일하는 중년의 고도비만자로 대충 하루하루 기사 때우기만 하면 된다고 생각하던 사람이다. 그러다가 우연히 알게 된 젊은 수습기자가 페레이라의 집에 잠시 머물던 중 스페인 내전에서 공화국을 지원해 국제여단 활동을 했다는 이유로 정보기관에 살해당하자 독재자의 검열을 피해 젊은 수습기자가 살해당한 사실을 기사로 출고한 후 성공적으로 파리 망명길에 오른다는 내용이다. 이 책은 생활형 기자로 검열을 피해 근근이 살던 저널리스트가 도저히 참을 수 없는 불의를 마주할 때는 혈혈단신으로라도 용기를 그러모아 위업을 달성할 수 있다는 사실을 잘 보여주었다.

우리나라에서도 1987년 시민 자금으로 출발한 『한겨레』신문, 기자들이 사주인 『경향신문』, 시민의 후원만으로 운영되는 『오마이뉴스』『열린공감TV』『서울의소리』『팩트TV』등 다양한 독립매체가 존재하고 『한겨레』신문, 『경향신문』등 그중 일부는 광고도 수용하여 사원들의 복지를 추구함과 아울러 거대 자금주인 광고주의 이해도 충분히 반영하고 있다.

* 안토니오 타부키, 이승수 옮김, 『페레이라가 주장하다』, 문학동네, 2011.

언제나 자본의 편인 기존 '레거시 미디어'가 총량을 쏟아부은 2022년 3월 9일 제20대 대한민국 대통령선거에서 미디어와 여론조사기관의 전폭적인 지원을 받은 후보자가 해당 미디어와 여론조사기관의 전폭적인 공격을 받은 후보자보다 겨우 24만 표, 득표율로는 0.7%가량 차이밖에 내지 못했다는 사실은 '돈으로 살 수 있는 미디어'에 대한 시민들의 환멸과 각성 자체도 '선동 매체로서 미디어'의 한계를 의미하는 신호로 해석할 수 있다.*

그러나 미디어가 자본에 의해 좌우되는 속성이 있는 만큼 각자 자신들이 추구하는 가치관에 부합하는 미디어를 후원하는 것이 미디어의 기울어진 환경 개선에 큰 도움이 된다. 이와 관련하여 노벨경제학상 수상자인 조지프 스티글리츠의 견해는 매우 중요하다. 즉, 경제적 불평등이 심화될수록 소수 거대 자금원의 이익에 부합하도록 미디어가 물량 공세로 선동하고, 소외된 소수는 수동적으로 수용하기만 해야 하므로 민주주의가 위협받는다는 것이다.** 따라서 다수의 독립 미디어에 정기적으로 후원할 수 있는 중산층이 두텁게 존재하는 것이 민주주의의 유지에 매우 절실하다고 할 수 있다.

문제는 국민의 24%가 자영업자인 우리나라에서 국가조차 소

---

* 「윤석열 - 이재명 24만 표 차이인데… 30만 표나 쏟아진 무효표」(『한겨레』, 2022. 3. 10).
** 조지프 스티글리츠, 이순희 옮김, 『불평등의 대가』, 열린책들, 2020.

수 거대 자금원의 이익에 부합하도록 대기업이 떡볶이와 아이스 크림까지 팔 수 있게 부를 더욱 집중시키는 입법을 지속하는 상황에서는 미디어의 편향이 더욱 심화될 우려가 있다는 점이다. 특히 우리 헌법은 영업권을 제한하는 경우 손실을 보상하도록 의무화하고 있으나* 자영업자에 대한 영업권을 제한하고도 손실보상에 대해서는 은혜라도 베푸는 것처럼 취급하는 국가기관 구성원들이 많은 것도 종국적으로는 민주주의의 악화와 미디어 환경 악화 현상에 기여하는 요소다.

이제 미디어의 편향에 대해 정리해보자.

개인이나 조직이나 누구든지 상황에 따라 사실을 편집하거나 감추는 성향이 있다. 그러나 이러한 성향은 특히 자본과 권력에 따라 크게 좌우되는데, 저널리스트의 본분에 충실하고자 하는 기자들도 많으므로 독립 미디어에 후원할 수 있는 구성원들이 다수 존재할 경우 미디어의 균형이 회복될 수 있고, 이에 따라 중산층의 존재가 결국 미디어의 보도 편중 방지에 큰 도움이 된다는 점도 알 수 있다.

아울러 국가 구성원이 세금 또는 허용되는 후원금 외에 거대 자본에 의존하거나 유착관계를 가지게 되는 것이 결국 중산층의

---

* 헌법 제23조

③ 공공필요에 의한 재산권의 제한 및 그에 대한 보상은 법률로써 하되, 정당한 보상을 지급하여야 한다.

시장을 자본이 흡수하는 결과와 미디어 환경이 악화하는 결과를 동시에 초래하기 때문에 미디어의 편중은 선거에서 시민들의 후원금으로 정치활동을 하는 후보자를 선출하느냐, 아니면 거대 자본의 투자금으로 입법활동을 하는 후보자를 선출하느냐의 문제가 된다.

2022년 3월 9일 제20대 대통령선거 결과를 분석하면, 아직은 거대 자본이 대거 투입된 미디어가 대한민국의 전부를 차지했다고 보기는 어려우나, 경제적 불평등이 심화될수록 전체주의로 복귀하는 전 세계적 경향으로 볼 때 거대 자본에 의존하는 선출직 공직자들은 중산층 부흥 대신 국민들을 극빈층과 부유층으로 양분하는 전략을 사용할 것으로 보인다.[*]

결국, 미디어의 편향도 자금과 선거의 문제다.

미디어 편향의 가속도를 줄이려면 공동체의 가치관에 부합하는 다수의 독립 미디어에 소액이라도 꾸준히 후원하는 것이 중요하다.

---

[*] 조슈아 컬랜칙, 노정태 옮김, 『민주주의는 어떻게 망가지는가』, 들녘, 2015, 261쪽.

19. 검찰과 미디어는 왜 이럴까

　'빅맨 신드롬'(Bigman syndrome) 또는 '빅매니즘'(Bigmanism)
이라는 개념이 있다. 1960년대에는 그때까지도 신석기 시대 생
활양식을 지속하던 부족들에게서 발견되는 현상인데, 어떤 강력
한 인물 하나가 어려움을 극복하고 스스로 성장해 통치자가 된
후 식량부족, 기근 등 부족에게 나타난 문제를 해결해줄 것이라
는 믿음이 반영된 숭배 현상을 의미하는 용어로 사용되었다.*

　그 후 '빅맨 신드롬'은 유럽의 식민 지배로부터 독립한 아프리
카 각국이 연달아 군사 쿠데타로 전복되고, 군사 쿠데타로 정부
를 장악한 군인들이 관료를 측근들로 채울 뿐 아니라 국가 주도
의 경제개발정책 과정에서 가족과 친지, 측근들에게 국영기업의
운영을 맡도록 함으로써 국가의 사회적·문화적·경제적 발전을
저해하는데도 시민들이 크게 저항하지 않는 현상을 지칭하는 용

＊ Paul Roscoe, "Before Elites: The Political Capacities of Big Men,"
Universitätsforschungen zur prähistorischen Archäologie, 2012.

어로 의미가 확장되었다.*

그렇다면 무력을 행사하는 거물이 질서를 정비해야 한다는 '빅맨 신드롬'은 개발이나 문명화가 덜 된 부족이나 국가에서만 나타나는 현상일까?

미개발 지역과 국가의 독재적 리더십을 지칭하는 용어로 '빅맨'이 만들어지기 훨씬 이전에 문명의 발상지에서는 페르세우스, 이아손 등의 '영웅 서사'가 만들어졌고, 문명이 개화된 이후에는 아예 열전 형식의 전기가 등장하기도 했다.

페르세우스는 아르고스 왕 아크리시오스의 외손자다. 아크리시오스의 딸 다나에가 제우스에 의해 강제로 임신해서 페르세우스를 낳았지만 아크리시오스는 손자를 인정하지 않은 채 다나에를 폴리덱테스라는 남자에게 시집보냈다. 왕이 된 폴리덱테스는 페르세우스에게 "네가 진정 제우스의 아들이라면 메두사의 머리를 가져와라"라며 페르세우스를 나라 밖으로 쫓아냈다. 메두사는 얼굴이 너무 무섭게 생겨서 보는 사람마다 돌이 된다는 전설이 있는 괴물이다.

페르세우스는 갖은 고생 끝에 메두사의 머리를 자르고 제물로 바쳐졌던 이디오피아의 공주 안드로메다를 구하여 귀국했다. 그런데 폴리덱테스는 메두사를 처단했다는 페르세우스를 거짓말

* Bruce J. Berman, "Ethnicity, Patronage and the African State: the Politics of uncivil nationalism," *African Affair*, 1998.

쟁이로 몰다가 페르세우스가 보자기에서 꺼낸 메두사의 머리를 보고 돌이 되었고, 페르세우스는 왕의 자리에 올라 시민들의 환호를 받는다.*

보는 사람을 돌로 만들어버리는 무기를 사용해 국가를 차지한다는 페르세우스 이야기는 그야말로 황당무계하지만, 그리스와 로마의 전설상 위인으로 꼽히는 사람들의 이야기도 이와 크게 다르지 않다. 특히, 서기 100년경 그리스에서 활동한 역사가 플루타르코스는 그리스와 로마의 설립자와 유명인들의 어린 시절, 성장 배경, 업적을 대조 형식으로 다룬 『병렬기』(*Pararalleloi, Pararell Lives*)를 펴냈는데, 우리나라에서는 『플루타크 영웅전』으로 번역되었다.**

『플루타크 영웅전』에서 가장 먼저 등장하는 사람은 테세우스다. 아티카의 왕족인 아이게우스가 테세우스 엄마의 나라를 잠깐 방문했다가 테세우스 엄마와 하룻밤을 같이 보내면서 태어난 테세우스는 장성한 후 아버지를 찾아 모험을 떠난다. 가는 길에 각종 악당을 죽이고 악당의 무기를 빼앗아 가져가서 아티카의 왕이 된 아버지를 만난다. 당시 아티카에서는 해마다 크레타섬에 설치된 미궁에 사는 괴물에게 젊은이들을 산 채로 제물로 바쳐야 할 의무가 있었는데 아티카 시민들이 점차 제물 행사에 저

* 오비디우스, 천병희 옮김, 『변신 이야기』, 숲, 2017.
** 플루타르코스, 박광순 옮김, 『플루타크 영웅전』 상·하, 하서, 2006.

항하자 테세우스는 제물로 가장해 미궁 속으로 들어가 괴물 미노타우로스를 죽이고 귀향한 뒤 왕이 되어 그리스 최초이자 최고의 국가인 '아테네'(Athens)를 만들었다는 것이다.

영국 중세 시기의 민족주의의 전설인 '아서왕'의 전설도 게르만족으로도 불리는 색슨족(Saxons)을 무력으로 몰아내고 브리튼 제도에 영국 민족의 국가를 확립했다는 영웅 이야기를 중심으로 이루어져 있다.*

현대 미국의 대중오락 분야에서도 부패한 관료와 시민들을 괴롭히는 범죄자나 지구 정복을 노리는 가상의 악당들을 무찌르는 초능력자를 등장시키는 장르가 대단히 인기를 끌고 있다.** 이는 우리나라도 예외가 아니다. 『홍길동전』은 서기 1700년대에 창작된 작품으로, 신분제 사회에서 상향 진출의 꿈이 막힌 서얼이 뜻을 함께하는 사람들과 조직을 구성해 탐관오리들을 징벌한 후 조정에서 벼슬을 주겠으니 귀순하라고 함정을 파자 별도의 왕국을 만들어 먼 섬나라로 떠난다는 이야기로, 결과적으로는 슈퍼히어로물이다.***

---

* Roger Green, *King Arthur and His Knights of the Round Table*, Puffin Books, 2008.
** Kyle Paul Morrell, 'Truth, Justice, and the American way(Whatever that is): Comic Book Superheroes and Political Projection, DePaul University Honors Senior Thesis, 2017.
*** 허균, 김현양 옮김, 『홍길동전 · 전우치전』, 문학동네, 2010.

그렇다면 빅맨 신드롬과 영웅 서사, 영웅전, 슈퍼히어로물의 공통점은 무엇일까?

평민이나 시민들은 지배계급 또는 외세 압제의 위협에 시달리는데 스스로는 문제를 해결할 능력이 없어 피해만 입다가 어느 순간 고귀한 혈통을 가진 영웅이 악당들을 무찌르고 자신들을 구해준 뒤 왕의 자리에 오른다는 내용이다. 이러한 영웅 신화의 문제점은 영웅이나 빅맨들 역시 사하라 이남 아프리카 각 국가에서 지속적으로 군사반란이 일어나 국내 자원을 외국에 팔아넘기거나, 남아메리카 각 국가에서 지속적으로 군사반란이 일어나 통치자 일가족이 국영기업 운영권을 장악하는 방법으로 새로운 수탈을 하는데, 그러한 수탈을 방지하는 방법은 새로운 무력 압제자를 기다리는 수밖에 없다는 지배계급의 이념을 받아들이도록 한다는 점이다.*

슈퍼히어로들의 활약은 관객들에게 카타르시스를 주기도 하지만, 한편으로는 그들이 지구를 구하거나 악당을 처치한다는 명목으로 초고층 건물들을 9·11 테러 수준으로 파괴하고, 도로를 침수시키고, 자동차를 훔치고, 민가에 함부로 침입해 몸싸움을 벌이는 등의 폭력행위에는 관심을 가지지 못하게 만든다.

이러한 영웅 신화가 현대 대한민국에서 어떻게 나타나는지 가

---

* Veronica Kitchen, *Heroism and Global Politics,* Routledge, 2018.

장 분명하게 알 수 있는 장면은 특정인에 대한 '구속 수사'나 '구속 기소'를 수시로 알려주는 미디어의 보도라고 할 수 있다. 이 경우 구속 기소한 검찰은 슈퍼히어로이고, 그 대상은 오락물에 등장하는 빌런 또는 악당이 된다.

앞에서 우리는 맥루언의 정의에 따라 '미디어는 광고를 유치하기 위해 뉴스를 끼워파는 매체'라는 냉소적인 통찰을 살펴보았다. 물론 각종 미디어는 뉴스만 내보내는 것이 아니라 더 많은 광고가 유치되는 흥미로운 드라마, 영화, 오락, 리얼리티물 등을 함께 제공하고 광고가 방송되는 시간에도 시청자나 구독자들을 붙잡아두려고 '채널 고정!' '채널 돌리지 마세요!'를 수없이 강조한다.

그렇다면 채널을 돌리지 않도록 시청자들을 붙잡아두는 가장 성공적인 방법은 무엇일까?

'일상의 철학자'라고도 불리는 스위스 출신의 철학자이자 작가 알랭 드 보통은 뉴스가 시청자들을 사로잡는 기술은 종교의식과도 같이 일정한 시간별로 새로움으로 무장한 뉴스를 제공하되 최고 지위에 있던 사람들이 추락하거나 끔찍한 이야기가 등장하는 소재를 던져주는 것이라고 분석한 적이 있다.[*] 그런 흥미를 제공하는 뉴스는 범죄, 재난, 사고, 전쟁 뉴스, 연예인 뉴스다.

[*] 알랭 드 보통, 최민우 옮김, 『뉴스의 시대』, 문학동네, 2014.

그런데 재난이나 전쟁은 늘 발생하는 것이 아니므로 대중을 정기적으로 끌어들일 수 없고, 전쟁이 장기화하면 시청률이 하락하기 때문에 결국 매일매일 서로 다른 범죄와 연예인 뉴스에 의존하는 방법밖에 남지 않는다. 하지만 통상 연예인 뉴스는 '점잖은 사람들이 입에 올리기에는 품위 있어 보이지 않는' 특성이 있고, 또 유명 연예인들의 사생활은 비밀에 싸여 있는 경우가 많아 매일 정기적으로 방송해야 하는 뉴스 채널에 고정적으로 올리기에는 어려움이 있다. 그러나 범죄 소식은 수사기관에서는 늘 발생하거나 만들어낼 수 있는 뉴스이고, 미디어는 수사기관에 사람을 보내기만 하면 새로운 범죄 기사를 대중에게 제공하고 광고를 유치할 수 있다. 따라서 미디어는 수시로 수사기관에 의존하고자 하는 유혹을 받게 된다.

한편, 검사를 포함한 수사기관도 자신의 수사 성과가 미디어에 보도되면 2,000여 명의 검사 중 '낭중지추'(囊中之錐)처럼 돋보일 수 있기 때문에 자신과 친한 기자들에게 몰래 정보를 제공해서 수사 대상자가 '인권 보호의 가치가 없는 사람'이라는 인상을 심어주고 피의자를 구속하면서 명성을 얻고자 하는 욕구가 생긴다.*

* 「윤석열 사단 한동훈 검사장·주진우 전 부장검사:검찰 내 최고의 특수수사 전문가로 꼽혀… 조국 전 장관 수사 진두지휘」(『MBN』, 2022. 3. 19).

그렇다면 수사기관이 미디어에 범죄 기사를 알려줄 때 준수해야 하는 '피의사실유출 금지 의무'와 '피의자의 무죄추정을 받을 권리 보장 의무'*는 어떻게 취급될까? 특히, 우리나라는 수사기관이 공소제기 전에 피의사실을 유출하면 처벌하는 규정이 있는데도** 거의 하루도 빠짐없이 범죄 뉴스와 피의사실이 미디어에 보도된다.*** 이렇듯 기소되지도 않은 사람에 대한 뉴스가 미디어에 거의 매일 보도된다는 것은 검사를 비롯한 수사기관이 자신들의 직업상 의무를 준수하지 않는다는 것을 의미한다.

그 이유는 무엇일까?

근대 사회학의 선구자 막스 베버는 일단 구성원의 승진이 가능한 국가기구 내 또는 사적 조직이 설립되면 자신이 '관료제'라고 하는, '승진에 충실하고 상급자에게 충성하는' 독창적 규율에 따라 운영되고, 그 조직의 문자화된 설립 목적에 따라 운영되지 않는다는 사실을 정확하게 간파했다.**** 비슷한 시기에 사회학적 연구방법과 현상론을 설립한 에밀 뒤르켐 또한 어떤 조직이 설

---

* 헌법 제27조 ④ 형사피고인은 유죄의 판결이 확정될 때까지는 무죄로 추정된다.
** 형법 제126조(피의사실공표) 검찰, 경찰 그밖에 범죄수사에 관한 직무를 수행하는 자 또는 이를 감독하거나 보조하는 자가 그 직무를 수행하면서 알게 된 피의사실을 공소제기 전에 공표(公表)한 경우에는 3년 이하의 징역 또는 5년 이하의 자격정지에 처한다.
*** 이진국, 『언론범죄보도와 형사법적 문제점』, 한국형사정책연구원, 2002.
**** 막스 베버, 이상률 옮김, 『관료제』, 문예출판사, 2018, 17쪽.

립되면 자연상태의 유기체처럼 스스로 규칙을 찾아 조직 내 다른 구성원이나 다른 조직과 경쟁하려고 한다고 보았다.*

베버와 뒤르켐의 관료제 이론의 현실적 적용과 현대적 기구가 설립 목적과 달리 구성원의 자기성장 본능에 따라 움직인다는 이론에 관해 가장 강력한 통찰을 보여주는 문학 작품이 바로 조지 오웰의 『1984』와 『동물농장』이다. 『1984』는 정부가 미디어와 완전히 밀착해서 국민의 통신 전부를 통제하면서도 '언론이 자유로운 나라'를 내세우고, 국민이 아무런 표현도 할 수 없도록 개인의 사생활을 CCTV로 완전히 감시하고 재판 없이 체포·구금하지만 '표현의 자유가 보장되는 나라'라고 주장하는 미래 어느 시점의 특정 국가를 상상한 작품이다. 홍보하는 가치와 정반대로 행동하면서도 특정 이상이 진실인 양 내세우는 상황을 의미하는 '오웰식 이중언어'(Owelian Double Speak)라는 명언을 창조해낸 명작이기도 하다.**

『동물농장』은 존스라는 사람이 운영하는 '매너' 농장에서 노동을 제공해야 하는 말과 소, 살육에 희생되는 돼지와 닭, 달걀과 우유를 제공해야 하는 닭, 염소 등의 동물들이 자체적으로 기구를 정비한 후 '모든 동물의 평등을 위하여'라는 기치 아래 존스의 농장에서 반란을 일으켜 존스를 쫓아낸 뒤 주도자인 돼지들

* Emile Durkheim, *Division of Labor in Society*, Simon & Schuster, 2014.
** 조지 오웰, 박경서 옮김, 『1984년』, 열린책들, 2009.

이 갑자기 사나운 개들을 친위대로 삼은 채 매일 자기들만 달걀과 우유·과일을 먹고 말, 염소, 소, 닭들은 돼지들이 이웃 농장에 팔고 남은 곡식 찌꺼기만 먹어야 하도록 만든 상황을 묘사한 현실적 우화다.*

대한민국의 검찰 구성원은 피조사자들의 인권 보호가 중요하다고 수시로 강조하지만** 증거를 조작해서 간첩몰이를 한 전직 검사들을 공직기강비서관이라는 직책으로 승진·임명한다.*** 이는 대한민국의 검찰이 정확히 뒤르켐이 지적한 조직의 유기체 이론 및 조지 오웰이 창안한 오웰식 이중언어가 적용되는 기관이라는 사실을 나타내는 증거라고 할 수 있다.

대한민국뿐만 아니라 『뉴욕타임스』 등 전 세계 대부분의 미디어도 숨김없는 보도가 중요하다고 수시로 강조하지만**** 『뉴욕타임스』는 막상 소속 기자가 이라크전에 반대하는 연설을 하자 징계하고 퇴사시켰고,***** 『경향신문』은 진실규명을 대체하려는 페미나치 이데올로기에 반대하는 탐사 기사를 작성한 기자를 징계하

---

* 조지 오웰, 김기혁 옮김, 『동물농장』, 문학동네, 2010.
** 「윤석열 "수사·소추 공정성 확보가 인권검찰 가는 지름길"」(『중앙일보』, 2021. 2. 1).
*** 「'간첩 조작' 연루 검사가 공직기강비서관… 공정·상식 맞나」(『한겨레』, 2022. 5. 5).
**** 『뉴욕타임스』의 슬로건은 'All the News That's Fit to Print'이다.
***** 크리스 헤지스, 노정태 옮김, 『진보의 몰락』, 프런티어, 2013, 225쪽 이하.

고* 이후 전직 검찰총장과 그 일가에 대한 비리 존부 취재 결과를 반영하지 않은 채 해임했다.**

요약하면, 검찰이나 미디어 또한 다른 현대적 조직과 마찬가지로 헌법이나 법률로 규정하는 보편적인 룰에 따르기보다는 조직 자체의 논리로 운영되는 기구라고 할 수 있다.

그렇다면 이것이 도대체 '빅맨 신드롬' '영웅주의'와는 어떤 관계일까?

우리는 앞에서 일본의 검찰 제도는 메이지 복고 시절 프랑스의 검사 제도를 도입하되, 아무에게나 칼을 휘두르던 사무라이와 유사한 특권을 검사들에게 부여한 제도였고, 우리나라에는 구한말 일본이 동학혁명군을 이끌었던 전봉준 등을 처단하기 위해 일본의 검찰 제도를 그대로 '메이지 형사소송법'(또는 '조선형사령')이라는 이름으로 도입했다가 현재까지 그 내용이 거의 변하지 않은 상태라는 사실을 함께 알아보았다.

검찰 제도에 이런 역사적 유래가 있고 검찰이 겉으로 내세우는 존립 명분과 다르게 관료화된 결과, '피의사실공표금지'나 '무죄추정원칙'은 외관상으로만 강조되는 허울일 뿐 실제로는

---

* 「'강진구 정직 1개월'… 맹목적 미투세력 압력에 초가삼간 태우지 말아야」(『굿모닝충청』, 2020. 8. 14).
** 「『경향신문』 강진구 기자 '해고'… 끝내 '펜대' 꺾었다」(『굿모닝충청』, 2022. 4. 5).

전혀 존중되지 않는 현실을 설명해준다. 그렇다면 시민들은 이러한 검찰의 자기 목적적 위법행위가 상설화된 사실을 알지 못할까? 결코 그렇지 않다.

아울러, 미디어는 본래 자본을 가진 광고주의 기호에 맞춰 광고를 제공하기 위해 뉴스를 끼워파는 매체라는 사실도 알아보았다.

그렇다면 우리나라 시민들은 주류 미디어가 광고 수익을 올리기 위해 광고주의 성향을 반영하는 불공정한 보도를 하는 습성이 있다는 사실을 모를까?

그 또한 절대 아니다. 검찰은 해마다 조사하는 국가기구 신뢰도에서 매년 가장 하위의 자리를 차지한다.* 우리나라 언론도 해마다 조사하는 전 세계 미디어 신뢰도에서 매년 하위권을 맴돌고 있다.** 이것은 시민들이 검찰이나 미디어가 신뢰할 수 없는 기관이고, 허울과 실제가 다르며, 겉과 속이 다른 기관이라는 사실을 잘 안다는 것을 의미한다. 그럼에도 일부 범죄에 대한 수사를 개시할 수 없도록 제한한 검찰청법 개정안이 시행된 2021년 1월 1일 직전까지 해마다 검찰에 접수되는 고소 건수는 60만 건, 고발 건수는 10만 건 이상이었다.*** 그만큼 자율적 해결 대신 경찰

---

* 「검찰, 형사사법기관 신뢰도·공정성 6년 연속 꼴찌」(『노컷뉴스』, 2022. 3. 24).
** 「한국 뉴스 신뢰도, 드디어 '꼴찌' 벗어났다」(『미디어오늘』, 2021. 6. 23).

등 수사기관의 힘에 의존한다는 의미다.

검찰에 의존하는 심리는 시민들에게만 있는 것이 아니다. 현재까지도 기자들은 자신들이 취재한 내용을 토대로 검사들이 수사를 개시하여 혐의자가 형사처벌로 응징되는 것이 필요한 것처럼 인식하거나, 형사절차가 개시되는 것 자체로 승리한 것처럼 보도하는 경향이 강하다.*

시민들이나 기자들이 검찰이 내세우는 공정 원칙이 허울과 거짓이라는 사실을 알면서도 검찰에 다른 사람에 대한 수사를 의뢰하고, 검찰이 사회에 존재하는 문제를 해결해주기를 기대하는 현상, 어떤 현상에 대해 공중파 등 주요 미디어가 대대적으로 보도해주기를 바라는 심정은 '빅맨 신드롬' '영웅 신화' '슈퍼히어로 신드롬'을 그대로 닮았다. 어떤 강력하고 막강한 존재가 힘을 행사할 것이고, 그 힘이 결국 그 존재 자체의 지위를 공고히 하는 방식으로 사용될 것이라는 사실을 알면서도 당장 나와 내 이웃의 고통과 문제를 해결해주기를 기대하는 심리 말이다.

그러나 이러한 심리는 빅맨에 대한 의존도를 높이고, 개인과 사회의 자율적 판단 영역을 축소해 결국 시민들이 주체가 되는 민주주의의 성장을 저해하는 요소가 될 수밖에 없다. 앞서 인용

***「고발 남발시대… 年 11만 건」(『매일경제』, 2019. 8. 18).
* 주진우, 『주진우의 이명박 추격기』, 푸른숲, 2017; 심인보·김경래, 『죄수와 검사』(『뉴스타파』, 2021. 4. 30).

한 『영웅주의와 국제정치』(*Heroism and Global Politics*)의 주제가 바로 영웅에 의존하는 태도가 민주주의의 적이라는 내용이다.

검찰에 대한 의존도를 높이면 높일수록 검찰청을 구성하는 검사 개개인이 장차 고액 수임료를 받으려고 사건을 벌이거나 조작하며, 자신들과 친한 사람이나 자신들에게 고액의 후원을 하는 사람들의 이권을 보장해줄 힘을 더 키우게 되고, 가치 있는 보도를 감추고 광고주의 이해관계에 부합하는 미디어에 더 의존할수록 광고의 노예가 될 수밖에 없게 된다.

그럼 이러한 현상에 적극 대처하려면 어떻게 해야 할까?

우선 '예방법학'(Preventive Legal System)이라고 불리는 분야를 교육 차원에서 적극 도입하거나, 개개인이 재산상 이익 또는 손해를 초래하는 거래를 하기 전에는 미리 관련 제도를 구글링해서 꼼꼼히 점검함으로써 거래 상대방으로부터 배반당해서 수사기관을 통해 해결해야 하는 상황을 초래하는 경우를 최대한 방지할 필요가 있다.

다음으로, 거대 자본이 투입된 미디어에 대한 의존도를 줄이고, 콘텐츠 자체의 질에 따른 비용을 징수하는 매체(예컨대 인터넷 뉴스 매체 중에서도 시민 후원으로 제공되는 뉴스 채널, 넷플릭스 등)를 후원 또는 구독하거나 비영리 방식으로 운영되는 블로그나 영리 목적 없이 독립적으로 판단하는 전문가들의 페이스북 페이지를 주된 정보 분석 통로로 활용하는 것이 필요하다.

귀찮아야 민주주의이고, 독립적으로 사고하고 생활해야 이기
적 목적으로 존재하는 기관들에 이용당하지 않는다.

20. 사법절차로 역사적 진실이 왜곡될 때 어떻게 대응할 수 있을까

이 책은 '표창장 사태'를 바라보는 관점을 전지적 검찰 시점이나 전지적 미디어의 시점과 일치시킬 필요가 없을 뿐만 아니라 그렇게 하는 것은 해롭다는 견해를 제시하면서 시작했다. 약간 덧붙이면, '표창장 사태'는 검찰이 특정인을 법무부장관직에서 사임하게 하려고 동일한 표창장을 날짜와 방법을 바꿔 세 번 기소한 행위로, 그 자체로 부적법한 직권남용이라는 불법행위로 평가할 수 있는 형사소송법 규정이 존재하는데도, 그 규정을 적용하지 않은 사건이기도 하다는 견해를 제공하는 책이기도 하다.* 절차가 위법한지를 판단하는 것은 대법원의 재량 사항이고,

---

* 형사소송법 제327조(공소기각의 판결) 다음 각호의 경우에는 판결로써 공소기각의 선고를 하여야 한다.
2. 공소제기의 절차가 법률의 규정을 위반하여 무효일 때
형법 제123조(직권남용) 공무원이 직권을 남용하여 사람으로 하여금 의무 없는 일을 하게 하거나 사람의 권리행사를 방해한 때에는 5년 이하의 징역, 10년 이하의 자격정지 또는 1천만원 이하의 벌금에 처한다.

이번 판결에서 적용하지 않았다 하더라도 성격이 유사한 다른 판결에서도 적용하지 말아야 하는 것은 아니기 때문에 검찰의 절차 준수를 감시·평가·판단하는 것은 매우 중요하다. 즉, 검찰이 수사 권한을 남용해 선출직 공직자의 정책 또는 인사상 결정이나 기업의 영업이나 이권에 개입하는 것이 외관상 명백할 경우 공소제기 자체를 무효로 보아야 한다는 새로운 법리가 형성되도록 얼마든지 여론과 법리를 만들어나갈 수 있다는 의미다.

앞에서 검찰의 수사에 의존하는 미디어와 시민들의 행위 자체가 아프리카나 남미의 군사독재 현상인 '빅맨 신드롬'과 유사하며 각자 자기 처지에서 독자적으로 판단하는 것이 중요하다는 통찰을 검토했으니 여기에서는 사법절차에 따라 역사적 진실이 조작될 때 어떻게 대응할 수 있는지 살펴본다.

수사 또는 재판이라는 제도는 그 시기에 범죄로 규정되는 행위와 유죄의 증거로 사용할 수 있는 물건 또는 진술이 허용되는 범위에 따라 진실과의 거리가 달라진다. 미국의 극작가 아서 밀러의 작품 중 우리나라에서는 『세일럼의 마녀들』(*The Crucible*)로 번역된 작품이 있다.* 밀러 자신이 매사추세츠주 세일럼 출신이기도 하지만 이 작품은 1692년 세일럼에서 실제로 있었던 마녀사냥의 광기를 소재로 삼았고 거의 실제 재판 기록을 그대로 재

* 아서 밀러, 최영 옮김, 『세일럼의 마녀들』, 민음사, 1981.

300

현했다.*

  작품 배경은 영국 식민지 시절 매사추세츠주 세일럼 마을에
있는 패리스 목사의 집으로, 목사의 딸은 전염병을 앓고 있다. 함
께 사는 아름다운 조카 애비게일은 마을 주민 존 퍼트넘 집에서
가정부로 일하다가 해고된 뒤 삼촌 집에서 살고 있다. 당시 세일
럼 마을은 목사가 신도인 주민들을 통솔할 수 있었으나 마을 사
람들은 패리스 목사를 따르지 않았다. 그런데 목사에게는 마을
주민들이 흑마술을 하는 마녀로 재판받게 되면 사형을 시키고
그 재산을 자신이 차지할 권리가 있었다. 그래서 패리스 목사는
자기 딸이 병을 앓는 이유는 흑마술을 당했기 때문으로 몰아가
기로 한다. 그 전날 밤 애비게일이 집 밖 숲에서 여자아이들과 함
께 춤을 추는 모습을 떠올린 목사는 애비게일을 통해 흑마술을
한 사람들을 지목하기로 마음먹었다.

  하지만 퍼트넘과 불륜 관계였던 애비게일은 퍼트넘을 기다리
다가 숲 밖에서 친구들과 춤을 추었으므로 그곳에서 아무도 흑
마술을 한 일이 없다는 사실을 잘 알고 있었다. 그러나 퍼트넘과
불륜 관계라는 사실을 눈치챈 퍼트넘의 아내가 자신을 가정부
자리에서 해고하고 퍼트넘도 그 후 자신을 멀리하는 것에 앙심
을 품은 애비게일은 퍼트넘의 부인이 마법 인형을 만들어 바늘

---

  * 로절린 섄저, 김영진 옮김, 『세일럼의 마녀들』, 서해문집, 2013.

로 찌르면서 흑마술을 하는 것을 보았다고 거짓말을 한다. 그리고 자기 친구들에게도 마녀놀이를 한 사람들을 본 적이 있었다고 거짓말을 하게 한다.

애비게일의 이야기를 들은 패리스 목사는 쾌재를 부르며 퍼트넘의 부인을 소환해서 자백을 강요하고, 함께 흑마술을 하거나 흑마술을 한 다른 사람의 이름을 대지 않으면 흑마술사인데도 반성하지 않는 것이라고 선언했다. 이런 방법으로 마을 주민들 대부분이 흑마술사로 지목받게 되자 흑마술사 전문 재판관과 매사추세츠주 부지사가 마을에 도착해 직접 마녀재판을 한다. 재판에서 증거는 필요 없고 누군가가 피고인이 흑마술을 하는 것을 보았다는 말 한마디만 하면 죄가 인정되었고, 그 상황에서 자백하지 않거나 다른 사람을 지목하지 않으면 1급 마법사로 몰려 사형을 당했다.

다른 사람을 지목하는 방법은 '애니가 날아다녔어요'라고 말하거나 '피터가 마녀와 몸을 섞었어요'라는 등으로 말하는 것이었고, 그 주장이 아무리 허무맹랑하더라도 주장을 뒷받침할 다른 증거는 전혀 필요 없었다. 또는 자백만으로도 유죄가 인정되었는데, 자백을 받아내려고 고문할 수도 있었다. 마녀재판으로 마을 사람 19명이 사형당하고, 나머지 사람들은 재판장이 마을을 떠날 때까지 갇혀 있게 되었다. 프록터와 그 아내는 아무도 지목하지 않고 자백도 하지 않았기 때문에 프록터는 사형당했고,

아내는 임신 중이어서 출산할 때까지 사형 집행이 연기되는 바람에 살 수 있었다.

세일럼에서 실제로 벌어진 마녀사냥 재판은 유족들과 재판을 진행한 청교도들과 신앙 방법이 약간 다른 퀘이커 교도들에게 꾸준히 비판받았다. 주 정부에 대한 청원으로 사건 발생 약 20년 후 주지사가 바뀌면서 새로운 주 정부에서는 마녀사냥의 희생자들과 유족들에게 배상하는 법률안을 통과시켰고, 교회에서는 마녀로 몰려 불이익을 본 사람들을 전부 사면했다. 이렇듯 세일럼 사건은 잘못된 수사와 재판 결과를 여론, 선거, 입법으로 바꿔낸 훌륭한 사례라고 할 수 있다.

'수사' '재판'이 시대의 산물이라는 사실은 앞서 언급했다. 세일럼 마녀 사건처럼 다른 사람의 진술만으로 흑마술죄를 인정하거나 허무맹랑한 자백만으로도 흑마술죄를 인정할 수 있다.

그런데 현재 대한민국에서는 예컨대 '표창장' 사건으로 수사를 받는 교수 등 검사가 지목한 사람을 아는 수감자 기타 그 교수를 고용한 대학 총장 등이 검사실에 수십 번씩 불려가 "수사 대상자가, 검사가 불러주는 행위를 했다고 재판정에서 진술하지 않으면 당신의 총장 자격을 파멸시킬 것"이라는 강압을 받은 다음일지라도 조서에 서명·날인하고, 재판부가 문제 삼지 않으면 검사가 지목한 교수 등 수사 대상인 사람은 세일럼에서 흑마술사로 지목받은 사람들처럼 엮인 행위로 유죄판결을 받을 수 있게 되어 있다.*

여기서 '조서'는 실제 대화나 문답 내용을 그대로 기재한 '녹취'와 달리 검사 또는 수사기관이 법률용어를 집어넣어 대화 내용을 각색·편집한 문서를 의미한다. 따라서 수사나 재판은 증거법과 절차법, 형사법의 해석에 따른 제한을 받기 때문에 수사나 재판을 통해 세일럼의 마녀 죄처럼 특정 사건의 범죄자로 확정되고 형집행이 끝났다 하더라도 '그러한 행위가 있었다는 역사적인 진실'이 성립하는 것은 아니라는 점을 기억하는 것이 중요하다.

마찬가지로 '세일럼의 마녀' 사건을 일으킨 패리스 목사가 마녀사냥 사건을 일으킨 계기가 자신을 인정하지 않는 마을 사람들의 재산을 합법적으로 빼앗으려는 사적 욕심 때문이었기 때문에 수사나 재판을 진행하는 사람들의 사적 관계에 따라 역사적 진실이 왜곡되기도 한다는 점도 명심해야 한다.

지금까지는 일단 수사나 재판으로 어떠한 '단죄'가 있었다 하

* 형사소송법 제312조 ④ 검사 또는 사법경찰관이 피고인이 아닌 자의 진술을 기재한 조서는 적법한 절차와 방식에 따라 작성된 것으로서 그 조서가 검사 또는 사법경찰관 앞에서 진술한 내용과 동일하게 기재되어 있음이 원진술자의 공판준비 또는 공판기일에서의 진술이나 영상녹화물 또는 그 밖의 객관적인 방법에 의하여 증명되고, 피고인 또는 변호인이 공판준비 또는 공판기일에 그 기재 내용에 관하여 원진술자를 신문할 수 있었던 때에는 증거로 할 수 있다. 다만, 그 조서에 기재된 진술이 특히 신빙할 수 있는 상태하에서 행하여졌음이 증명된 때에 한한다. 심인보·김경래,『검사와 죄수』, 뉴스타파, 2021, 17·273쪽.

더라도 단죄 내용이 역사적 진실이 아닐 수도 있다는 사실을 검토했다. 그렇다면 수사나 재판으로 어떠한 범죄가 인정되지 않으면 그러한 역사적 사실이 존재하지 않는 것으로 확정될까? 그 또한 절대 아니다.

'표창장 사태'와 비슷한 시기인 2019년 무렵, 당시 국내에서 국회의원을 하던 여성 인사의 아들이 2015년에 미국 뉴햄프셔에서 개최된 고등학생 과학경진대회(New Hampshire Science and Engineering Expo)에서 공학 분야 1등을 차지한 사실이 뒤늦게 화제가 되었다. 그 학생이 2015년 3월 15일에 엑스포에 제출한 논문 제목은 "Research on the Feasibility of Cardiac Output Estimation using Photoplethysmogram and Ballistocardiogram"(손가락 휴대용 측정기와 기계측정기에 의한 심박 측정 용이성에 대한 연구)이다. 문제는 뉴햄프셔 고등학생 과학경진대회는 학생 스스로 직접 연구한 결과만 제출할 수 있다는 것이다. 그런데 이 논문은 2015년 8월 28일 밀라노에서 개최된 IEEE(the Institute of Electrical and Electronics Engineers) 학술대회에 제출되었는데, 서울대학교 교수와 삼성종합연구소 직원을 포함해 공저자가 모두 4명으로 기재되어 있다.

이것은 5개월 전 과학경진대회에 제출된 논문이 그 학생이 실험한 결과가 아니라 서울대학교 교수가 실험한 결과에 저자 이름을 올릴 수 있도록 해준 것이거나(가설 1), 실제로 고등학생이 실험한 것을 서울대학교 교수가 나중에 자기 이름을 붙여 밀라노 학술대회 출장 허가를 받거나 출장비를 수령한 것(가설 2) 중 하나여야 하고, 둘 중 어느 것이더라도 '표창장 사태' 기준이라면 범죄가 된다. 즉, 원래 서울대학교 교수 등 다른 사람의 연구인데 고등학생 자신의 단독 연구인 것처럼 경시대회에 제출하여 수상하고 상금도 받았으면 사기죄와 업무방해죄를 구성할 수 있다.* 서울대학교 교수의 경우 고등학생인 다른 사람이 실험한 후 작성한 논문에 차순위 저자로 이름을 올려 연구비, 출장비를 받는 행위는 사기죄를 구성한다.**

동일한 표창장을 세 번이나 기소한 속칭 '대한민국 검찰적 공정성' 기준이라면 이 사건 또한 70군데에 가까운 연구기관, 대학 등의 압수수색을 진행해서 진실을 규명해야 할 것처럼 보인다. 그러나 검찰은 그렇게 하지 않았고, 위 가설에 근거해서 고발된 모든 사건에 무혐의 결정을 했다.*** 그렇다면 검찰의 '무혐의 결정'은 '고등학생이 서울대 교수 등 다른 사람의 연구실적을 자신의 것인 양 경시대회에 제출한 사실이 없다'는 증거일까? 또한 검찰의 '무혐의 결정'은 '서울대 교수가 고등학생의 연구실적을

---

* 대법원 94다2708 등.
** 대법원 2021도8468 등.
*** 「'나경○ 아들 논문 제1저자' 의혹 무혐의 처분」(『연합뉴스』, 2020. 12. 1).

자신과 공동 연구한 것처럼 행세한 사실이 없다'는 증거일까? 결코 그렇지 않다.

어떤 사건이 '무혐의'라는 것은 그러한 역사적 사실이 없다는 증명과는 거리가 멀고, 범죄 요건 수십 가지 중 한두 가지를 구비하지 못했다는 설명일 가능성이 더 높다. 왜냐하면 어떠한 행위가 범죄로 인정되려면 '그러한 행위의 의도'가 있어야 하고,* 행위 당시 '제정신'이었어야 하며,** 자발적이어야 하는*** 등 형사법 특유의 요건들이 많기 때문이다. 그뿐만 아니라 앞서 지속적으로 살펴보았듯이, 수사절차 자체가 정치행위로 악용될 가능성이 항상 열려 있기 때문에 수사의 결론을 결정하는 사람이나, 그 사람과 친분관계가 있는 변호사의 유무 등 사건의 결론을 진실과 다르게 바꿀 수 있는 가능성이 무수히 존재한다.

그래서 진위 다툼이 있거나 바람직하지 않거나 부끄러운 행위라고 하여 '수사'나 '재판'에 의존하려는 것은 수사기관이라는 '빅맨'을 '빅 브라더'로 바꿔주는 역할을 하게 된다. 그러면 수사기관 또는 재판기관에 의존하지 않고 어떻게 적극적으로 진실에

---

* 형법 제13조(고의) 죄의 성립요소인 사실을 인식하지 못한 행위는 벌하지 아니한다.
** 형법 제10조(심신장애인) ① 심신장애로 인하여 사물을 변별할 능력이 없거나 의사를 결정할 능력이 없는 자의 행위는 벌하지 아니한다.
*** 형법 제12조(강요된 행위) 저항할 수 없는 폭력이나 자기 또는 친족의 생명, 신체에 대한 위해를 방어할 방법이 없는 협박에 의하여 강요된 행위는 벌하지 아니한다.

기반한 역사를 만들어나갈 수 있을까?

중요한 사례가 하나 있다.

우리나라는 법관들이 양심에 따라 독립해서 재판할 의무를 부담한다.* 그런데 대법원에서 재판연구관으로 근무하는 판사들이 각 법원에서 재판하는 법관들에게 특정 사건들에 관해 특정한 결론을 내도록 지시하는 사태가 발생했다. 검찰은 그러한 지시를 한 재판연구관들을 수사하고 기소했다.** 그런데 대법원에서 근무하는 판사가 지방법원에서 근무하는 후배 판사에게 사건의 결론을 지시하는 것은 그 후배 판사의 재판상 독립 관련 헌법상 의무를 위반하도록 유도하는 행위이기는 하나 그러한 행위를 금지하거나 처벌하는 어떠한 규정도 존재하지 않는다.

그래서 검찰은 이와 같은 '재판개입' 행위를 '직권남용'이라는 죄로 엮어 기소했고,*** 대법원에서는 기소된 판사에게 무죄 판결을 확정했다.**** 결국 이러한 수사와 판결로 마치 재판연구관들

* 헌법 제103조 법관은 헌법과 법률에 의하여 그 양심에 따라 독립하여 심판한다.
** 「檢, '재판개입' 의혹, 前 대법원 수석재판연구관 소환조사」(『법률신문』, 2018. 9. 6).
*** 형법 제123조(직권남용) 공무원이 직권을 남용하여 사람으로 하여금 의무 없는 일을 하게 하거나 사람의 권리행사를 방해한 때에는 5년 이하의 징역, 10년 이하의 자격정지 또는 1천만 원 이하의 벌금에 처한다.
**** 「'재판 개입' 임성근… "직권 없어 남용도 없다" 무죄 확정」(『한국일보』, 2022. 4. 28).

은 일선 지방법원·가정법원·행정법원·고등법원의 후배 판사들의 재판에 개입해도 문제가 되지 않는 것과 같은 잘못된 여론이 형성되었고, 대법원이 오로지 '제 식구 감싸기'만 하는 것처럼 오인되는 부작용이 발생했다. 즉, 이 사건은 법원에서 특정한 사건에 대해 무죄판결을 선고했다 하더라도 그 사건에서 쟁점이 된 행위가 역사적으로 존재하지 않는 것을 의미하는 것은 아니라는 사례라고 할 수 있다.

따라서 다른 법관의 헌법상 독립 의무를 준수해야 하는 것은 모든 법관의 헌법상 의무이므로 이러한 사안은 수사가 아니라 징계책임, 헌법상 책임이라는 개별 영역의 활동을 통해 대한민국에서는 허용되지 않는 행위라는 윤리와 도덕을 확립하는 것이 바람직하다. 이런 측면에서, 대법원이 다른 법관의 재판에 개입하여 법관으로서 독립성을 침해한 행위에 대한 자율적 판단 절차인 '징계처분'으로 반응한 것은 법관의 도덕과 윤리 기준을 선언적으로라도 명확히 한 바람직한 사안이다.[*] 국회도, 헌법을 위반한 법관을 탄핵하는 방법으로 특정 행위의 비윤리적 성격을 선언할 수 있는데,[**] 실제로 재판에 개입한 판사에 대한 탄핵을 의

---

[*] 「'재판절차 개입 의혹' 부장판사 징계」(『법률신문』, 2018. 10. 12).
[**] 헌법 제65조 ① 대통령·국무총리·국무위원·행정 각부의 장·헌법재판소 재판관·법관·중앙선거관리위원회 위원·감사원장·감사위원 기타 법률이 정한 공무원이 그 직무집행에 있어서 헌법이나 법률을 위배한 때에는 국회는 탄핵의 소추를 의결할 수 있다.

결하기도 했으므로 국회의 자율권을 정상적으로 행사한 사례라고 할 수 있다.*

헌법재판소도 법관이 저지른 특정 행위의 비윤리성을 탄핵 결정의 형식으로 선언할 수 있었고,** 대한민국이 성문헌법 국가이고, 조선 왕조와는 헌법상 연관성이 인정되지 않으며, 조선 왕조와의 연관성을 인정할 것이라면 고려 왕조와의 연관성도 인정해서 개성 지역도 수도여야 하는데도 불구하고 한양으로 불리던 지역이 수도라는 것이 대한민국의 관습헌법이라는 매우 독창적인 법리를 창작한 일도 있었으며,*** 헌법상 헌법재판소가 국회의원의 자격을 심사할 수 있는 근거 규정이 전혀 없는데도 정당을 해산하면서 국회의원의 자격까지 상실시키는 급진적 결정을 한 사실도 있음에도 불구하고,**** 탄핵소추된 법관은 사직했기 때문에 헌법재판 대상이 아니라고 각하하는 불행한 결정을 한 사실이 있다.*****

그렇다면 '재판개입' 사건과 같이 헌법재판소가 역사적 진실에 대한 판단 자체를 회피해버릴 때 어떻게 대응할 수 있을까?

---

* 「판사 탄핵안, 의결정족수 훌쩍 넘는 161명 서명」(『한겨레』, 2021. 2. 1).
** 헌법 제111조 ① 헌법재판소는 다음 사항을 관장한다. 2. 탄핵의 심판
*** 헌법재판소 2004헌마554.
**** 헌법재판소 2013헌다1.
***** 「재판 개입 임성근 탄핵심판 각하… 헌재, 현직법관 아니라며」(『한겨레』, 2021. 10. 28).

재판개입 사건의 경우 국회가 입법재량 권한을 행사하는 방법으로 '헌법재판소법' 일부를 개정하여 탄핵소추 절차가 개시될 때부터 해당 공무원은 사직할 수 없도록 규정을 개정하면 된다. 즉, 현재는 탄핵이 의결된 후부터 권한을 행사할 수 없다고만 규정되어 있지만,* 아예 국회 본회의나 위원회에서 탄핵 절차를 개시할 때부터 사직할 수 없다는 내용을 추가해서 역사적 진실 대면을 회피하는 것을 방지할 수 있다.**

역사가 E. H. 카는 『역사란 무엇인가』에서 역사란 "역사서를 쓰는 사람이 선택한 이야기"라는 견해를 제시한다.*** 조지 오웰의 디스토피아 소설 『1984』에도 '진실부'라는 오웰식 이중언어를 사용하는 부서는 끊임없이 과거 신문과 역사책을 불태우고 새로 창조된 내용으로 선전하고 선동하는 국가의 한 기관이다. 수사나 재판 또한 '특정한 결론을 선택한 사람들이 고른 이야기'이자 진실을 불태우고 새로운 창작을 덧붙인 결과일 개연성이 항상 존재하는 것이다.

그래서 실제로 발생한 '세일럼 마녀사냥' 이후의 대처와 같이

---

* 헌법재판소법 제50조(권한 행사의 정지) 탄핵소추의 의결을 받은 사람은 헌법재판소의 심판이 있을 때까지 그 권한 행사가 정지된다.
** 헌법재판소법 제50조 개정의견(사직금지 및 권한 행사의 정지) 탄핵소추 절차가 개시된 사람에 대해서는 헌법재판소 심판이 있을 때까지 사직을 허락할 수 없고, 탄핵소추의 의결을 받은 사람은 헌법재판소의 심판이 있을 때까지 그 권한 행사가 정지된다.
*** E. H. 카, 김택현 옮김, 『역사란 무엇인가』, 까치글방, 1997, 22쪽.

시민들은 여론과 선거로, 선출직 공직자들은 '입법'이라는 자신들의 재량으로 각자 자율 영역에서 사법절차를 통해 왜곡된 역사적 진실을 바로잡아 나가는 것이 중요하다.

이와 관련하여 현재 수사에 과도하게 의존하는 대한민국의 현실에서 반드시 도입해야 하는 제도가 하나 있다. 우리나라에서 형사처벌을 전제로 하지 않을 경우 각 행정기관이나 지방자치단체는 영장 없이도 권한 범위 내에서 사실관계를 조사할 수 있다.* 이러한 권한을 근거로 국내 최초로 코로나감염증 증상 발현이 개시되고, 감염원으로 특정 종교단체가 지목되었을 때 관련 지방자치단체장들은 수사기관을 동원하지 않고도 영업장 수색 및 신도 명단 확보와 영업장 폐쇄 등 필요한 조치를 할 수 있었다.**

국회는 헌법상 주요 공무원 임명 과정에서 청문회를 개최하여 자격의 적부에 대하여 시민들에게 정보를 공개할 수 있는 권한을 가진 기관이다.*** 그런데 임명동의안이나 인사청문 결과서가 필요한 공직자들이 각종 이유를 들어 자료를 제출하지 않는 일이 빈번하다.**** 이 경우 행정기관의 자료확보 권한과 유사한 권한

---

* 대법원 2013도7718

** 「이재명 "檢이 안 한 신천지 압수수색, 나는 본진 털었다"」(『세계일보』, 2022. 2. 12).

*** 국회법 제46조의3(인사청문특별위원회) ① 국회는 다음 각호의 임명동의안 또는 의장이 각 교섭단체 대표의원과 협의하여 제출한 선출안 등을 심사하기 위하여 인사청문특별위원회를 둔다.

**** 「이상민 행안장관 후보자 청문회서 증인 불출석·자료 제출 거부」(『경

을 국회에 부여하는 입법으로 공직 후보자에 대하여 국민의 알

권리를 보장할 수 있는데, 현재는 당사자나 소속기관이 제출을

거부하면 알 방법이 없다.* 따라서 불필요한 모욕, 기밀자료 확보

로 약점을 잡을 목적 등으로 악용되지 않는 범위에서 행정조사

권한과 유사한, 국회의 자료확보 권한 관련 규정을 개정할 필요

가 있다.**

지금까지 과거 미국에서 있었던 잘못된 사법절차 과정이 나타

난 문학작품과 그렇게 왜곡된 역사를 바로잡은 방법, 비슷한 사

례가 빈번하는 우리나라의 경우 사법절차라는 '이기적 빅 브라

더'에 의존하지 않고 국가와 사회의 각 영역이 자율적으로 해결

할 수 있는 다양한 방법을 알아보았다.

    향신문』, 2022. 5. 3).
  * 인사청문회법 제12조(자료제출요구) ① 위원회는 그 의결 또는 재적의
    원 3분의 1 이상의 요구로 공직후보자의 인사청문과 직접 관련된 자
    료의 제출을 국가기관·지방자치단체, 기타 기관에 대하여 요구할 수
    있다.
    ④ 위원회는 제1항의 규정에 의하여 자료의 제출을 요구받은 기관이
    정당한 사유 없이 제2항의 규정에 의한 기간 이내에 자료를 제출하지
    아니한 때에는 당해 기관에 이를 경고할 수 있다.
 ** 인사청문회법 제12조 개정의견(자료제출요구) ① 위원회는 그 의결 또
    는 재적의원 3분의 1 이상의 요구로 공직후보자의 인사청문과 직접
    관련된 자료의 제출을 국가기관·지방자치단체, 기타 기관에 대하여
    요구할 수 있다.
    ④ 위원회는 제1항의 규정에 의하여 자료의 제출을 요구받은 기관이
    정당한 사유 없이 제2항의 규정에 의한 기간 이내에 자료를 제출하지
    아니한 때에는 인사청문에 필요한 것으로 위원회의 의결을 거친 자료
    를 제1항에 기재된 각 기관에서 직접 확보할 수 있다.

개개인의 시민들은 서로 공통점을 찾아 연대할 때, 세일럼 마녀사냥 사건이 20년 만에 바로잡힌 것처럼 세상이 야만과 무지, 폭력과 독단으로 오염되지 않도록 진전시킬 수 있다. 각자 자신이 가지고 있는 자율 영역을 최대한 확보하고 수사와 재판에 의존하는 습관에서 벗어나 자율권을 최대한 행사할 때 의무나 체념보다 자유가 존중되는 사회가 된다.*

---

* Oliver H. Richardson, *Lord Acton and His Obiter Dicta on History*, Johns Hopkins University Press, 1905.

21. 사람들이 배타적 종교에 빠질 때 어떤 현상이 벌어질까

종교와 문화별로 특정한 종류의 단백질을 섭취할 수 있도록 하느냐 금지하느냐의 문제를 중심 주제로 다룬 책으로 마빈 해리스의 『음식문화의 수수께끼』(*The Sacred Cow and the Abominable Pig*)*가 유명하다. 이 책을 접한 사람들은 대부분 '남의 나라 얘기가 참 흥미롭고 재미있네'라는 반응을 보인다. 그러나 이 책에서 다룬 종교와 문화적 행동 패턴의 관계에 관한 현상은 문명화된 국가와 우리나라에서도 현재진행형이다.

얼마 전 대한민국의 한 대통령 후보 내외가 살아 있는 소를 마취시켜 재운 뒤 살가죽을 벗겨 제물로 바치는 의식을 거행하는 행사를 후원했다는 소식이 보도된 일이 있는데, 대체로 '엽기' '잔혹'이라는 용어가 함께 쓰였다.** 그로부터 몇 년 전 당시 현직

---

* 마빈 해리스, 서진영 옮김, 『음식문화의 수수께끼』, 한길사, 2011.
** 「윤석○·김건○, 살아 있는 소가죽 벗기는 '엽기 굿판'에 연등」(『조세일보』, 2022. 2. 15).

대통령이 모친 장례를 가톨릭 방식으로 진행한 사실이 보도되었
는데, 아무도 가톨릭이 살아 있는 예수가 제물로 바쳐진 것을 내
용으로 하는 종교라는 사실을 함께 언급하지 않았다.*

미국에서도 대통령 부인 낸시 레이건이 행성들이 지구에 영향
을 미친다는 이론을 내용으로 하는 '점성술'(Astrology)에 기반해
서 남편 로널드 레이건에게 주요 사안에 대해 조언한 사실이 알
려지면서 대통령이 비과학적인 방법으로 정책을 결정한 것은 아
닌지 우려한다는 내용이 보도되었지만,** 자기 자신이 자기 아들
이기도 한 어떤 남자가 행성과 지구에 영향을 미친다는 이론을
내용으로 하는 문서인 성경에 손을 얹고 취임 선서를 하는 행위
에는 아무도 아무런 우려도 하지 않았다.*** 우리나라는 살아 있는
소나 돼지를 도축해서 식용할 수 있도록 허용한 국가다.**** 반면,
힌두교가 지배 종교인 인도에서는 소를 도축하는 것을 법적으로
금지하고,***** 유대교와 이슬람교가 지배 종교인 지역에서는 돼지

---

* 「위령미사 드리는 문 대통령 내외」(『연합뉴스』, 2019. 10. 30).
** Steven V. Roberts, "White House Confirms Reagans Follow Astrology, Up to a Point," *New York Times*(1988. 5. 4).
*** David Hoffman, "Reagan Takes Oath of Office for 2nd Term," *The Washington Post*(1985. 1. 21).
**** 축산물위생관리법 제2조(정의) 이 법에서 사용하는 용어의 뜻은 다음 과 같다.
1. "가축"이란 소, 말, 양(염소 등 산양을 포함한다. 이하 같다), 돼지(사육 하는 멧돼지를 포함한다. 이하 같다), 닭, 오리, 그밖에 식용(食用)을 목적 으로 하는 동물(중략)을 말한다.

고기 식용을 금지한다.*

여기에서는 종교, 특히 일신교와 다른 종교 그리고 문화와 도덕관념의 진화 측면에서 사람들이 당연시하는 행동이 과연 논리적인지, 다른 이유가 있는지 살펴본다.

공인 내외가 살아 있는 소의 가죽을 벗기는 행사를 후원했다는 것이 충격적으로 보도되고 사람들의 혐오감을 산 이유는 사람들이 힌두교도여서가 아니다. 살아 있는 생명의 가죽을 벗기는 행위가 현대의 윤리관에 비추어볼 때 잔인하기 때문이다. 공개된 장소에서 생명이 붙어 있는 동물을 죽이는 행위가 천박하다는 인식이 시작된 것은 사람이나 동물을 산 채로 불태워 죽이는 것을 보면서 즐거워했던 중세 암흑기가 종료되고 유럽에서 '귀족' 문화가 발달하면서부터다.** 이후 다른 사람으로부터 세금을 걷고 노동을 제공받을 수 있는 권리가 보장된 계층, 즉 '귀족 계급'에서는 물리적 폭력을 직접 사용하는 것을 금기시하는 문화로 진화했다.***

우리나라에서도 동물을 도살하는 일을 하는 사람들을 사회계

***** "Violent Cow Protection in India," *Human Rights Watch Report*, 2019.
  * Ilia Brondz, "Why Judaism and Islam Prohibit Eating Pork and Consuming Blood as a Food?" Voice of the Publisher, 2018.
  ** 노르베르트 엘리아스, 박미애 옮김, 『문명화과정 II』, 한길사, 1999, 327·337쪽 이하.
  *** 스티븐 핑커, 김명남 옮김, 『우리 본성의 선한 천사』, 사이언스북스, 2017, 1167쪽 이하.

층에서 분리하려는 시도가 중세 유럽의 암흑시대 종결기*보다 약간 앞선 1400년대에 있었다.** 일본에서도 백정 계급은 사회의 가장 낮은 지위를 차지했고 상인, 농민, 사무라이 등으로 상승할 수 없도록 대를 이어 배척되었다.*** 따라서 동물의 고기를 먹는 것과 별도로 공개적으로 살아 있는 생명을 도살하거나 그러한 직업에 종사하는 것은 사회적으로 용인되는 계급 내에서는 천박한 행위로 멸시된다는 인식의 확산이 지배계층의 통념으로 자리 잡게 된 것은 종교와 무관하게 문화적으로 '경멸'의 대상이 되었다는 의미다.

이것은 '역지사지'(易地思之) 이론의 일부인 '동물도 고통을 느끼기 때문에 살육해서는 안 된다'는 불교적 윤리관이나**** '공리주의'(utilitarianism)에 기반하여 동물에게 고통을 초래하는 것은 피해야 한다는 동물윤리학자 피터 싱어의 견해*****와 달리 동물의 고통을 생각해서라기보다는 사람들이 계층의 체면을 지키기 위해 관행화된 것이라는 점에서 도덕적 기원이 다르다.

---

* 그리스 신들의 언어를 빌려 중세 유럽의 암흑기를 비판한 에라스무스의 『우신예찬』이 출간된 연도가 1511년이다.
** 김중섭, 「조선 전기 백정 정책과 사회적 지위: 통합, 배제, 통제의 삼중주」, 조선시대사학보, 2014.
*** 시마자키 도손, 노영희 옮김, 『파계』, 문학동네, 2010.
**** Paul Waldau, *Buddhism and Animal Rights*, The Oxford Handbook of Buddhist Ethics, 2018.
***** Peter Singer, *Animal Liberation*, Harper Perennial Modern Classic, 2009.

그렇다면 체면 때문이건, 계급주의 때문이건, 공감 때문이건 근본적으로 동물을 살육하는 행위를 회피한다는 결과가 동일한데도 그 심리적 기원과 도덕적 이유를 서로 구별해야 하는 이유는 무엇일까? '역지사지'는 동양에서는 '기소불욕 물시어인'(己所不欲 勿施於人), 즉 '당하고 싶지 않은 행위는 다른 사람에게도 하지 말라'는 기원전 500년경의 철학을 담고 있는 이론이다.* 이 철학은 평등과 공감 정신을 내포하고 있다.

불평등 혐오 현상은 인간에게서만 발견되는 것은 아니어서 영장류의 일종인 카푸신 원숭이에게서도 발견된다.** 특히, 카푸신 원숭이에 대한 불평등 혐오 실험은 주요 저널에 2,000회가량 인용될 정도로 유명하다. 즉, 유사한 상황에서 서로 다르게 취급되는 것을 혐오하는 현상은 동물 본연의 감정이라는 의미다. 여기서 중요한 것은 개체나 시대별로 '유사한 상황'에 대한 범위를 서로 다르게 인식한다는 점이다.

고대 문학이나 신화에서는 자신들의 어려움을 해결하려고 또는 복을 기원하려고 살아 있는 사람이나 생물을 도축하거나 살해해 제물로 바치는 것을 당연하게 여기는 습성이 있었다.*** 그러

---

* 『논어』, 김석원 해제, 혜원출판사, 2008.
** Sarah F. Brosnan · Frans B. M. de Waal, "Monkeys reject unequal pay," *Nature*, 2003.
*** 『심청전』(장철문, 창작과비평, 2003) 중 바다의 신에게 제물로 바쳐지는 장면, 『이야기 성서』(펄 벅, 이종길 옮김, 길산, 2010) 중 아브라함이 이

다가 천문학의 발달로 기후변화가 예측 가능해지고, 농업혁명으로 부의 축적이 시작되고, 이웃 부족이나 민족의 주기적 침략이 예상 가능해지고, 그에 대한 방어 방법도 준비되면서 인신공양이 필요하지 않게 되었다.*

앞서 공개적으로 폭력을 행사하거나 생명을 살해하는 행위를 배척하게 된 계기 중 '계급적 체면'을 언급했다. '계급적 체면'은 '유사한 상황'에 대한 포섭 범위를 매우 좁히는 강력한 동기 중 하나다. 즉, 사람과 동물은 다르다거나, 이 사람과 저 사람이 다르다거나, 이 동물과 저 동물이 다르다고 생각하고, 자신의 체면이 손상되는지가 폭력을 피하는 가장 중요한 동기인 사람들은 체면이 손상되지 않는다면 잔인한 행위나 국가적 폭력을 동원하는 가해 또는 박해를 정당화하게 된다.

유대교(Judaism), 가톨릭(Catholic), 이슬람교(Islam) 개신교(Protestant) 등 일신교계 국가에서 인신공양으로 복을 기원하는 행사가 사라진 이후에도 십자군 전쟁 등 종교가 서로 다르다는 이유로 다른 종교 소속 집단을 대량 학살하는 사례가 지속적으로 발생하고,** 종교가 다른 문명 간 끊임없이 살상이 발생하

삭을 제물로 바치는 부분, 『아울리스의 이피게네이아』(에우리피데스, 김종환 옮김, 지만지드라마, 2019) 중 아가멤논이 계속되는 해일을 가라앉히기 위해 바다의 신 포세이돈에게 자신의 장녀 이피게네이아를 제물로 바치는 부분.
* 제레미 리프킨, 이경남 옮김, 『공감의 시대』, 민음사, 2009.

는* 이유도 '계층화' 또는 '구별짓기' 현상에 따른 결과다. 따라서 '역지사지'에 따른 공감에 기반하지 않거나 '구별짓기'에 따른 폭력 기타 특정 행위에 대한 비판 또는 금지에 기반한 평화는 지속 가능하지 않으며, 오로지 자신이 소속되어 있는 집단 또는 종교 신도들에게만 유리하게 적용되는 잣대라고 할 수 있다.

문제는 벌레도 죽이지 못하게 하는 극단적 생명주의 종교인 자이나교나 그보다 약간 순화된 형태인 불교와 다르게 일신교는 부족 사이의 치열한 투쟁을 추구하며 그 목적을 달성하기 위해 폭력적이고 살육적인 방법을 정당화하는 이데올로기로 구성되어 있기 때문에 일신교가 기반이 되는 지역에서는 평등사상에 기반한 공감대 형성보다는 계급주의에 따른 불균형과 힘에 의한 지배를 숭상하는 현상이 발생하기 쉽다는 사실이다.** 힌두교 국가인 인도 다음으로 종교적 성향이 강한 미국***이 베트남 전쟁, 쿠

** W. B. 바틀렛, 서미석 옮김, 『십자군 전쟁』, 한길사, 2004.

* Samuel Huntington, *The Clashes of Civilizations*, Simon and Shutter, 2003.

** 로버트 D. 퍼트넘, 정태식 옮김, 『아메리칸 그레이스』, 페이퍼로드, 2010, 447쪽 이하. 프리드리히 니체, 박찬국 옮김, 『안티크리스트』, 아카넷, 2013.

*** Kevin Phillips, "American Theocracy: The Peril and Politics of Radical Religion, Oil, and Borrowed Money in the 21st Century," Penguin Books; Reprint edition, 2007. 2021 Gallup polling, about three in four Americans said they identify with a specific religious faith. By far the largest proportion, 69%, identify with a Christian religion(How Religious Are Americans?, Jeffrey M. Jones, Gallop, 2021. 12. 23).

바 침공, 이라크 전쟁에 관여하여 이민족을 살상하는 폭력을 행사하는 것, 자국 내 무수한 총기 사고에도 불구하고 총기 휴대를 규제하는 법률을 위헌 선언하는 것을 당연시하는 풍조도 그중 하나다.[*]

문제는 위화도 회군으로 건국되어 중국 한족 국가에 대한 사대주의 사조를 약 500년간 지속하고, 제국주의 일본의 지배를 정당화하는 매국 행위를 국가 이데올로기로 체계화한 사대주의 계급에 의해 현대 국가의 근간이 형성되었다가[**] 미국의 종교인 개신교 신봉자들이 지속적으로 증가하는 경향에 있고,[***] 국회의원 중 일신교 신도 수가 증가하는 현상[****]에 비추어볼 때 현재까지 세계에서 가장 강력한 국가인 미국이 내재화한 일신교적 폭력성과 배타주의가 국내 정치 영역에도 그대로 반영되는 것이 아닐지 깊이 우려된다는 점이다.

물론 신약성서에 나타난 '70번씩 7번이라도 용서하라'[*****] '악한 자에게 악으로 대적하지 말고, 오른뺨을 맞으면 왼뺨을 내줘라'[******]

[*] 마이클 J. 그린, 장휘·권나혜 옮김, 『신의 은총을 넘어서』, 아산정책연구원, 2018.
[**] 정운현, 『친일파의 한국현대사』, 인문서원, 2016.
[***] 「한국인의 종교 1984-2021(1) 종교 현황」, 갤럽리포트, 2021. 5. 18. 2021년도에도 인구의 20%가 일신교로 나타났다.
[****] 「기독 국회의원, 102명→125명으로 증가」(『크리스천투데이』, 2020. 6. 24).
[*****] 마태복음 18:21.

에 나타난 '화해와 용서'의 법칙은 '역지사지'나 '황금률'(똑같이 대하라는 규칙)보다 한 발 더 평화주의로 나아간 사상이기는 하다.*

그러나 전지전능한 힘을 숭상하면서 무자비한 살육과 보복을 내용으로 하는 구약성경과 용서·화해를 내용으로 하는 신약성경이 책 한 권에 모두 실려 있기 때문에 일신교 신자들은 내집단과 외집단을 나눠 편의적으로 어떠한 사상으로 상대방을 대할지 선택할 신앙적 방패를 가지게 되고 외집단을 폭력으로 대하더라도 양심의 가책을 덜게 된다. 이러한 관점에서 소 도살 행사에 후원했다고 알려진 공직 후보자 부부를 대하는 일신교 지도자들의 친절한 태도를 이해할 수 있게 된다.**

아울러 일신교 내에서는 속칭 '이단'으로 배척받는 종교집단을 권력적 차원에서 보호한 것으로 알려진 사람에 대해서도 거부반응을 보이지 않을 수 있게 된다.*** 즉, 일신교는 폭력으로 상대방을 억압하는 지배 이데올로기와 결합하기 쉬운데, 이러한 이데올로기는 대한민국에서는 통상 '보수주의'로 불리며,**** 미국

****** 마태복음 5:39.

    * *KJV Bible*, Holman Book Publishers, 2010.

   ** 「김건○, ㅑ 소개로 개신교 원로 김장환 목사 면담… 김 목사 "극복할 수 있다" 위로」(『아시아경제』, 2021. 1. 29).

  *** 「'신천지 윤석○ 지원설' 질문에… 홍준○ "알았지만 진 것은 진 것"」(『매일경제』, 2022. 2. 11), 「목사 777명, 윤석○ 지지 선언… "무속·신천지 의혹 수그러들 것"」(『이데일리』, 2022. 2. 25).

 **** 표창원, 『보수의 품격』, 비아북, 2013, 81쪽 이하.

에서는 '공화당주의자'(Republican)로 불린다.*

이와 같이 강력한 배타주의를 내용으로 하는 일신교 중에서도 가톨릭은 문화적 진화 과정에서 각 지역의 토착 종교와 쉽게 결합하여 각 지역에서 순교한 사람들을 그 지역의 수호신으로 인정하는 성자·성녀 관행이 정립되었고, 예수 외에 성모 마리아를 대리인으로 내세우는 등 사실상 다신교가 되었다고 볼 수 있으며, 이에 따라 현대의 가톨릭은 타 종교나 이교도 집단에 대한 관용을 주요 내용으로 삼고 있다.** 반면 개신교 각 종파는 초기 유대교의 12지파와 마찬가지로 서로 다른 집단 간 경쟁으로 성장해왔기 때문에 무자비한 힘을 숭상하는 경향이 강하다.***

그렇다면 잔인함과 힘과 폭력을 숭상하는 종교의 숭배자들이 늘어날수록 사회는 퇴보하는 것일까?

일본계 미국인 역사가 프랜시스 후쿠야마는 유명한 저서 『역사의 종말』(*The End of History*)에서 진보적 자유주의(Liberal Democracy) 국가인 미국이 전체주의 국가 연합인 소련의 붕괴를 초래한 현상을 두고 역사의 발전 단계가 마무리되었다고 선언한

---

* 로버트 퍼트넘, 안병진 옮김, 『아메리칸 그레이스』, 페이퍼로드, 2013, 14쪽.
** 「'이슬람 탄생지' 찾은 프란치스코 교황, '반전·관용' 강조」(『오마이뉴스』, 2019. 2. 5).
*** John R. Hall, *Religion and Violence: Social Processes in Comparative Perspective*, Cambridge University Press, 2011.

일이 있다.*

이런 견해는 헤겔의 역사철학을 수용한 것으로 해석되고, 결론에서는 베네수엘라 외교관 출신의 경제학자 모이제스 나임의 저서 『권력의 종말』(*The End of Power*)처럼 인류애와 개개인의 자유를 더욱 보장하는 방향으로 역사발전 단계를 가정하는 주장이기도 하다.**

그러나 해체된 소련에서 탄생해서 구소련을 구성하던 국가를 상대로 침략 전쟁을 벌이는 푸틴 대통령에 반대하는 민중 봉기가 없는 현실, 이승만 독재 정치가 종결된 후 민주주의 방식으로 설립된 장면 정부를 전복한 박정희 군사 쿠데타에 대한 향수가 아직도 박정희를 반인반신으로 숭배하는 현상으로 이어지는 것, 시민 운동을 학살로 대처한 전두환에 대한 숭배가 지속되는 것, 관용주의 정치인 문재인 대통령이 세계적 지도자로 손꼽히고,*** 경찰·검찰 등 공인된 방식의 폭력을 정치적으로 행사하도록 지시하거나 남용한 사실이 없는데도 어떻게든, 무엇으로 엮어서든 감옥에 가둬야 한다고 백악관에 청원하는 한국 사람들이 존재하는 것****은 힘에 대한 무조건적 숭배를 추구하는 사람들의 수와 존

* 프랜시스 후쿠야마, 이상훈 옮김, 『역사의 종말』, 한마음사, 1992.
** 모이제스 나임, 김병순 옮김, 『권력의 종말』, 책읽는수요일, 2015, 24쪽 이하.
*** "Moon Jae-in: TIME Person of the Year 2018 Runner Up," Charlie Campbell, Time, Person of the Year.

재가 거의 변하지 않는다는 사실을 알려준다.

이런 측면에서 볼 때, 역사는 공감과 측은지심(惻隱之心)을 바탕으로 하는 자이나교도, 불교도 및 신약성경의 가르침을 추종하거나 종교가 없는, 공동체주의자들과 힘으로 다른 의견을 억누르는 것을 추구하는 마초주의자들이 서로 역동적으로 군비 경쟁을 벌이는 다이내믹이라고 볼 수 있다. 이러한 세계관은 『협력의 진화』(*Evolution of Cooperation*)라는 제목으로, 주요 저널에 5만 회 가까이 인용된 로버트 액설로드의 경제학 이론을 생물계에도 적용한 '이기적 유전자의 협력에 관한 통찰'과 유사하다고 할 수 있다.*

상시적 배타성과 폭력성은 인간에게 내재된 특성이다.** 전지전능한 신이 힘으로 자기 민족을 괴롭히는 이민족을 말살하고 모든 어려움을 해결한다는 신앙을 포함하는 종교 교리는 이러한 폭력성과 배타성을 정당화하는 이데올로기를 제공하고, 종교적 집단 의례에서 나타나는 '집단 들썩임'(collective effervescence)으로 그러한 심리를 강화한다.*** 많은 사람이 정치 경험이 거의 없고

**** 「美청원 1위가 '문 대통령 구속'… "매국 넘어 노예근성"」(『중앙일보』, 2020. 9. 10).

* 리처드 도킨스, 홍영남 옮김, 『이기적 유전자』, 을유문화사, 2006, 353쪽 이하.

** 에드워드 윌슨, 이한음 옮김, 『인간 본성에 대하여』, 사이언스북스, 2020, 129쪽.

*** 에밀 뒤르켐, 민혜숙 옮김, 『종교생활의 원초적 형태』, 한길사, 2020, 722쪽 이하. 조나단 하이트, 왕수민 옮김, 『바른 마음』, 웅진지식하우스, 2014, 404·406·421·439쪽.

사회생활의 대부분을 수사 활동으로 보낸 사람이 어떻게 민주주의 국가의 대통령으로 선출될 수 있는지 의문을 표시한 후 이유를 탐문했는데, 결론적으로 무자비한 보복을 약속한 덕분인 것 같다고 분석했다.*

뒤르켐, 베버와 아울러 현대 사회학의 3대 설립자로 평가되는 루트비히 포이어바흐는 "종교란 인간이 자신의 본성을 반영하는 방법이고, 신은 인간의 자기의식일 뿐이다"라고 정의했다.**

앞에서 중요 쟁점을 수사에 과도하게 의존하는 '한국형 빅맨주의'를 살펴보았고, 일신교 중 구약을 중시하는 종교의 공통점을 알게 되었다. 한국형 보수주의는 폭력에 의존하고 폭력을 정당화하는 구약의 이데올로기와 닮았다. 그럼에도 대한민국에는 무신론자와 불교도의 비율이 50% 가까운 점에서*** 폭력 대신 공감과 측은지심을 기반으로 하는 공동체주의 질서가 회복될 가능성이 충분하다고 할 수 있다.

---

* Darcie Draudt, "What President Yoon Suk‑yeol's Election Means for South Korean Democracy‑Yoon has two important tasks in front of him: mending emergent social divisions and making institutional changes to prevent – not just punish – corruption," *The Diplomat*(2022. 3. 23).

** 루트비히 포이어바흐, 강대석 옮김, 『기독교의 본질』, 한길사, 2019, 422쪽.

*** 「한국인 49% "종교 없다" 무신론자 비율 세계 12위」(『중앙일보』, 2015. 4. 17).

22. 왜 이상해 보이는 예술품들이 비쌀까

『인간의 굴레』(*Of Human Bondage*)라는 자전적 소설로 전 세계
적으로 사랑받는 작가 중 한 명이 된 서머싯 몸의 소설 중 여성이
주인공인 명작으로『인생의 베일』(*Painted Veil*)이 있다.* 주인공
키티는 의사인 남편을 따라 식민지인 홍콩으로 이주한 영국 여
성인데, 첫 부분이 영화배우 아미 해머를 연상시키는 것처럼 묘
사되는, 젊고 매력적인 홍콩 부총독 타운젠트와의 정사 장면으
로 시작한다.

　키티의 남편이 두 사람의 불륜을 눈치챘는지는 명백히 드러나
지 않지만 갑자기 콜레라가 창궐한 오지 발령을 요청하면서 키
티와 함께 가겠다고 한다. 타운젠트가 키티와 영원히 함께하고
싶다고 말하자 키티는 오지로 떠나고 싶지 않은 마음에 타운젠
트에게 부인과 이혼하고 자신과 결혼하자고 하지만 타운젠트는

* 서머싯 몸, 황소연 옮김,『인생의 베일』, 민음사, 2007.

"이런, 사랑에 빠진 남자의 말을 그대로 믿어서는 안 되는 법이오"라고 발뺌한다. 이 작품은 1925년에 쓰였고, 중국에서 콜레라가 창궐한 1919년경을 배경으로 했다.

『연금술사』(*Alchemist*)라는 꿈만 같고 동화적이며 환상적인 작품으로 세계적 명성을 얻은 브라질 작가 파울로 코엘료의 소설 중에『불륜』(*Adulterio*)이 있다. 배경은『인생의 베일』보다 100년 후인 2000년대 스위스이고, 가장 부유한 스위스인 300명에 매년 이름을 올리는 금융투자회사 대표를 남편으로 둔 30대 여성 저널리스트의 1인칭 시점으로 쓰였다.* 주인공은 어느 날 연방의회 의원으로 재선된 고등학교 시절의 남자친구를 인터뷰하러 갔다가 정사를 벌이게 된다. 그 후 비밀스러운 정사를 되풀이하면서 점차 집착하게 되고, 심지어 모욕적인 대우를 받을 때까지 미련을 버리지 못하다가 겨우 가정으로 돌아온다. 이 작품은 주인공의 시점에서 쓰였지만 불륜 상대방의 관점에서 보면 우연히 재회한 전 여자친구와 정사를 했지만 그 뒤 만남은 거부하는 과정으로 재구성할 수 있다.

약간 비슷한 작품으로『빅 픽처』(*Big Picture*)라는 특이한 소설로 알려진 미국 작가 더글러스 케네디의『파이브 데이스』(*Five Days*)가 있다.** 병원에서 영상의학과 기사로 근무하는 여성 주

* 파울로 코엘료, 민은영 옮김,『불륜』, 문학동네, 2014.
** 더글러스 케네디, 조동섭 옮김,『파이브 데이스』, 밝은세상, 2013.

인공은 남편과 약간의 권태기인 상황에서 보스턴 인근에서 1박 2일 일정으로 열리는 영상의학과 학술대회에 참석하게 된다. 주인공은 학술대회에서 우연히 한 남성을 마주치는데 정치, 종교, 문학, 예술, 음악 등 모든 분야에 대해 취향이 일치하는 특이한 경험을 했기 때문에 거의 24시간을 함께 보내다가 각자 이혼하고 두 사람만의 보금자리를 찾아 떠나기로 약속한다. 그런데 함께 떠나기로 약속한 시간에 약속장소에 가보니 미안하다는 쪽지만 남겨져 있었다.

사랑을 철학적으로 분석한 일상의 명상가 알랭 드 보통도 사랑이 변덕스러운 감정이라는 현상을 젊은 여성의 관점에서는 『우리는 사랑일까』(*The Romantic Movement*),* 젊은 남성의 관점에서는 『왜 나는 너를 사랑하는가』(*Essays in Love*),** 유부남의 관점에서는 『낭만적 연애와 그 후의 일상』(*The Course of Love*)*** 등의 작품으로 써냈다.

이상 각 작품이 보여주는 공통된 현상은 사랑의 대상은 영원하지 않고, 곧 싫증과 권태로 대체된다는 것이다.

이는 예술작품에서도 동일하다.

---

* 알랭 드 보통, 공경희 옮김, 『우리는 사랑일까』, 은행나무, 2004.
** 알랭 드 보통, 정영목 옮김, 『왜 나는 너를 사랑하는가』, 청미래, 2007.
*** 알랭 드 보통, 김한영 옮김, 『낭만적 연애와 그 후의 일상』, 은행나무, 2016.

크게는 거대한 사조를 기준으로 유사한 스타일의 작품을 선보이는 다수의 작가가 폭포수처럼 등장하고, 작게는 개별 작가들도 시간의 흐름에 따라 작풍이나 주제가 달라진다.

중세까지만 해도 동양은 물론 서양에서도 원근법을 생각해 내지 못했으므로 그림들이 모두 2차원 평면에서 2차원으로 펼쳐진 상태로 그려져 있다. 대표적인 예가 두초 디 부오닌세냐의 1308년 작품 「가나의 혼인잔치」(Wedding at Cana)다. 그 무렵은 작품 소재도 성경뿐이었고, 특히 등장하는 사람들은 모두 피골이 상접할 정도로 야위었으며, 인체 표현도 곡선 대신 막대기를 연상시키는 방식으로 드러냈다. 옷을 벗은 사람은 십자가에 매달리거나 갓 태어난 예수 그리스도가 유일했고, 나머지 등장인물들은 현재 무슬림들의 부르카처럼 옷을 몇 겹씩 둘러 입은 상태로 그려졌다.

그러다가 약 200년 가까이 시간이 흐른 뒤 그리스 신화를 소재로 하되 여성의 몸과 의상의 아름다움과 화려함을 강조하는 작품들이 등장하기 시작했는데, 대표적인 사례가 산드로 보티첼리의 1478년경 작품 「봄」(La Primavera)이라고 할 수 있다. 그로부터 약 30년 뒤인 1503년경 「모나리자」(Mona Lisa)가 탄생했는데, 너무나 오묘한 작품이어서 그때부터 700년이 지난 현재까지도 인구에 가장 많이 회자되는 작품으로 알려져 있다. 최근 비슷한 시기에 비슷한 형태로 그린 것으로 추정되는 레오나르도 다빈치의 작품 「구세주」(Salvator Mundi)가 경매사상 최고가인 450억 달러에 판매되기도 했다.*

「모나리자」가 1503년부터 현재까지 지속적으로 화제가 되는 이유는 당시의 그 어떤 작품과 비교해도 입체감, 현실성, 의상 주름의 표현력, 배경의 추상 처리, 안면 그림자, 성별을 알 수 없도록 모호함을 추가한 점 등 모든 면에서 새로웠기 때문이다.** 따라서 루브르박물관에서 「모나리자」를 세심히 관찰한 관광객들이 '이게 뭐람'이라는 반응을 보였다 하더라도 그것은 그전까지 200년 이상 지속되어온 평면과 막대기 화풍 시절을 직접 겪어보거나 대조해보지 못한 상태이기 때문이라고 할 수 있다. 물론, 현대 회화는 「모나리자」를 기초로 하여 700년간 기술적으로나 화학적으로나 비약적인 발전을 거듭해온 결과이기 때문에 이미 유명해진 지 오래된 「모나리자」 자체도 오래되어 권태기에 접어든 사랑과 같은 느낌을 주게 된다.

「모나리자」 이후 미술계는 원근법을 더 발달시키고 인체의 아름다움을 입체적이고도 세심하게, 의상의 광택과 주름도 사진에 가깝도록 상세하게 묘사하는 르네상스 시대로 접어들었다가 프랑스 혁명 시기인 1800년대 초반에는 외젠 들라크루아와 같

---

* "Prado museum downgrades Leonardo's $450m Salvator Mundi in exhibition catalogue," *The Art Newspaper*(2021. 11. 11).
** Alicja Zelazko, "Why Is the Mona Lisa So Famous?" *Britanica*.

이 사나운 개성을 강렬하게 표현하는 작가와 자크 루이 다비드나 장 도미니크 앵그르처럼 고전적인 우아함을 극대화하는 작가가 동시에 각광받았다. 이 시기의 대표작은 「민중을 이끄는 자유의 여신」(Liberty Leading the People), 「나폴레옹의 대관식」(The Coronation of Napoleon) 등이다.

그러다가 장렬함, 우아함, 장중함에 싫증을 느낀 소수 예술가가 우리나라로 본다면 대학입시용 미술전 또는 대한민국미술대전(국전)용 작품에 싫증을 느끼고 자기들만의 리그를 새로 만들었는데, 그 화풍의 작품들이 경제발전이 눈부시게 진행되던 시기의 미국 사업가들에게 고가에 팔리면서 '인상파'(impressionism)의 시대가 열렸다. 그러나 인상파만 해도 자연이나 인물을 다소 개성 있게 변형하는 형태였기 때문에 그 이후에는 그 어떤 자연상태도 연상시키지 않는 작가들이 등장해 많은 관객과 예술 애호가들로부터 사랑을 받았다. 그 대표적 작가가 피에트 몬드리안, 호안 미로, 마크 로스코 등이고, 이러한 추상적 화풍에 현대적 구체성과 고독감 또는 공포감을 담은 작가들도 동시에 인기를 끌었다.

이렇게 지난 후 되돌아보면 익숙함과 지루함이 새로운 예술사조를 창조하는 원동력이기 때문에 어떤 유행이 한창 진행될 때 그와 정반대되는 화풍으로 새 시대를 열기만 하면 곧 인기를 얻을 것처럼 보이기도 한다. 그러나 무리와 반대되는 독창성이 한

번에 성공할 가능성은 매우 낮고, 예술작품은 진입 장벽도 낮으며,* 진입 장벽이 낮으면 한꺼번에 우수한 작품들이 폭발적·지속적으로 등장하기 때문에 수용자의 기호에 맞는 작품을 선별하는 과정에만도 무한한 시간이 소요되는 관계상 파괴적 독창성이 바로 인정받는 경우는 많지 않았다. 대표적 사례가 빈센트 반 고흐, 에곤 실레 등이다. 특히, 고흐 작품의 선명한 아름다움과 실레의 처절한 애정과 정밀함은 달리 표현할 방법을 찾기 어려울 정도로 탁월하고 애절한데도 당대에 크게 인정받지 못한 점에서 몹시 아쉽다고 할 수 있다.

반면, 그리스계 미국 작가 루카스 사마라스는 섬뜩한 병자들을 광적으로 표현하는 작가인데도 영화 「월스트리트」(Wall Street)에서 돈의 화신으로 나오는 고든 게코의 사무실 벽에 작품이 걸릴 정도로 부유한 고객에게 어필하는 작가다.

여기서 건축과 미술을 포함한 신진 예술품의 가격 형성 방식을 살펴볼 필요가 있다. 결론부터 말하면 예술품은 '부르는 게 값'이다. 예술이 그 자체로 작가의 영혼을 불태우는 순수한 창작물로 영원히 남겨진다면 가장 이상적이겠지만 전업 작가는 작품을 판매하여 생계를 유지해야 하는 현실이 있다. 통상 일반적인 작품은 단 한 점만 존재하는데, 그러한 특성과 개성과 크기와 색

---

* 애덤 그랜트, 홍지수 옮김, 『오리지널스』, 한국경제신문, 2016.

감과 묘사 방법을 선호하는 본성을 지닌 고객을 만나기가 쉽지 않기 때문에 일반 작가들은 작품을 고가에 내놓을 수 없고, 세 방법 중 하나를 선택해야 하게 된다.

첫째는 생계유지를 위해 부업을 진행하면서 개성을 살린 작품을 꾸준히 제작하고 수수료가 비싸지 않은 갤러리나 전시관을 임대하여 그때그때 중저가로 작품을 공개하는 것이다.

둘째는 첫째 방법을 당분간 지속하다가 업무상 성격이 잘 맞는 갤러리를 만나 새로운 양식을 애호가들에게 선보이게 되는 것이다. 이 방식의 대표적 예술가가 강형구 작가인데, 초대형 철판에 밑그림 없이 드릴로 인물의 주름과 머리카락, 명암을 그대로 묘사해내는 천재성이 뒤늦게 빛을 발해 '아라리오 갤러리'를 통해 전 세계로 작품이 팔려나가는 사례다.

셋째는 유명 갤러리의 홍보에 의존하여 '설명'으로 승부하는 방법이다. 세계 최고의 미술 갤러리인 영국의 사치 갤러리에서 발굴한 아티스트들은 무궁무진하지만, 그중 트레이시 에민은 예술가라기보다는 퍼포머로 이해되는 것이 적절할 정도로 작품마다 자신만의 개성보다는 기존에 존재하는 다른 아티스트의 표현 방법을 선정적으로 반복하는 편인데, 내실보다 허울에 의존하는 것처럼 보인다. 그러나 진정한 개성과 창의력으로 승부하는 아티스트들이 대중적으로 선호되고, 작품 가격도 높은 것과 달리 이러한 아티스트들은 홍보의 유효기간이 끝나면 애호가들도 외면하게 된다.

사치 갤러리가 발굴한 아티스트 데미안 허스트 또한 상어나 암소 모자(母子)를 토막 내 포르말린에 담가 전시하는 충격적인 작품들로 큰 명성을 얻었다가 바니타스(Vanitas) 양식*의 조각작품으로 다이아몬드 약 9,000개를 실제 해골에 부착한 작품「신의 사랑을 위하여」(For the Love of God)가 팔리지 않자 익명으로 자신이 고가에 구입하고 재판매에 실패한 사실이 나중에 드러나기도 했다.**

셋째 방법은 대필 논문, 대리 실험, 표절 논문 등을 통해 외관으로 보이는 허위 기록만 쌓고 내실은 전혀 다지지 않아도 명문 학교나 유명 기관에 적을 둘 수 있는 상황을 이용하는 속물주의자들의 행태를 많이 닮았다. 그렇다면 이러한 속물주의자들은 다른 사람들이 그 논문, 학력, 학위 등이 허위라는 사실을 눈치채고 곧 '별 볼 일 없는 사람'으로 취급하면서 경멸할 우려가 있는데도 왜 이렇게 자기 자신이 아닌 것을 자기 자신인 것처럼 꾸미려고 할까? 그것은 결국 자기 자신으로는 만족하지 못하는 열등감과 낮은 자존감 때문이라고 할 수 있는데, 자존감이 낮은 사람

---

* 사람의 해골을 작품에 등장시켜 삶의 유한성을 경고하는 양식.
** "Turns Out the Diamond Skull That Damien Hirst and White Cube Said They Sold for $100 Million in 2007 Still Belongs to Them," *Artnet News*(2022. 1. 26).

일수록 진실이 드러났을 때 과격하고 폭력적으로 반응한다.*

이와 관련하여 최근 고등학교 1학년인 자녀가 아마존에서 판매되는 수학 교과서 저술과 관련하여 다른 사람 저작물을 표절하고, 사회과학 분야와 전기공학 분야 논문을 대필시킨 뒤 자기 이름으로 게시했을 뿐 아니라 기부활동과 관련해서도 뇌물 우회 수수 정황이 있다고 보도된 한 공직자가 해당 사실을 취재해서 보도한 기자들을 고소한 것은 매우 우려스러운 일이다.** 앞서 지속적으로 살펴보았듯이 내국인을 대상으로 유일하게 폭력을 행사할 수 있는 기구인 수사기관의 힘을 빌려 진실이 밝혀지지 못하도록 하는 것은 전형적으로 '빅매니즘'이 지배하는 사회의 징표이기 때문이다.

지금까지 사랑의 대상이 변하는 현상에서 출발하여 미술품과 미술사조에도 동일한 원리가 적용된다는 사실, 신선함과 새로움이 존중되는 미술계에서도 이미 유명한 기관의 명성을 이용해 본질적 자아 대신 '허울'을 추종하는 작가들이 있다는 사실, 그러한 작가들의 모습은 대필 논문, 대리 실험, 표절 교과서와 표절 논문으로 고학력의 외관 창출을 추구하는 속물들과 닮았다는

---

* 나다니엘 브랜든, 김세진 옮김, 『자존감의 여섯 기둥』, 교양인, 2015, 95쪽 이하.
** 「O동훈 "부모 찬스로 딸 기부스펙? 보도한 한겨레 기자 고소」(『중앙일보』, 2022. 5. 4).

점, 그러한 속물근성은 낮은 자존감에서 비롯되었을 가능성이 높다는 점, 그리고 낮은 자존감은 빅매니즘에서 보이듯 폭력적 수단에 의존하는 성향으로 표출된다는 사실까지 알아보았다.

예술의 본질은 개성을 사랑하는 것이다.

작가와 애호가가 모두 공통의 개성을 추구할 때 작품은 자기 가치로 주인을 만나게 된다. 예술이 어려운 것으로 이해되는 경우가 있다면, 그것은 갤러리와 작가가 작가의 가치나 실력 부재를 '이론'으로 가장하여 애호가들을 속이려고 하기 때문이다. 예술이 어렵다면 그것은 그 작품을 좋아하지 않기 때문이지만, 굳이 좋아하려고 애를 쓸 필요가 없다. 예술은 작가에게나 관객에게나 '개성의 반영'이기 때문이다. 자신이 사랑하는 작품이 진정한 예술품이다. 예술이란 본성을 반영하는 표현 형태이기 때문이다.

Reflection on Truth and Justice
by Chenleejean Hyewon
Published by Hangilsa Publishing Co. Ltd., Korea, 2022.

진실과
정의에 대한
성찰

지은이 진혜원
펴낸이 김언호

펴낸곳 (주)도서출판 한길사
등록 1976년 12월 24일 제74호
주소 10881 경기도 파주시 광인사길 37
홈페이지 www.hangilsa.co.kr
전자우편 hangilsa@hangilsa.co.kr
전화 031-955-2000 **팩스** 031-955-2005

부사장 박관순 **총괄이사** 김서영 **관리이사** 곽명호
영업이사 이경호 **경영이사** 김관영 **편집주간** 백은숙
편집 강성욱 박희진 노유연 최현경 이한민 김영길
관리 이주환 문주상 이희문 원선아 이진아 **마케팅** 정아린
디자인 창포 031-955-2097
인쇄 예림 **제책** 예림바인딩

제1판 제1쇄 2022년 9월 2일
제1판 제2쇄 2022년 9월 26일

값 18,000원
ISBN 978-89-356-7772-6 03340